JILPT 第 4 期プロジェクト研究シリーズ *No.3*

第四次産業革命と労働法政策
—“労働 4.0”をめぐるドイツ法の動向からみた日本法の課題

山本　陽大

独立行政法人 労働政策研究・研修機構

第4期プロジェクト研究シリーズの刊行にあたって

本「プロジェクト研究シリーズ」は、JILPTの第4期中期目標期間（2017年度～2021年度）の5年間で進めてきたプロジェクト研究の中から、特に関心が高く重要と思われるテーマを取り上げ、多くの方々により読みやすい形で成果を提供するために取りまとめたものである。

JILPTは労働に関する政策研究機関として「働く人の幸せ」と「経済の発展」に寄与するという観点から、労働政策の企画立案に貢献するため、さまざまな構造変化の影響に関する実態把握、労働政策の課題についての調査・研究を継続して行っている。その中心として行っているのがプロジェクト研究であり、経年変化の動向や国際比較も交えつつ、客観的なデータやエビデンスを提供するため、具体的な労働政策の課題に対し中長期的な視点から学術的、学際的な分析を進めている。

プロジェクト研究の成果は、労働政策研究報告書や調査シリーズ、研究双書等として刊行するとともに、研究成果の報告会や労働政策フォーラムを開催し、広く普及に努めている。

少子高齢化による人口減少社会の進行、グローバル化の進展、第4次産業革命下におけるビックデータ・AIなどの技術革新、働き方や就業意識の多様化によって、我が国の労働市場を取り巻く環境は大きく変化している。また、労働政策がカバーする範囲も拡がっており、今般の新型コロナウイルス感染拡大のように喫緊の課題に対して柔軟かつ的確に対応する必要も生じている。

変化を続ける経済社会の実態を把握するための調査やヒアリングにご協力いただいたすべての皆様にあらためて心から御礼申し上げたい。

本シリーズが政策担当者をはじめ、企業や労働組合の関係者、そして多くの一般読者などに活用され、今後の労働政策・労働問題を考えるための参考になれば幸いである。

2022年3月

独立行政法人　労働政策研究・研修機構

理事長　樋　口　美　雄

はしがき

AI、IoT、ビッグデータおよびロボットなどといった新たなデジタルテクノロジーによる産業構造の変化（第四次産業革命）により、雇用社会はどのように変化するのであろうか？また、それによって、どのような新たな労働法政策が必要とされるのであろうか？これらの問いについて、日本では、2016年8月の厚生労働省「『働き方の未来』2035」報告書を皮切りに、労働政策審議会・労働政策基本部会などの政策形成の場において、活発な議論がなされている。

もっとも、これらの問いは、いずれも多分に未来予測的な要素を含んでおり、人により想定する社会の姿も異なっている。そのため、海外における動きをつぶさに観察し、日本と同様の問題に直面している諸外国における議論や立法動向について検討することは、わが国における問題状況を相対的に捉え、今後の労働法政策のあり方を模索するうえで、有益な視点を提示してくれるように思われる。

そこで、労働政策研究・研修機構（JILPT）においては、プロジェクト研究「労使関係を中心とした労働条件決定システム（サブテーマ：雇用社会の変化に対応する労働法政策に関する研究）」の一環として、上記2つの問いについて、“労働4.0”（あるいは雇用社会のデジタル化）のタイトルのもと、労働法学のみならず労働行政のレベルでも活発な議論や立法動向がみられるドイツを対象として、比較法研究を実施してきた。そして、ひとまずの成果として、筆者は2021年3月に『労働政策研究報告書No.209・第四次産業革命と労働法政策—“労働4.0”をめぐるドイツ法の動向からみた日本法の課題』（以下、本報告書）を取りまとめたところである。本報告書においては、第四次産業革命の進展による雇用社会の変容に伴い、新たな法政策上の検討が必要とされる領域として、職業教育訓練法政策、「柔軟な働き方」をめぐる法政策、「雇用によらない働き方」をめぐる法政策、労働者個人情報保護法政策、集団的労使関係法政策の5つを取り上げ、それぞれについて、ドイツにおける議論・立法動向を網羅的に分析しつつ、日本の現状との比較を通じて、第四次産業革命下におけるわが国の労働法政策の比較法的な観点からの評価と今後の課題を明らかにした。もっとも、本報告書公表後も、日・独双方において前記の各領域に関わる法改正などの動きがみられたことから、本報告書の内容のアップデートを行い、新たに第4期プロジェクト研究シリーズの一冊として刊行することとした。

もとより、本書の完成は、多くの方々のご助力によって支えられている。特に、本書は、筆者が2016年～2019年にかけて複数回ドイツにおいて実施したヒアリング調査によって得られた知見にも基づいており、その過程では、行政関係者・労働組合・使用者団体などにおける有識者の方々に、ご多忙にもかかわらず快くヒアリングに応じていただいた。また、在ドイツ日本大使館の清野晃平一等書記官（当時）および松本直樹一等書記官（当時）には、アポイントの確保をはじめ、上記調査の実施に多大なご協力を賜った。さらに、本書の内容については、JILPT内外の研究会において発表する機会に恵まれ、その際にいただいた貴重なご質問やご指摘は、本書の血肉となっている。そのほか、本書の刊行に当たりお力添えをいただいた全ての方々に、この場を借りて心からの御礼を申し上げたい。

かくして、本書は刊行されることとなる。本書が、冒頭で掲げた2つの問いに関心を持つ方々のお役に立つことがあれば、筆者として大変嬉しく思う次第である。

最後に、私事を書き連ねることをお許し願いたい。本書は、筆者にとって単著としては2冊目となるが、前著（『解雇の金銭解決制度に関する研究』〔労働政策研究・研修機構、2021年〕）を世に送り出してから本書の刊行までの間、長男・実（みのる）の誕生という大きな出来事があった。本書の校正作業を進める過程で、日に日に成長してゆく息子の姿をみることができたのは、このうえない喜びであった。無事に生まれてきてくれた実と、同じ労働法研究者であり、無事に実を生んでくれた妻の河野奈月に、本書を捧げたい。

2022年3月

労使関係部門　副主任研究員　　山本　陽大

≪目　次≫

序章　はじめに

第一節　本書の目的

水力・蒸気力を用いた機械化による第一次産業革命、電気・ベルトコンベヤーを用いた大量生産による第二次産業革命、エレクトロニクス・ITを用いた第三次産業革命に続き、現在、「第四次産業革命」と呼ばれる新たな産業構造の変化の局面を迎えつつあるとされる。その原動力となっているのは、人工知能（Artificial intelligence〔AI〕）、モノのインターネット化（Internet of Things〔IoT〕）、ビッグデータ（Big data）あるいはロボットなどといった、新たなデジタル・テクノロジーである[1]。また、次世代の情報通信システムとして超高速、超低遅延、多数同時接続を特徴とする「5G」は、これらのテクノロジーの進展にとって不可欠の技術的基礎をなすものであり[2]、日本でも2020年から本格的な導入が進められているところである。

ⅰ）それでは、このような第四次産業革命は、雇用社会に対しては、いかなる変化をもたらすのであろうか。ⅱ）また、それによって、どのような新たな雇用・労働法政策が必要とされるのであろうか。これらの問題については、既に日本でも、労働法学において一定の議論の蓄積[3]がみられるとともに、労働行政のレベルでも、2017年7月以降、厚生労働省の労働政策審議会・労働政策基本部会（以下、基本部会）において、精力的な検討がなさ

1　尾木蔵人『インダストリー4.0—第4次産業革命の全貌』（東洋経済新報社、2015年）22頁以下。

2　森川博之「5Gへの向き合い方：デジタル変革への処方箋」DIO2020年10・11月号（2020年）5頁。

3　代表的な文献として、大内伸哉『AI時代の働き方と法—2035年の労働法を考える』（弘文堂、2017年）、同『デジタル変革後の「労働」と「法」—真の働き方改革とは何か？』（日本法令、2020年）、同『人事労働法—いかにして法の理念を企業に浸透させるか』（弘文堂、2021年）266頁以下がある。また、「≪特集≫労働4.0と労働法制」労働法律旬報1895号（2017年）および「≪特集≫AIと労働法」季刊労働法275号（2021年）所収の各論稿も参照。

れ、既にいくつかの報告書も公表されている（←詳細は**第二節 2.** (2)）。もっとも、上記のうちⅰ）の問題について、第四次産業革命により今後生じうる変化の態様というのは、なお未来予測的な要素を多く含んでいることは否めない。たとえば、2019 年 9 月に基本部会が公表した報告書[4]では、「（AI などによる）産業の変化が雇用に与える影響の全体像について、現時点で正確に見通すことは困難である」との指摘がなされている。また、それに伴って、ⅱ）の問題（今後必要とされる労働法政策のあり方）についても、日本では既に一定の動きはみられるものの（←詳細は**終章第二節**を参照）、なお今後の議論や検討に委ねられている部分が少なくないといえよう。

ところで、わが国において労働法政策を立案・形成してゆく過程においては、諸外国における知見が参照されるのが通例であり、このことは第四次産業革命下における労働法政策のあり方をめぐる検討に際しても、決して例外ではない[5]。そして、現に諸外国、とりわけ欧米先進諸国においては、近時の技術革新が雇用・労働に及ぼす影響をめぐり活発な議論がなされていることは、周知の通りである[6]。これら諸外国における知見を参照し、なかんずく上記ⅰ）およびⅱ）の問題をめぐって、各国でどのような議論や立法政策上の対応がなされているのかを正確に把握し分析・検討を加えることは、日本が直面している（あるいは、今後直面しようとしている）問題状況を相対的に捉え、また必要な立法政策のあり方を模索するために、有益な視点を提示してくれるように思われる。

4　厚生労働省「労働政策審議会労働政策基本部会報告書～働く人が AI 等の新技術を主体的に活かし、豊かな将来を実現するために～」（2019 年）〔https://www.mhlw.go.jp/content/12602000/000546611.pdf〕（最終アクセス：2022 年 1 月 21 日）。

5　この点、筆者は、2017 年 12 月 25 日の労働政策審議会・労働政策基本部会第 4 回において、労働 4.0 白書（←**第二節 1.** (2)）の内容を中心に、当時のドイツにおける議論動向について報告を行ったことがある〔https://www.mhlw.go.jp/stf/shingi2/0000194783.html〕（最終アクセス：2022 年 1 月 21 日）。

6　諸外国の動向については、『JILPT 資料シリーズ No.205・近年の技術革新と雇用に関わる諸外国の政策動向』（労働政策研究・研修機構、2018 年）、『第 4 次産業革命と労働法の課題』（労働問題リサーチセンター、2018 年）所収の各論稿を参照。また、特に EU レベルの議論については、濱口桂一郎「欧州におけるデジタル経済と労働に関する動向」JCM313 号（2017 年）26 頁、同「AI 時代の労働法政策」季刊労働法 275 号（2021 年）36 頁、同『新・EU の労働法政策』（労働政策研究・研修機構、2022 年）〔近刊〕、イギリスの議論については、滝原啓允『労働政策研究報告書・現代イギリス労働法政策の展開』（労働政策研究・研修機構、2022 年）〔近刊〕に詳しい。

以上のような問題意識に基づいて、本書は、諸外国のなかでもドイツ(法)を対象国として選定するものであるが、その理由は次の通りである。すなわち、詳細は**第二節 1.** ⑴において後述する通り、「第四次産業革命(Industrie 4.0)」という概念自体、元来ドイツに端を発しており、連邦政府は2011年という比較的早い時期から、その実現に向けた議論を行ってきた。また、第四次産業革命が雇用や労働に及ぼしうる影響とそれに対応するための労働法政策のあり方については、「労働 4.0（Arbeiten 4.0)」あるいは「雇用社会のデジタル化（Digitalisierung der Arbeitswelt)」というタイトルのもとに、ドイツの労働行政や労働法学において、この間極めて活発な議論がなされ、また既に複数の立法政策上の動きもみられるためである。

かくして、本書の目的は、前記のⅰ）・ⅱ）の問題をめぐるドイツにおける議論や立法動向を明らかにしつつ、それによって得られた知見とわが国の現状との比較検討を通じて、日本法の課題を探ることにある。

第二節　前提的考察

本節では、先ほど**第一節**で挙げた、ⅰ）第四次産業革命は、雇用社会に対して、どのような変化をもたらすのか、またⅱ）それによって、どのような労働法政策が新たに必要とされるか、という問題について、ドイツと日本におけるこの間の（主に政府レベルでの）議論の経緯をフォローする（**←1.** および**2.**）。そのうえで、これら２つの問題をめぐる両国の状況認識を比較整理することで（**←3.**）、次章以降における検討の対象範囲を確定させることとしたい。

1　ドイツ

⑴　第四次産業革命

それではまず、ドイツにおける議論の経緯[7]から確認してゆくこととしよう。

7　この点の詳細については、尾木・前掲注（1）書44頁以下、川野俊充「インダストリー4.0の現状と将来」JCM313号（2017年）14頁も参照。

この点、冒頭でも触れたように、「第四次産業革命」という概念の淵源はドイツにある。すなわち、第四次産業革命とは、2011 年にドイツ連邦政府が策定した「ハイテク戦略 2020・アクションプラン」における未来プロジェクトの一つであり、2013 年にはその実現に向けた課題や取り組みについて議論するためのベースとして、行政機関・企業・労働組合によって構成されるプラットフォーム[8]が設立されている。そこでは、第四次産業革命とは、次のようなものとして説明されている。

第四次産業革命：スマートで柔軟な製品生産のためのプロセス

第四次産業革命においては、製品生産（Produktion）が、最新の情報通信技術と接合している。これにとっての原動力は、非常に速いスピードで進んでいる経済および社会のデジタル化である。それは、将来のドイツにおける製品生産の方法および態様を、持続的に変化させる。：蒸気機関、ベルトコンベヤー、エレクトロニクスおよび IT を経て、現在、第四次産業革命を決定付けるものは、スマート工場（“Smart Factory”）である。

そのベースとなるテクノロジーは、スマート化されデジタルネットワーク化されたシステムであり、それによって広範囲にわたる自律的な製品生産が可能となる。第四次産業革命においては、人間、機械、工場、物流および製品が、直接的かつ相互につながっている。さらに、製品生産をいっそう効率的かつ柔軟に行うために、一つの生産・物流プロセスにおいて、複数の企業がスマートかつ相互に連携している。

それによって生み出されるのは、製品の一生涯（製品の開発から、製造、利用、メンテナンス、リサイクルに至るまで）を取り巻く、スマート化されたバリューチェーンである。これによって、一方では、製品の開発から関連サービス、リサイクルに至るまでのなかに、顧客の要望を取り込むことが可能となる。従って、企業は、従来よりも容易に、個々の顧客の要望に応じてオーダーメイド化された製品の生産が可能となる。オーダーメイド化に対応した生産やメンテナンスの方式は、新たなスタンダードと

8　PLATTFORM・INDUSTRIE 4.0〔http://www.plattform-i40.de/I40/Navigation/DE/Home/home.html〕（最終アクセス：2022 年 1 月 21 日）.

なる。

他方では、オーダーメイド生産にもかかわらず、製品生産のコストは縮減しうる。バリューチェーンにおける企業のネットワーク化によって、全バリューチェーンにおける最効率化が可能となる。企業は、全ての情報がリアルタイムで活用可能となることで、たとえば特定の原材料の利用可能性について早い段階で応答が可能となる。製品生産プロセスは、企業横断的に、リソースやエネルギーを節減するよう制御されうる。

全体として、製品生産の経済性は上昇し、ドイツにおける産業の競争力は強化され、製品生産の柔軟性は高まることとなる。

これを要するに、ドイツにおける第四次産業革命とは、バリューチェーン全体をスマート化・ネットワーク化したシステム（いわゆるサイバー・フィジカルシステム〔CPS〕）を構築することで、生産効率の上昇、ひいては産業競争力の強化を狙う試みであるといえよう。また、そこでは、顧客の要望をバリューチェーンへリアルタイムで反映させることが可能となるといった形での高い柔軟性・多様性の実現（いわゆるマスカスタマイゼーション）も目指されている。そして、このようなシステムのもとでは、働く人間やロボットを相互にネットワーク化し、それによって継続的に収集されたデータ・情報を分析し現実世界へフィードバックすることで、製品製造や物流プロセスなどの最適化が図られることから、その構築に際しては、冒頭で挙げたAI、IoT、ビッグデータ、ロボットといった新たなデジタル・テクノロジーが不可欠の技術的基礎となる。このように、ドイツの第四次産業革命は、主にドイツにおける製造業分野を念頭に置いたものであったといえよう。

(2) “労働 4.0”をめぐる動向

もっとも、このような第四次産業革命にかかるプラットフォームを当時管轄していたのは、連邦経済エネルギー省（BMWi）および連邦教育研究省（BMBF）であって、同プラットフォーム上で雇用・労働分野において生じうる問題について十分な議論がなされる環境には、必ずしもなかった[9]。

そこで、前述の意味での第四次産業革命が雇用・労働分野に及ぼす影響、およびそれによって必要とされる労働（法）政策にフォーカスした議論を行うことを目的として、連邦労働社会省（BMAS）において当時の *Andrea Nahles* 大臣によるイニシアティブのもとスタートしたのが、いわゆる「労働 4.0」である。すなわち、連邦労働社会省はまず 2015 年 4 月に、議論のたたき台となる「労働 4.0 グリーン・ペーパー」[10] を発表したのち、「国民との対話プロセス（Dialogprozess）」と称される一連の議論のプロセスを開始した。そのなかで、連邦労働社会省は、独自に調査・研究を実施しつつ、それと並行する形で、研究者や労使団体、企業などの専門家が参画する 7 分野からなるワーク・ショップ[11] での検討やシンポジウムを複数回にわたって実施し、さらには一般市民からもツイッターやフェイスブックなどを通じて意見集約を行った。また、このほか連邦労働社会省からの呼びかけに応じて、企業、労使団体、研究機関および政党など、合計で 39 の団体から、上記のグリーン・ペーパーに対する意見書が提出されている。先ほど⑴でみた通り、第四次産業革命の議論においては基本的にドイツの製造業が念頭に置かれていたのに対して、この労働 4.0 の議論では、製造業に限らずより広く、たとえばサービス産業の分野についても射程に含めた形での議論がなされていた点に、大きな特徴があったといえよう。

そして、約 1 年半にわたる対話プロセスにより得られた成果の取りまとめとして、2016 年 11 月に公表されたのが「労働 4.0 白書」[12] である。この白書は、全体で約 200 頁にもわたる相当に大部のものであり、そのなかでは第四

9　とはいえ、上記のプラットフォームでも、雇用・労働分野において生じうる問題について全く関心が払われていなかったわけではなかった。特に、職場のデジタル化が進むことによる、①労働者の精神的負担の増加や、②労働者に対する監視リスクの増大、③不安定雇用の増加、④教育訓練の必要性は、同プラットフォームにおいても検討課題として挙げられている。

10　BMAS, Grünbuch Arbeiten 4.0: Arbeit weiter denken, 2015〔https://www.bmas.de/DE/Service/Publikationen/A872-gruenbuch-arbeiten-vier-null.html〕（最終アクセス：2022 年 1 月 21 日）. なお、このグリーン・ペーパーについては、橋本陽子「翻訳・グリーンペーパー『労働 4.0』（ドイツ連邦労働社会省 2015 年 4 月）」学習院法学雑誌 52 巻 2 号（2017 年）133 頁において、翻訳・紹介がなされている。

11　ここでいう 7 分野とは、具体的には、①労働と個々人の生活リズム：生活の各段階に応じた労働時間構成の選択肢、②柔軟な労働、③雇用および稼得形態に対するデジタル化の影響、④職業教育訓練・職業資格、⑤労働法と共同決定、⑥社会保障、⑦変化の社会的形成と良質な企業経営、である。

次産業革命ないしデジタル化などによる今後のドイツの雇用社会の変化[13]が総論的に描き出されるとともに、それに伴って新たに必要とされる労働（法）政策についてもかなり具体的な形での検討・提案が行われている。その内容については、次章以降でその都度取り上げるため、ここで逐一確認することはしないが、この白書というのはいま振り返ってみても、労働 4.0 をめぐるドイツの議論にとって、極めてエポックメイキングな存在と評価しうるものであった。

ところで、上記の白書が公表されて以降のドイツでは、労働 4.0 をめぐる動向に若干の停滞がみられた。その背景としては、2017 年 9 月の連邦議会選挙後に行われたキリスト教民主・社会同盟（CDU/CSU）と自由民主党（FDP）および緑の党（Bündnis 90 / Die Grünen）との間における連立交渉（いわゆる *Jamaika* 交渉）の挫折と、その後のキリスト教民主・社会同盟と社会民主党（SPD）との再度の大連立政権樹立に向けた交渉がもたらした、比較的長期にわたる政治的空白が大きく作用していたものと推察される。

もっとも、2018 年 3 月には、キリスト教民主・社会同盟と社会民主党（SPD）との間で連立協定（Koalitionsvertrag）[14]が締結され、第四次メルケ

12　BMAS, Weißbuch Arbeiten 4.0: Arbeit weiter denken, 2016〔https://www.bmas.de/DE/Service/Publikationen/a883-weissbuch.html〕（最終アクセス：2022 年 1 月 21 日）. 同白書について紹介したものとして「JILPT 海外労働情報・白書『労働 4.0』―デジタル化に対応した『良き労働』の実現に向けて」（2017 年 4 月）〔https://www.jil.go.jp/foreign/labor_system/2017/04/germany_01.html〕（最終アクセス：2022 年 1 月 21 日）、マルティン・ポール「ドイツ AI 革命と政労使の課題―『労働 4.0』をめぐる議論・労働の未来展望」経営民主主義 73 号（2020 年）25 頁。また、同白書に対して労働法の観点から分析検討を行ったものとして、高橋賢司「ドイツにおける IoT と AI をめぐる雇用政策」DIO2017 年 9 月号 26 頁、山本陽大「第四次産業革命による雇用社会の変化と労働法政策上の課題―ドイツにおける“労働 4.0”をめぐる議論から日本は何を学ぶべきか？」JILPT Discussion Paper 18-02（2018 年）がある。

13　ただし、労働 4.0 白書は、デジタル化だけでなく、グローバル化、人口動態の変化（少子高齢化、移民の増加など）、ライフスタイルや価値観の変化（家族モデルの変化、労働に対する価値観の多様化、消費行動の変化など）をも挙げ、今後のドイツの雇用社会を変化させる原動力として位置付けている。Vgl. BMAS　(Fn.12), S.18ff.

14　CDU/CSU=SPD, Koalitionsvertrag - Ein neuer Aurbruch für Europa, Eine neue Dynamik für Deutschland, Ein neuer Zusammenhalt für unser Land, 2018〔https://www.bundesregierung.de/breg-de/bundesregierung/koalitionsvertrag-vom-12-maerz-2018-975210〕（最終アクセス：2022 年 1 月 21 日）. 同連立協定の速報的解説として「JILPT 海外労働情報・第四次メルケル政権発足―連立協定に基づく今後の労働政策骨子」（2018 年 5 月）〔https://www.jil.go.jp/foreign/jihou/2018/05/germany_01.html〕（最終アクセス：2022 年 1 月 21 日）も参照。

【表 0-2-1】 ドイツにおける主要な関連政府文書

2015年4月	連邦労働社会省	労働4.0 グリーン・ペーパー
2016年11月	連邦労働社会省	労働4.0 白書
2018年3月	キリスト教民主・社会同盟＝社会民主党	連立協定
2018年11月	連邦政府	AI 戦略
2019年4月	連邦労働社会省	「将来に向けた対話」中間報告書
2019年9月	連邦労働社会省	「将来に向けた対話」最終報告書（ANPACKEN）
2020年11月	連邦労働社会省	「連邦労働社会省の骨子案：プラットフォームエコノミーにおける公正な労働」
2021年3月	連邦労働社会省＝連邦財務省	「最低賃金の継続的発展および協約拘束性の強化に関する骨子案」
2022年1月	連邦労働社会省	「労働者データ保護に関する独立的かつ学際的審議会報告書」

出典：筆者作成

ル政権が発足することとなる。ここで注目されるのは、この連立協定自体のなかでも、労働4.0白書により提案されていた雇用社会のデジタル化に対応するための労働（法）政策が、数多く摂取されていた点であろう。

また、その一方で、2018年9月以降は、第四次メルケル政権のもとで新たに連邦労働大臣に就任した *Hubertus Heil* 氏のイニシアティブにより、連邦労働社会省において「将来に向けた対話（Zukunftsdialog）」と称される雇用社会のデジタル化をテーマの一つとした、意見集約のプロセスが再びスタートしている[15]。同プロセスのもとでは、2019年4月に中間報告書[16]が公表され、同年9月には最終報告書に当たる「ANPACKEN」[17]が公表される

15 また、2018年10月からは、雇用社会のデジタル化というテーマについて集約的な議論を行うために、“シンクファクトリー・デジタル雇用社会（Denkfabrik Digitale Arbeitsgesellschaft）”と称される組織が、連邦労働社会省のなかに新設されている。詳細については、同組織のHP〔https://www.denkfabrik-bmas.de/〕（最終アクセス：2022年1月21日）を参照。

16 BMAS, Zukunftsdialog – Zwischenbericht, 2019〔https://www.bmas.de/DE/Ministerium/Buergerbeteiligung/Zukunftsdialog/zukunftsdialog-zwischenbericht.html〕（最終アクセス：2022年1月21日）.

17 BMAS, ANPACKEN: Zukunftsdialog – Ergebnisbericht, 2019〔https://www.bmas.de/DE/Service/Publikationen/a894-zukunftsdialog-ergebnisbericht.html〕（最終アクセス：2022年1月21日）. なお、ANPACKENとは「（課題に）取りかかる」という意味である。

に至っている。これらの報告書は、労働4.0白書ほどの分量はないものの、白書のなかで提案されていた労働（法）政策のいくつかを踏襲ないしより具体化しているとともに、白書では提案されていなかった新たな労働（法）政策の方向性をも示している点で、注目すべきものとなっている。

さらに、以上のほかにも、この間に、連邦政府または連邦労働社会省によって取りまとめられ、公表された政府文書のなかには、第四次産業革命による雇用社会の変化に関わる個別のテーマにフォーカスしたものもみられる。

そのうえで、詳細については次章以降で検討するように、ここでみた各政府文書中で示された労働法政策のうち、いくつかについては、この間に既に立法化が実現している状況にある。

2 日本

(1) Society 5.0

一方、日本の政府文書のなかでは、ドイツにやや遅れて2016年頃から第四次産業革命について言及がなされるようになっている。たとえば、同年4月に経済産業省の産業構造審議会が公表した「新産業構造ビジョン～第四次産業革命をリードする日本の戦略～（中間整理）」[18]のなかでは、AI、IoT、ビックデータおよびロボットといった技術のブレークスルーによって、これまで実現不可能と思われていた社会の実現が可能となり、これに伴って、産業構造や就業構造が劇的に変わる可能性（第四次産業革命）が指摘されている。

また、それと並んで、2016年1月に内閣府から公表された「第5期科学技術基本計画」[19]においては、「Society 5.0」の実現が柱として掲げられている。内閣府の説明を要約すれば、Society 5.0が実現した社会においては、IoTにより全ての人とモノとがつながり、現実（フィジカル）の空間のセン

18　以下のURLから閲覧が可能である。
〔https://www.meti.go.jp/shingikai/sankoshin/shinsangyo_kozo/pdf/ch_01.pdf〕（最終アクセス：2022年1月21日）
19　以下のURLから閲覧が可能である。
〔https://www8.cao.go.jp/cstp/kihonkeikaku/5honbun.pdf〕（最終アクセス：2022年1月21日）

【図 0-2-1】 Society 5.0 のイメージ

出典：内閣府の HP〔https://www8.cao.go.jp/cstp/society5_0/〕（最終アクセス：2022 年 1 月 21 日）

サーから膨大な情報が、仮想（サイバー）空間に集積され、このビッグデータを AI が解析し、その解析結果が現実空間の人間にロボットなどを通じてフィードバックされ、それによって新たな価値が産業や社会にもたらされることとなる。そして、このような意味での Society 5.0 の実現は、この間の政府の成長戦略としても位置付けられるに至っている[20]。

この Society 5.0 の議論は、あらゆる産業や社会生活における課題解決を目標としている点で、主に製造業を念頭に置くドイツの第四次産業革命よりも射程の広いものといいうるが、これを AI、IoT、ビックデータおよびロボットといったテクノロジーの相互作用のなかで実現することを志向している点では、ドイツと同じ方向性を示すものとみることができる。いずれにしても、日本においてこれらのデジタル・テクノロジーの社会への実装が今後ますます進んでゆくことは、疑いがないといえよう。

20 最新のものとして、「成長戦略実行計画」（2021 年 6 月 18 日）〔https://www.cas.go.jp/jp/seisaku/seicho/pdf/ap2021.pdf〕（最終アクセス：2022 年 1 月 21 日）を参照。

【表 0-2-2】 日本における主要な関連政府文書

2016 年 8 月	厚生労働省	「『働き方の未来 2035』」報告書
2017 年 3 月	働き方改革実現会議	働き方改革実行計画
2017 年 12 月	厚生労働省	「柔軟な働き方に関する検討会」報告書
2018 年 3 月	厚生労働省	「雇用類似の働き方検討会」報告書
2018 年 9 月	厚生労働省	「労働政策審議会労働政策基本部会」報告書
2019 年 6 月	厚生労働省	「雇用類似の働き方に係る論点整理等に関する検討会」中間整理
2019 年 9 月	厚生労働省	「労働政策審議会労働政策基本部会」報告書
2020 年 12 月	厚生労働省	「これからのテレワークでの働き方に関する検討会」報告書
2021 年 6 月	厚生労働省	「技術革新（AI 等）が進展する中での労使コミュニケーションに関する検討会」報告書

出典：筆者作成

⑵　雇用・労働法政策をめぐる動向

それでは、雇用・労働分野にフォーカスしてみたとき、日本ではどのような議論の経過をたどってきたのであろうか[21]。

この点、日本ではまず、2016 年 1 月に厚生労働省に設置された「『働き方の未来 2035』懇談会」において、IoT や AI などの技術革新の進展により、産業構造・就業構造の大きな変化が予想されるなかでの、一人ひとりの事情に応じた多様な働き方を可能とする社会への変革を目指した検討がなされ、同年 8 月には報告書[22]が公表されている。これが、近時の技術革新と労働政策について検討を行った、わが国ではじめての取り組みであったといえる。

もっとも、この報告書のなかでの議論というのは、AI などの技術革新による働き方の変化について、どちらかといえば総論的な検討を行うものであり、個別具体的な雇用・労働（法）政策を提案するものでは必ずしもなかったが、その後の 2017 年 3 月に、政府の働き方改革実現会議から「働き方改

21　この点については、水町勇一郎「21 世紀の危機と社会法―コロナ危機が明らかにした社会法の課題」法律時報 92 巻 12 号（2020 年）64 頁、濱口・前掲注（6）論文 36 頁以下も参照。
22　厚生労働省「『働き方の未来 2035』～一人ひとりが輝くために」報告書（2016 年）〔https://www.mhlw.go.jp/file/06-Seisakujouhou-12600000-Seisakutoukatsukan/0000133449.pdf〕（最終アクセス：2022 年 1 月 21 日）。

革実行計画」[23]が公表されるに至る。そのなかでは、第四次産業革命によって今後広がることが予想される雇用型テレワークおよび非雇用型テレワーク（雇用によらない働き方）の普及と保護のために、政策手段を講じることが明記された。そしてその後、これに対応すべく、厚生労働省のなかに「柔軟な働き方に関する検討会」および「雇用類似の働き方検討会」が設置され、前者については2017年12月に、また後者については2018年3月に、それぞれ報告書[24]が公表されている。

さらに、2017年7月には、厚生労働省の労働政策審議会に、労働政策に関する中長期的な課題を検討する場として、労働政策基本部会が新たに設置され、ここではまさに「AI等の技術革新の動向と雇用・労働への影響」が、議論すべきテーマの一つとして正面から取り上げられている。この基本部会は、2018年9月および2019年9月に、この間の議論を取りまとめた報告書[25]を公表している。

なお、以上のほか、第四次産業革命による雇用社会の変化に関わる個別のテーマについては、厚生労働省などに設置された検討会において議論が進められ、既に報告書なども公表されている状況にある[26]。

23　以下のURLから閲覧が可能である。
〔https://www.kantei.go.jp/jp/headline/pdf/20170328/01.pdf〕（最終アクセス：2022年1月21日）

24　厚生労働省「柔軟な働き方に関する検討会」報告書（2017年）〔https://www.mhlw.go.jp/file/04-Houdouhappyou-11911500-Koyoukankyoukintoukyoku-Zaitakuroudouka/0000189300.pdf〕（最終アクセス：2022年1月21日）、厚生労働省「雇用類似の働き方に関する検討会」報告書（2018年）〔https://www.mhlw.go.jp/file/04-Houdouhappyou-11911500-Koyoukankyoukintoukyoku-Zaitakuroudouka/0000201101.pdf〕（最終アクセス：2022年1月21日）。

25　厚生労働省「労働政策審議会労働政策基本部会報告書～進化する時代の中で、進化する働き方のために～」（2018年）〔https://www.mhlw.go.jp/content/12602000/000349763.pdf〕（最終アクセス：2022年1月21日）、厚生労働省・前掲注（4）報告書。

26　厚生労働省内に設置されたものとしては、「雇用類似の働き方に係る論点整理等に関する検討会」（2018年10月～）、「技術革新（AI等）が進展する中での労使コミュニケーションに関する検討会」（2019年12月～）、「これからのテレワークでの働き方に関する検討会」（2020年8月～）などが挙げられる。このうち、「雇用類似の働き方に係る論点整理等に関する検討会」は2019年6月に「中間整理」〔https://www.mhlw.go.jp/content/11911500/000523635.pdf〕（最終アクセス：2022年1月21日）を、「これからのテレワークでの働き方に関する検討会」は2020年12月に報告書〔https://www.mhlw.go.jp/content/11911500/000711687.pdf〕（最終アクセス：2022年1月21日）を、「技術革新（AI等）が進展する中での労使コミュニケーションに関する検討会」は2021年6月に報告書〔https://www.mhlw.go.jp/content/12602000/000795882.pdf〕（最終アクセス：2022年1月21日）を、それぞれ公表している。

3 状況認識をめぐる日・独比較

それでは、ここまででみた日・独における議論の経過のなかで、冒頭で挙げたⅰ）およびⅱ）の問題について、現時点でどのような状況認識が形成されているのか、簡単に比較整理を試みることとしよう。

(1) 第四次産業革命による雇用社会の変化

まず、ⅰ）の問題である、第四次産業革命によって、雇用社会にどのような変化が生じるかという点からみてゆきたい。この点は、特にドイツにおいては、デジタル化による“チャンス（Chancen）”と“リスク（Risiken）”という形で議論がなされているところであるが、日本における議論と重ね合わせると、次のような状況認識が形成されているものと整理することができる。

第一の変化として、まず挙げられるのは、職場におけるAIやロボットなどのテクノロジーのいっそうの活用である[27]。このことは、一方において、危険な仕事や肉体的・精神的負荷の重い仕事あるいはルーティン・ワークから人間を解放するほか、労働者個々人の能力や状況に合わせて、テクノロジーが人間の働き方をサポートすることで、高齢者や障害者のように、これまで就労が困難であった層に対しても、労働参加の機会が開かれるといった点で、チャンスとなる[28]。この点は、現在、少子高齢化の問題に同じく直面している日・独双方にとって意義が大きいといえよう[29]。しかし他方では、人間がこれまで担っていた仕事がAIなどによって代替（自動化）されることで雇用が失われる（いわゆる技術的失業〔technological unemployment〕）リスクも、同時に存在している。

27　Vgl. BMAS (Fn.12), S.47ff. 厚生労働省・前掲注（22）報告書6頁および23頁、厚生労働省・前掲注（25）報告書4頁以下。

28　日本におけるAIなどの活用実態については、『連合総研ブックレットNo.15・IoTやAIの普及に伴う労働への影響と課題』（連合総合生活開発研究所、2018年）77頁以下、「≪特集≫AIは働き方をどのように変えるのか」日本労働研究雑誌714号（2020年）所収の各論稿および亀石久美子＝池田美穂＝下條秋太郎＝折目吉範＝岡村優希「AI技術の労働分野への応用と法的課題―現状の技術水準と将来の展望を踏まえて」季刊労働法275号（2021年）13頁以下も参照。

29　この点、現在のドイツの出生率は約1.5である一方、2020年代の末には、稼得能力人口の約20％が60～67歳の層に属するとして、少子高齢化の傾向にあることが指摘されている。Vgl. BMAS (Fn.12), S.29.

第二の変化として、デジタル化が進むことで、特定の時間や空間に縛られない、柔軟な働き方が可能となることが挙げられる[30]。このような働き方は、労働者がいわゆる「時間主権（Zeitsouveränität）」を取り戻し、たとえばワーク・ライフ・バランスを実現できるといった点で、チャンスとなる。また、特にテレワークについては、高齢者や障害者のように移動に制約がある人にも労働参加・継続の機会を開く、あるいは新型コロナウイルス感染症（COVID-19）拡大のような危機の時期にあっても事業継続を可能とするといったメリットもある。しかし他方で、柔軟な働き方のもとでは、労働と私生活との境界線が曖昧になり、労働者が使用者や取引先などから24時間アクセスを受ける状態に置かれることで、長時間労働ないし過重労働により健康を害するリスクも伏在している。

第三の変化として挙げられるのは、デジタル・プラットフォームを通じたビジネスモデル、とりわけプラットフォーム上での仕事の仲介によって就労するクラウドワーク（Crowdwork）という新たな働き方の登場である[31]。このようなクラウドワークは、働き手に対し柔軟かつ新たな就労（稼得）機会を開く点ではチャンスとなる一方、そこでは働き手（クラウドワーカー）は通常、プラットフォームにより独立自営業者（Solo-selbstständige）として取り扱われ、労働法や社会保障法（なかでも被用者保険）による保護の外に置かれることから、「新たな不安定就業形態（neue ungesicherte Beschäftigungsformen）」となるリスクをも孕んでいる。

第四の変化として、雇用社会のデジタル化が進むと、使用者が労働者個人に関する情報やデータに接する機会が飛躍的に増大することが挙げられる[32]。使用者は、このような労働者個人情報をビッグデータ化し、場合によってはAIによるプロファイリングを行うことが可能となる。このことは、一方において、個々の労働者の作業態様への適切なフィードバックを可能としたり、人事管理を科学的・効率的に行いうるといった点で、チャンス

30　Vgl. BMAS (Fn.12), S.73ff. 厚生労働省・前掲注（22）報告書8頁、働き方改革実現会議・前掲注（23）報告書15頁、厚生労働省・前掲注（25）報告書16頁。

31　Vgl. BMAS (Fn.12), S.60ff. 働き方改革実現会議・前掲注（23）報告書16頁。

32　Vgl. BMAS (Fn.12), S.63ff. 厚生労働省・前掲注（25）報告書7頁、厚生労働省・前掲注（4）報告書10頁。

となる。なかでも後者については、日本でも最近、いわゆるHR Techによる人事労務管理が注目を集めている[33]。しかし他方で、特にAIによるプロファイリングに関しては、その結果によって、労働者のプライバシー侵害や社会的差別などの不利益な取り扱いが生じるリスクも存在している。

第五の変化として、集団的労使関係の役割の増大が挙げられる。この点、ドイツの労働4.0をめぐる議論のなかでは、雇用社会がデジタル化するなかでもディーセント・ワーク（英：decent work、独：Gute Arbeit）を実現するためには、そのプロセスへ労働組合あるいは事業所委員会（Betriebsrat）を通じて労働者側が参加することが、重要なファクターとして位置付けられている[34]。また、日本においても、たとえば職場へのAIなどの導入に際しては、労使のコミュニケーションを図りながら進めてゆくことが重要との指摘がなされている[35]。

⑵　労働法政策上の課題領域

それでは、⑴でみた**第一～第五の変化**によって、従来労働法が規制対象としてきた領域において、どのような新たな政策的取り組みが求められるのであろうか。このようなii）の問題について、差し当たりドイツでは、次のような認識が形成されているものと整理できる。

①　この点、**第一の変化**からすると、職場におけるデジタル・テクノロジーのいっそうの活用が進むなかでは、人間（労働者）に求められる役割が変化し、場合によっては技術的失業のリスクが存在することから、このような変化に労働者が適応することができ、それによってエンプロイアビリティ（就労能力）を維持ないし拡充できるよう、法的環境を整備することが求められる。このような点からすると、職業教育訓練をめぐる法政策の分野での取り組みが、まずは重要となる[36]。

33　人事労務管理分野におけるHR Techをめぐる法律問題について検討を行った代表的文献として、松尾剛行『AI・HRテック対応・人事労務情報管理の法律実務』（弘文堂、2019年）31頁以下を参照。

34　Vgl. BMAS (Fn.12), S.95.

35　厚生労働省・前掲注（4）報告書5頁。

36　Vgl. BMAS (Fn.12), S.42.

② 次に、**第二の変化**との関係では、（雇用労働を前提とした）特定の時間や場所にとらわれない「柔軟な働き方」をめぐる法政策の分野において取り組みが必要となる。ここでは、一方において、労働者の時間主権を確保するために、たとえばテレワークのような柔軟な働き方をどのように促進してゆくかという問題と、他方において、このような柔軟な働き方のもとで生じうる安全・健康面などへのリスクから労働者をどのように保護するかという、2つの異なるレベルでの法政策上の課題が設定されることになる[37]。

③ 続いて、**第三の変化**の観点からは、特にデジタル・プラットフォームを通じた新たな就業形態であるクラウドワークについて、その法的保護のあり方をめぐって、政策的課題が提起されることになる[38]。すなわち、このような働き方は、上記でみた雇用労働を前提とする柔軟な働き方とは異なり、プラットフォーム事業者からは雇用によらない独立自営業者として取り扱われるのが一般的であることから、クラウドワークについて、そもそも法規制を行うべきか、また行うとすればどのような法的保護を与えるのが適切かといった点が、ここでの検討課題となる。

④ さらに、**第四の変化**との関係では、前述のように、雇用社会のデジタル化により、労働者の個人情報・データのビッグデータ化とAIによる分析が行われるなかでは、労働者のプライバシー侵害や社会的差別といった不利益取り扱いが生じるリスクが伏在している。このような観点からは、労働者個人情報（データ）保護をめぐる法政策上の取り組みが求められることとなる[39]。

⑤ 最後に、**第五の変化**の観点からは、デジタル経済においても重要なインフラとして位置付けられる集団的労使関係を、法政策によってどのように強化するかが重要な課題となる[40]。特にドイツにおいてはこの間、労働組合の組織率および事業所委員会の設置率が低下していることから、この傾

---

37 Vgl. BMAS (Fn.12), S.115ff; BMAS (Fn.17), S.17ff.
38 Vgl. BMAS (Fn.12), S.170ff; BMAS (Fn.17), S.51ff.
39 Vgl. BMAS (Fn.12), S.142ff.
40 Vgl. BMAS (Fn.12), S.152ff; BMAS (Fn.17), S.25ff.

向にいかにして歯止めをかけるかといった問題や、雇用社会のデジタル化のなかで労働者利益を適切に代表しうるために、これら労働組合や事業所委員会に対してどのような権利を新たに付与すべきかといった点が、ここでは議論の対象となる。

一方、日本においても、上記のうち①〜③については政府レベルでも取り組みの必要性が認識され、既に一定の政策的対応や議論がなされている状況にある（←詳細は**終章第二節**を参照）。これに対して、④および⑤については、いまだ具体的な政策的対応がなされるには至っていないが、問題意識としては政府レベルでも共有されているものと考えられ[41]、今後、中長期的には日本でも立法政策上の検討課題となってくることが予想されよう。

第三節　本書の構成

以上を踏まえ、本書においては、以下の構成に従って検討を行う。

まず、次章以降においては、職業教育訓練（**第一章**）、柔軟な働き方（**第二章**）、（クラウドワークを中心とする）雇用によらない働き方（**第三章**）、労働者個人情報保護（**第四章**）、集団的労使関係（**第五章**）の各政策領域ごとに、ドイツ法における議論状況および政策動向を取り上げる。すなわち、これらの各領域ごとに、**第二節 3.** ⑴でみた第四次産業革命による雇用社会の変化についてより敷衍しつつ、現行の法規制との関係を整理したうえで、新たな立法政策による対応について、ドイツの労働行政ないし労働法学において、どのような議論がなされ、あるいは現実の立法措置が講じられているのかという点について、分析・検討を行う[42]。

そのうえで、**終章**においては、このようなドイツ法の検討により得られた知見を整理しつつ、上記の各政策領域にかかる日本の現状と対比させたうえで、第四次産業革命下におけるわが国の労働法政策の比較法的な観点からの

41　たとえば、厚生労働省・前掲注（4）報告書 6 頁および 9 頁以下を参照。

42　厚生労働省・前掲注（25）報告書 8 頁には、「ドイツでは、第四次産業革命による雇用・労働分野への影響、いわゆる『労働 4.0』の議論を展開している。こうした諸外国の積極的な取り組み姿勢とその知見は、日本にとって貴重な教材となろう」との記述がみられる。本書のうち**第一章〜第五章**における検討は、まさにそのような「教材」を提供しようとするものである。

評価と今後の課題を提示することとしたい[43]。

43　なお、第四次産業革命により取り組みが求められるものとして議論がなされている労働法政策の領域については、ドイツと日本とで対象範囲が完全に一致しているわけではない。たとえば、日本では、オープンイノベーションや競争力向上といった観点から、副業・兼業の普及促進が一つのテーマとして取り上げられているが（厚生労働省・前掲注（25）報告書18頁など）、ドイツの労働4.0の議論においては、特にプラットフォームビジネスが拡大するなかで雇用労働者が兼業としてクラウドワークを行う場面が増加することが指摘されてはいるものの（vgl. BMAS (Fn.12), S.168）、副業・兼業それ自体にフォーカスした形での議論がなされているわけではない（なお、ドイツにおける副業・兼業をめぐる問題については、河野尚子「兼職をめぐる法律問題に関する一考察―ドイツ法との比較法的研究」同志社法学65巻4号（2013年）1159頁に詳しい）。

また、これとは逆に、ドイツにおいては、職場へのデジタル・テクノロジーの進出に伴い、肉体的な負担の重い作業や単調な作業は機械が引き受ける一方、人間（労働者）にはより精神的な負荷の重い仕事に長時間従事することが求められ、それにより今後、精神疾患に罹患する労働者が増加しうるとの認識に基づいて、労働安全衛生の領域についても政策的取り組みの必要性（いわゆる「労働保護4.0」）が指摘されている（vgl. BMAS (Fn.12), S.135ff）。これに対して、日本では、労働者のメンタルヘルスの問題は、テレワークに関連するものを除いては、必ずしも第四次産業革命ないしSociety5.0の文脈では論じられていない。一方、日本では、2018年の労働安全衛生法改正を契機として、労働者の健康情報をめぐる法規制のあり方が、労働者の個人情報保護の問題とも関わって重要な検討課題として近時論じられているが（この点については、差し当たり、河野奈月「労働者の健康情報の取り扱いをめぐる規制の現状と課題―働き方改革関連法による労働安全衛生法の改正を受けて」季刊労働法265号（2019年）89頁を参照）が、ドイツにおける労働（保護）4.0の文脈においては、このような形での議論は見受けられない。

以上のように、ドイツと日本とで議論の対象として重複がみられない領域については、本書における検討の対象からは除外している。

第一章 職業教育訓練法政策

第一節　問題の所在

本章においては、第四次産業革命下での職業教育訓練法政策をめぐるドイツの議論および立法動向について検討を行う。以下では差し当たり、問題状況について改めて確認しておくこととしよう。

1 技術革新が雇用に及ぼす影響

序章第二節 3. (1)で述べた通り、第四次産業革命が雇用社会にもたらす第一の変化として挙げられるのは、職場における AI やロボットなどの新たなテクノロジーのいっそうの活用である。このことは、一方において、危険な仕事や肉体的・精神的負担の重い仕事あるいはルーティン・ワークから人間を解放するほか、労働者個々人の能力や状況に合わせてテクノロジーが人間の働き方をサポートするシステム（いわゆるデジタル・アシスタント〔チューター〕・システム）の構築を可能とし、それによって、高齢者や障害者などのように、これまで労働参加が困難であった層に対しても、新たな参加の機会が開かれるという点で、チャンスとなる[1]。とりわけ、ドイツにおいては今後、少子高齢化の進行によって、労働力（特に専門的な職業資格を持った労働力[2]）の確保が将来的に重要な課題となることから、このようなチャンスが持つ意義は大きいとされる。

これに対し、このような第一の変化がもたらすリスクとして議論されてい

1　BMAS, Weißbuch Arbeiten 4.0: Arbeit weiter denken, 2016,S.67ff〔https://www.bmas.de/DE/Service/Publikationen/a883-weissbuch.html〕（最終アクセス：2022 年 1 月 21 日）. また、同旨の指摘として、*Arnold/Günter*（Hrsg.）, Arbeitsrecht 4.0: Praxishandbuch zum Arbeits-, IP- und Datenschutzrecht in einer digitalisierten Arbeitswelt, 2018, S.11f〔*Simon*〕も参照。

2　ドイツにおいて、専門労働力（Fachkräfte）とは、「少なくとも 2 年間の職業訓練を修了した者」をいい、「徒弟を修了した者、専門学校（Fachschule）の卒業、または（専門）大学（Hochschule）の卒業、もしくはこれと同等の学歴を有する者」が、これに当たる。

るのは、テクノロジーにより職場が自動化されることで、既存の雇用が失われるのではないかという問題（技術的失業）である[3]。この点、有名な *Frey/Osborne* による研究[4]においては、ドイツでは42%の仕事が自動化により失われうるとの予測が示されており、これを受けて、ドイツ国内ではデジタル化による“労働の終焉（Ende der Arbeit）”を懸念する向きもある。

しかし、ドイツでは、たとえば労働4.0白書（**←序章第二節1.⑵を参照**）が、このような *Frey/osborne* の予測とは異なる見方を示している。すなわち、同白書では、「*Frey/Osborne* の言説というのは、理論上自動化されるものが全て現実に自動化されるという前提、および特定の職業（Beruf）において求められるタスク（Tätigkeit）の全てが、自動化可能であるという前提に立っている。しかし、実際には、自動化されるのは個々の具体的なタスクのみであり、職業全体が不可避的に自動化されるわけではない。このことを考慮すれば、今日のドイツにおいて自動化の危険が高い仕事に就いている者は、全体の約12%である[5]。しかも、これは単なる潜在的可能性に過ぎない。なぜなら、自動化には多くの法的・社会的・経済的な限界が存在しているからである」との指摘がなされている[6]。また、労働4.0にかかる対話プロセスの一環として実施された調査研究である「労働市場予測2030」のなかでは、今後、国の政策としてデジタル化を促進してゆくことで、確かに27の経済分野（たとえば、小売、製紙・印刷業、行政など）においては75万の雇用が失われるけれども、同時に13の経済分野（たとえば、機械製造、ITサービス、研究開発など）では100万の新たな雇用が創出されることで、トータルとしては25万の雇用増が見込まれるという予測結果も示されている[7]。そのため、労働の終焉という問題について、労働4.0をめぐる議論のな

3　この点については、飯田恵子「第4章 ドイツの動向」『JILPT資料シリーズNo.205・近年の技術革新と雇用に関わる諸外国の政策動向』（労働政策研究・研修機構、2018年）29頁以下も参照。

4　*Frey/Osborne*, The Future of Employment: How susceptible are Job to Computerization ?, 2013.

5　*Bonin/Gregory/Zierahn*, Übertragung der Studie von Frey/Osborne (2013) auf Deutschland, 2015, S.14f〔http://ftp.zew.de/pub/zew-docs/gutachten/Kurzexpertise_BMAS_ZEW2015.pdf〕（最終アクセス：2022年1月21日）.

6　BMAS (Fn.1), S.47.

かでは、さほど悲観的には捉えられていない。

ただし、テクノロジーによる職場の自動化に関連して、労働4.0白書も「雇用・賃金の二極化（Polarisierung）」という問題に対しては、懸念を示している[8]。これは、テクノロジーに代替されることによって中間層（ミドルクラス）の職業資格にかかる雇用量が収縮し、人間の携わる仕事というのが、たとえば企画立案などのように非常に高い職業資格を要する専門的な仕事と、自動化が不可能である（あるいは、倫理上の理由などにより自動化させるべきではない）けれども、低い職業資格により行われる仕事とに二極化することによって、賃金についても二極化し労働者間に格差が広がることを指す。ドイツでは、いまだこのような現象は生じていないようであるが、労働4.0白書のなかでは、将来において雇用・賃金の二極化が生じることは避けなければならないことが強調されている。

またこのほか、上記の白書が公表されて以降も、テクノロジーによる仕事の代替可能性（Substituierbarkeitspotenziale）の問題について、ドイツでは引き続き研究がなされている。たとえば、労働市場・職業研究所（IAB）による研究[9]のなかでは、ドイツにおいて社会保険加入義務がある就労者（Beschäftigte）のうち、（それを組成するタスクの70%以上が新たなテクノロジーによって代替されうるという意味において）代替可能性が高い職業に従事している者の割合は、2013年時点では15%であったのが、2016年には25%にまで上昇しているとの結果が示されている。また、これを職業資格等級別（**【表1-1-1】**）でみると、確かに代替可能性が58%と最も高いのは、職業訓練を要しないか1年間の職業訓練を要する補助職（Helferberufe）においてであるが、しかし最低4年以上の大学教育（Hochschulstudium）が必要なエキスパート職（Expertenberufe）においても24%の代替

7　*Vogler-Ludwig/Düll/Kriechel*, Arbeitsmarkt 2030: Wirtschaft und Arbeitsmarkt im digitalen Zeitalter: Prognose 2016, S.12ff〔http://www.bmas.de/SharedDocs/Downloads/DE/PDF-Meldungen/2016/arbeitsmarktprognose-2030.pdf?__blob=publicationFile&v=2〕（最終アクセス：2022年1月21日）.

8　BMAS (Fn.1), S.53.

9　*Dengler/Matthes*, Wenige Berufsbilder halten mit der Digitalisierung Schritt – Substituierbarkeitspotenziale von Berufen, IAB-Forschungsbericht 4/2018〔http://doku.iab.de/kurzber/2018/kb0418.pdf〕（最終アクセス：2022年1月21日）.

【表 1-1-1】 職業資格等級別でみた代替可能性（単位：%）

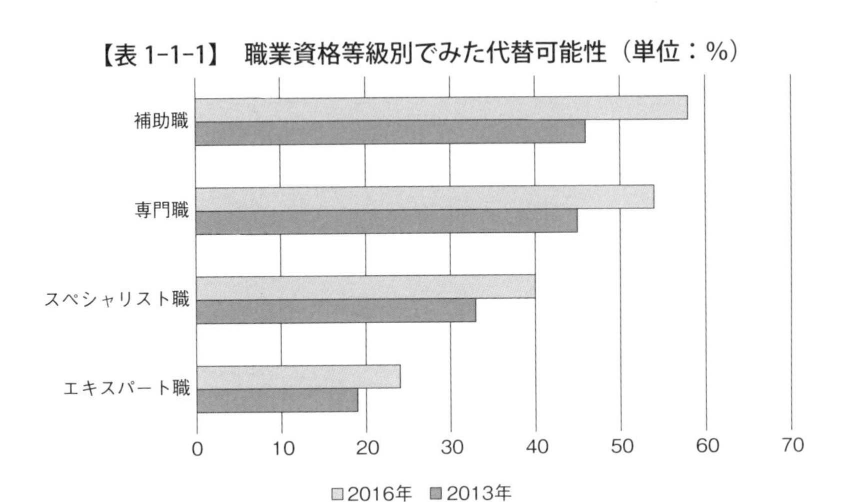

出典：IAB-Forschungsbericht 4/2018

【表 1-1-2】 業種別でみた代替可能性（単位：%）

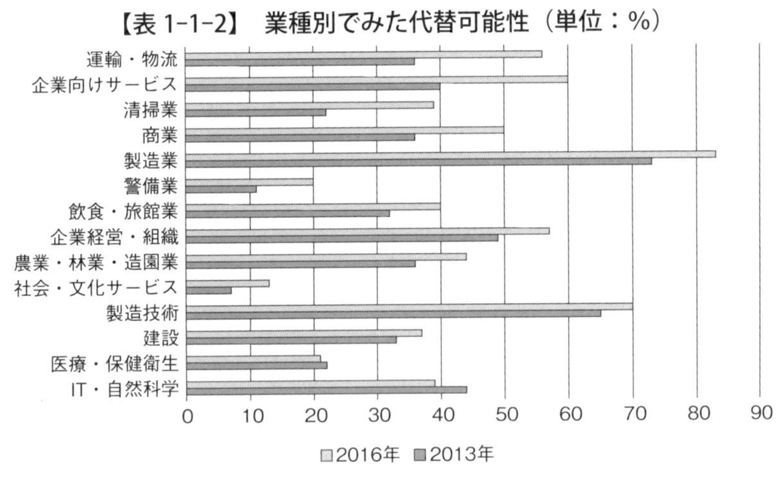

出典：IAB-Forschungsbericht 4/2018

可能性が存在する。2013 年時点では、前者の割合は 46%、後者の割合は 19 % であったことからすると、いずれについてもこの間に代替可能性が上昇したことになる。

また、業種別（**【表 1-1-2】**）でみると、製造業（83%）や製造技術（70

%)、あるいは企業向けサービス（60%）といった業種における職業について、それぞれ高い代替可能性の値が示されている。

2 employability と継続的職業訓練

以上のことから、ドイツの議論では、職場における AI やロボットなどの新たなテクノロジーのいっそうの活用により、大規模な雇用喪失が生じるわけではないにしても、人間（労働者）に求められる役割が変化することについては、広くコンセンサスが得られており、特に IT スキル（IT-Kompetenzen）は、およそ全ての労働関係における基本的なスキルとなることが指摘されている[10]。このことは、いわゆるジョブ型雇用社会のドイツにおいては、ジョブディスクリプション（職務記述書）のなかで求められる内容が変化するということを意味するが、それゆえに、第四次産業革命下において、労働者が自身のエンプロイアビリティ（英：employability、独：Beschäftigungsfähigkeit）を維持しあるいはこれを拡充するために、職業教育訓練[11]を通じて新たな職業資格を獲得すること（Qualifizierung）は、デジタル化時代における労働市場政策の中心的なテーマとなっている[12]。そして、そのなかでも特に議論の重点が置かれているのは、在職労働者に対してさらなる能力の向上を図るために提供される継続的職業訓練（Weiterbildung, Fortbildung）である。このことは、たとえば 2018 年の連立協定（← **序章第二節 1.（2）**）のなかで、「継続的職業訓練は、就労者がデジタル化した雇用社会における課題に対応でき、かつ常に迅速に変化する職業資格上の要請に適合できるようになるための鍵（Schlüssel）である」[13]と述べられていることからも、明らかといえよう。

10　Vgl. *Arnold/Günter* (Hrsg.) (Fn.1), S.120〔*Arnold/Winzer*〕.

11　ドイツにおける職業教育訓練システムの全体像については、飯田恵子「第 3 章 ドイツ」『JILPT 資料シリーズ No.194・諸外国における教育訓練制度―アメリカ、イギリス、ドイツ、フランス』（労働政策研究・研修機構、2017 年）54 頁以下を参照。

12　BMAS (Fn.1), S.102.

13　CDU/CSU=SPD, Koalitionsvertrag – Ein neuer Aurbruch für Europa, Eine neue Dynamik für Deutschland, Ein neuer Zusammenhalt für unser Land, 2018, S.41〔https://www.bundesregierung.de/breg-de/bundesregierung/koalitionsvertrag-vom-12-maerz-2018-975210〕（最終アクセス：2022 年 1 月 21 日）.

このようにみてゆくと、第四次産業革命下においては、在職労働者が自身のエンプロイアビリティを維持・拡充するために、継続的職業訓練によって新たな職業資格を獲得することをどのように支援するかは、労働法政策にとっても重要な課題となろう。そこでは、労働者はこのような継続的職業訓練を使用者に対して請求しうるのか、また請求しえないとすれば、労働者が自ら主体的に継続的職業訓練を受ける場合、それに要する費用などのコストの負担関係はどうあるべきか、またこのような訓練のために必要な時間的余裕をどのように確保するのかなどといった点が、法的観点からは関心事となってくるものと考えられる。そこで、次節では差し当たり、継続的職業訓練に関して、現在のドイツ労働法はどのような規制状況にあるのかを概観することとしよう。

第二節　従来の法規制の状況

本節では、上記の問題関心に照らし、ドイツにおける継続的職業訓練をめぐる法規制の状況について、個別的労働関係法上のもの（←1.）と集団的労使関係法上のもの（←2.）とに区別して検討を行う。

1　個別的労働関係法上の規制

(1)　継続的職業訓練をめぐる権利義務関係

それではまず、継続的職業訓練を受けることについての労働者と使用者間での権利義務関係からみてゆきたい。

この点について、差し当たり労働者の義務の側面からみてゆくと、ドイツにおいては営業法（GewO）[14]106条1文の規定によって、使用者には指揮命令権（Weisungsrecht）が認められ、これによって公正な裁量のもとで労働給付の内容を決定できることとなっている。そして、使用者はこの指揮命令権に基づいて、労働者に対し、自身の労働義務を履行するために現在または将来必要となる知識などをアップデートするための継続的職業訓練への参加

14　同法の邦語訳については、山本陽大＝井川志郎＝植村新＝榊原嘉明『現代ドイツ労働法令集』（労働政策研究・研修機構、2022年）13頁〔山本陽大〕を参照。

を命じることができると解されている[15]。このような継続的職業訓練は、職務上直ちに必要なものでなくとも、当該労働者にとって“有意義な（sinnvoll）”ものであれば足りる[16]。これにより、労働4.0の文脈でいえば、たとえば物流企業において倉庫内業務の効率化のためにスマートグラス（Datenbrillen）を導入しようとする場合、当該使用者は倉庫で働く労働者らに対し、スマートグラスの取り扱いに習熟するための訓練への参加を命じることができ、それによって当該労働者らは当該訓練を受ける義務を負うこととなる[17]。

そのうえで、コストの負担関係についてみると、使用者の指揮命令権によって労働者が継続的職業訓練への参加を義務付けられる場合、それにかかる費用は全て使用者が負担しなければならない[18]。また、このような訓練への参加は、労働時間中に行われるのでなければならず、仮に所定労働時間外に行われる場合には、その時間帯は労働時間として取り扱われ、従って賃金支払いの対象となる[19]。いいかえれば、労働者は、労働時間外である自由時間中において継続的職業訓練への参加を義務付けられることはない。

それでは、上記とは逆に、労働者の側から使用者に対して、継続的職業訓練の実施を請求することは可能であろうか（権利の側面）。この点について、ドイツ労働法は、いくつかの法律のなかで、継続的職業訓練への参加の機会の保障について規定を設けている。たとえば、パートタイム・有期労働契約法（TzBfG）[20]10条および19条は、使用者は、パートタイム雇用労働者および有期雇用労働者についても、職業上のキャリア開発（beruflichen Entwicklung）などを促進するための継続的職業訓練措置に参加できるよう配慮しなければならない旨を定めている。また、社会法典（SGB）第Ⅸ編164条4項2号は、重度身体障害を有する労働者は使用者に対し、事業所内での

15　Vgl. *Arnold/Günter* (Hrsg.) (Fn.1), S.126〔*Arnold/Winzer*〕; *Kramer* (Hrsg.), IT-Arbeitsrecht: Digitalisierte Unternehmen: Herausforderungen und Lösungen, 2.Aufl., 2019, S.397f〔*von der Straten*〕.

16　*Kramer* (Hrsg.) (Fn.15), S.398〔*von der Straten*〕.

17　*Arnold/Günter* (Hrsg.) (Fn.1), S.126〔*Arnold/Winzer*〕.

18　*Kramer* (Hrsg.) (Fn.15), S.398〔*von der Straten*〕.

19　*Kramer* (Hrsg.) (Fn.15), S.398〔*von der Straten*〕.

20　同法の邦語訳については、山本ほか・前掲注（14）書283頁〔山本陽大〕を参照。

職業訓練措置の実施に際して優先的に考慮されるべき請求権を有する旨を定めている。しかし、これらの規定は、そもそも対象労働者を限定しているとともに、前者は、継続的職業訓練の実施に際してフルタイム雇用労働者ないし無期雇用労働者との間での不利益な取り扱いの禁止を、また後者は、職業訓練措置への参加者の対象範囲の確定に際して重度身体障害者を優先的に考慮すべきことを定めたに過ぎず、いずれについても、使用者に対し継続的職業訓練の実施自体を請求しうる労働者の権利を基礎付けるものではないと解されている[21]。

またこのほか、解雇制限法（KSchG）[22]1条2項3文は、使用者にとって期待可能な継続的職業訓練措置によって労働者の継続雇用が可能であるにもかかわらず、使用者が労働者の解雇に及んだ場合、当該解雇は社会的に不当なものとして無効となる旨を定めている。もっとも、この規定も、確かに間接的には使用者に対し継続的職業訓練の実施を促すという機能はあるものの、やはりその実施に関する労働者の直接的な請求権を定めたものとは解されていない[23]。また、そもそも上記の規定は、労働者の能力不足や経営上の理由による解雇が問題となる状況に至ってはじめて適用されるものであるため、そのような状況以外で、たとえば労働者が自ら進んでITや新たなテクノロジーに関する知識を身に付けようとする場面では、何ら役割を果たしえない[24]。

以上のことから、ドイツにおいては、労働者は原則として、使用者に対し継続的職業訓練の実施を請求しうる権利を有するものではないと解されている[25]。従って、労働者は、個別的労働関係法のレベルでは、使用者の指揮命令権に基づき義務として参加する場面を除くと、継続的職業訓練を受けようとする場合、それに要する費用を自ら負担し、またその参加には自らの自由時間をもって充てなければならないのが原則ということになる。

21　Vgl. *Arnold/Günter* (Hrsg.) (Fn.1), S.122〔*Arnold/Winzer*〕; *Kramer* (Hrsg.) (Fn.15), S.396f〔*von der Straten*〕; *Müller-Glöge/Preis/Schmidt* (Hrsg.), Erfurter Kommentar zum Arbeitsrecht, 21.Aufl., 2021, §10 TzBfG Rn.3〔*Preis*〕.

22　同法の邦語訳については、山本ほか・前掲注（14）書35頁〔山本陽大〕を参照。

23　Vgl. *Arnold/Günter* (Hrsg.) (Fn.1), S.127〔*Arnold/Winzer*〕.

24　Vgl. *Kramer* (Hrsg.) (Fn.15), S.396〔*von der Straten*〕.

(2)　訓練費用負担をめぐる問題―償還条項の有効性

もっとも、前記のように労働者が自らの主体的な選択として継続的職業訓練を受けることで新たな職業資格を獲得しようとする場合において、それに要する費用を使用者が負担することについて、個々の労働者と使用者とが合意（契約）することは全くの自由である。ただし、この場合には、当該合意のなかで、労働者は当該継続的職業訓練の終了後、あらかじめ定められた一定期間（拘束期間〔Bindungsdauer〕）については当該使用者のもとを離職してはならず、もし当該拘束期間満了より前に労働者が離職した場合には、使用者は支出（負担）した訓練費用の償還を請求することができる旨の規定が定められることが少なくない。これが、いわゆる「償還条項(Rückzahlungsklausel)」と呼ばれるものであるが、この償還条項の有効性については従来から判例法理[26]が形成されており、それによれば以下の要件を全て充たす必要があると解されている。

まず第一に、本来使用者が負うべき事業コストを、償還条項によって労働者に転嫁することは許されないことから、その対象となる継続的職業訓練の内容が審査される。すなわち、償還条項の対象となっている継続的職業訓練は、それを受けることで得られる知識や職業資格が、現在の雇用主である使用者以外の使用者（企業）のもとでも利用可能であり、当該労働者の“市場価値（Marktwert)”を高めるものでなければならない[27]。従って、当該訓練によって得られる知識などが、もっぱら現在の使用者のもとにおいて利用可能なものである場合には、当該訓練にかかる費用は償還条項の対象とはな

25　ただし、例外として、一定の役職についている労働者については、個別の法令中において、使用者に対する継続的職業訓練の実施に関する権利（具体的には、当該訓練への参加費用の使用者による引き受けと、参加中についての有給での労働免除に関する権利）が定められている場合があり、このようなものとして、事業所医（Betriebsarzt）に関する労働安全法（ASiG）2条3項2文・3文や、事業所委員会委員に関する事業所組織法37条および40条が挙げられる。またこのほか、たとえば弁護士のように各士業法（弁護士の場合は連邦弁護士法〔BRAO〕43a条6項）によって継続的職業訓練が義務付けられている者が労働契約により雇用されている場合には、労働契約を根拠に、適切な方法で当該義務を履行しうるような手段を与えることについての請求権を使用者に対して有する場合があることが指摘されている（Vgl. *Arnold/Günter* (Hrsg.) (Fn.1), S.123〔*Arnold/Winzer*〕)。

26　償還条項をめぐる判例の概観については、*Müller-Glöge/Preis/Schmidt* (Hrsg.) (Fn.21), §611a BGB Rn.436ff〔*Preis*〕を参照。

27　*Kramer* (Hrsg.) (Fn.15), S.399〔*von der Straten*〕.

りえない[28]。

また第二に、償還条項については、労働者が自由な意思に基づいて同意したものであることを担保するために、償還の原因と金額の双方について透明性（Transparenz）が要求される[29]。このうち、まず前者についていえば、先ほどみたように、償還条項というのは労働者があらかじめ定められた一定の拘束期間の満了前に離職した場面を対象とするものであるところ、ここでいう離職は労働者側の原因（たとえば、労働者の自主退職や、重大な義務違反などを理由とする解雇）によって惹起されたものであることを要する[30]。従って、使用者は、使用者側に原因のある経営上の理由に基づく解雇により労働者の離職が生じたことをもって、支出した訓練費用の償還請求を行うことはできない。そのため、償還条項において、使用者による償還の対象となる離職の原因が明確に定められていない場合には、上記の透明性の要請に反し無効となる[31]。また、金額についていえば、使用者がいくらを支出（負担）し、あらかじめ定められた拘束期間経過前の離職によってそのうちいくらの金額が償還対象となるのかも、事前に明確に定められていなければならない[32]。そのため、実務では、拘束期間の経過に応じて償還対象額を割合的に減額してゆく規定が設けられるのが通常となっている。

第三に、償還条項は基本法（GG）12条1項が保障する労働者の職業選択の自由（Berufswahlfreiheit）を制約するものであることから、その内容において、労働者と使用者それぞれの利益の調整がなされていることが求められる。より具体的には、労働者が当該継続的職業訓練に要した期間の長さとその後の使用者による拘束期間の長さは、相当な関係に立つものでなければならない[33]。そして、この点については、連邦労働裁判所（BAG）の判例の

---

28 BAG Urt. v. 18.11.2008 - 3 AZR 192/07.

29 特に、償還条項が使用者側が準備した契約書面のなかで規定されている場合には、このような透明性の要請は、約款規制に関する民法典（BGB）307条1項2文によって求められることになる。

30 *Arnold/Günter*（Hrsg.),（Fn.1), S.128〔*Arnold/Winzer*〕; *Kramer*（Hrsg.)（Fn.15), S.400〔*von der Straten*〕.

31 etwa BAG Urt. v. 18.3.2014 - 9 AZR 545/12.

32 *Kramer*（Hrsg.)（Fn.15), S.400〔*von der Straten*〕.

33 *Arnold/Günter*（Hrsg.)（Fn.1), S.128〔*Arnold/Winzer*〕; *Kramer*（Hrsg.)（Fn.15), S.399ff〔*von der Straten*〕.

蓄積[34]によって、おおよその基準が設定されている。それによれば、訓練期間が1ヶ月未満の場合は6ヶ月を上限とする拘束期間が許容され、訓練期間が2ヶ月未満の場合は1年を上限とする拘束期間が許容され、訓練期間が3～4ヶ月未満の場合は2年を上限とする拘束期間が許容され、訓練期間が6ヶ月～1年未満の場合は3年を上限とする拘束期間が許容され、訓練期間が2年以上の場合は5年を上限とする拘束期間が許容されるものと解されている。このような継続的職業訓練の期間に応じて許される期間を超える拘束期間を設定するような償還条項は、労働者を不相当に不利益に取り扱うものとして無効となりうる[35]。

かくして、ドイツにおいては、以上の3つの要件を充足する場合にはじめて、償還条項は有効と認められることになる。

(3)　訓練休暇に関する州法上の規制

このほか、訓練休暇（Bildungsurlaub）についてもみておきたい。

前述の通り、労働者が使用者の指揮命令権に基づき義務として継続的職業訓練を受ける場合には、その時間帯は労働時間として取り扱われる。しかし、そうではない場合には、労働者は自らの自由時間のなかでこのような訓練に参加することとなるが、たとえば平日の日中に継続的職業訓練が実施される場合には、多くの労働者にとって参加が困難となりうる。そのため、ドイツでは大多数の州[36]において、州法としての訓練休暇法（Bildungsurlaubgesetz）によって、労働者に対し有給の訓練休暇を保障する制度が整備されている。

このような州レベルでの訓練休暇法について、一般的な傾向[37]を確認しておくと、訓練休暇は暦年につき5労働日分が保障され、行政による認証を受けた職業訓練について利用できる形となっているのが通常とされる。また、事業所の規模や労働者の勤続年数によって適用除外が設けられていることも

34　Vgl. *Müller-Glöge/Preis/Schmidt* (Hrsg.) (Fn.21), §611a BGB Rn.441〔*Preis*〕.

35　特に、このような償還条項が使用者側が準備した契約書面のなかで規定されている場合には、約款規制に関する民法典307条1項によって無効となる。

36　バイエルン州とザクセン州を除く14の州で、このような訓練休暇法が整備されている。

37　Vgl. *Arnold/Günter* (Hrsg.) (Fn.1), S.125〔*Arnold/Winzer*〕.

多い。この訓練休暇の権利行使は、労働者から使用者に対する申請によって行われ、訓練休暇の取得日については、当該労働者は労働義務を免除されるとともに、賃金（あるいは休暇手当）が支払われる（ただし、訓練自体に要する費用や交通費などは通常、労働者自身の負担となる）。一方、使用者は緊急の経営上の理由が存在する場合には、申請を拒否することができ、この場合には、労働者は訓練休暇を取得できず、引き続き労働義務を負う。これに対して、使用者が上記にいう経営上の理由がないにもかかわらず不当に申請を拒んだ場合には、労働者は損害賠償請求が可能となりうる。

もっとも、**第一節 2.** でみたように、雇用社会のデジタル化が進むなかでは継続的職業訓練が重要なテーマとなり、それに伴ってこのような訓練への参加を支える訓練休暇への関心も高まることが予想されるにもかかわらず、上記でみた州法による訓練休暇制度の利用率は、現在のところは非常に低いことが指摘されている。たとえば、訓練休暇の権利を有する労働者全体のうち実際にこれを利用した割合は、2015 年ではわずか 1% にとどまっているようである[38]。

2 集団的労使関係法上の規制

続いて、以下では、集団的労使関係法上の規制状況について検討する。この点、継続的職業訓練をめぐっては、事業所組織法（BetrVG）[39] がいくつかの規定を置いていることから、それらをめぐる解釈や機能をまずは取り上げる（←(1)：なお、ドイツの事業所組織法は 2021 年 6 月の事業所委員会現代化法によって改正され、それによって職業訓練に関する事業所委員会の共同決定権も強化されているが、この点については**第五章第三節 2.** で検討を行うため、ここでは同改正前の規制状況を検討対象とする）。また、ドイツにおいては、労働協約のなかで継続的職業訓練についても規範設定を行うことが可能であることから、実際の協約例を素材として、この点を確認することとしたい（←(2)）。

38 Landestag Baden-Württemberg Drs. 15/6403, S.11.
39 同法の邦語訳については、山本ほか・前掲注（14）書 225 頁〔植村新〕を参照。

⑴　事業所組織法上の規制

ドイツの事業所組織法は、継続的職業訓練との関係では、労働者個人を主体とした規定（81条）と、従業員代表機関である事業所委員会（←詳細は**第五章第二節2.⑴**）を主体とした規定（96条～98条）を設けている。

このうち、まず前者についてみると、労働4.0との関連で重要であるのは、事業所組織法81条4項である。すなわち、同規定により、たとえば使用者が職場への新たなテクノロジーの導入を計画しており、それによって労働者の職務の内容などに影響が生じる場合には、そのことを使用者は当該労働者に対して通知しなければならない。そして、それによって労働者の職務内容が変更され、それを行うには当該労働者の既存の職業上の知識や能力では十分ではないことが確実となった場合には、どのようにして当該労働者の職業上の知識・能力を将来求められる水準に適合させるかについて、協議を行わなければならないこととなっている。

もっとも、この事業所組織法81条4項の規定は、使用者に対し通知および協議を義務付けるにとどまり、継続的職業訓練の実施自体を義務付けるものではないと解されている[40]。もちろん、この規定に従った協議の結果として、知識・能力の適合化のための継続的職業訓練が使用者によって実施されることはありうるし、仮にそのような措置を講じることなく当該労働者を解雇しようとした場合には、**1.⑴**でみた解雇制限法1条2項3文によって当該解雇は無効となりうるが、しかし継続的職業訓練を実施するか否かの判断自体は、事業所組織法81条4項のレベルではなお使用者に委ねられているといえる。

一方、事業所組織法は96条～98条において、事業所委員会に対しても職業訓練に関して一定の権限を認めている[41]。なかでも特に重要であるのは、2001年の同法改正によって導入された97条2項であり、これによって、労働者の職務が変更され、それを行うには当該労働者の既存の職業上の知識や

40　*Arnold/Günter*（Hrsg.）（Fn.1）, S.122〔*Arnold/Winzer*〕; *Müller-Glöge/Preis/Schmidt*（Hrsg.）（Fn.21）, §81 BetrVG Rn.15〔*Kania*〕.

41　この点については、*Rennpferdt*, Der betriebsverfassungsrechtliche Rahmen für Qualifizierung und Weiterbildung, SR 4/2021, S.149、藤内和公『ドイツの従業員代表制と法』（法律文化社、2009年）153頁も参照。

能力では十分ではなくなるような措置を、使用者が計画または実施した場合には、事業所委員会は事業所内での職業訓練措置の実施について共同決定権（←詳細は**第五章第二節 2. ⑴**）を有する。また、通説[42]は、ここでの共同決定権はいわゆる発議権（Initiativrecht）を含むと解しているため、上記の場合には、事業所委員会の側から積極的に職業訓練措置の実施を提案することも可能となっている。もし仮に、このような措置の実施について、事業所委員会と使用者との間で合意（共同決定）に至らなかった場合であっても、事業所委員会は仲裁委員会（Einigungsstelle）に対して裁定（←詳細は**第五章第二節 2. ⑴**）を求めることができ、仲裁委員会が裁定を下した場合には、それが事業所委員会と使用者間の合意に代替することとなる。

そのうえで、事業所委員会と使用者との共同決定（あるいは仲裁委員会の裁定）に基づいて職業訓練措置が実施される場合、それによって生じるコストについては使用者が全て負うというのが学説の解釈[43]となっている。従って、当該訓練措置の実施自体にかかる費用はもちろん、労働者は労働義務の履行として当該訓練措置に参加することになることから、使用者はその時間帯について賃金を支払わなければならない。

このようにみると、事業所組織法 97 条 2 項に基づく共同決定権は、（継続的）職業訓練の実施それ自体を対象とするものであり、それによって使用者は訓練の実施・不実施を自由に判断しえない点で、先ほどみた労働者個人に関する同法 81 条 4 項と比べて、より強い権利を事業所委員会に認めるものといえよう。労働 4.0 の文脈でいえば、職場への新たなテクノロジーやロボット、プログラムあるいはソフトウェアの導入（もしくはその計画）によって、労働者の"職業資格上の不足（Qualifizierungsdefizit）"が生じることが想定されるところ、その際には、事業所組織法 97 条 2 項に基づく事業所委員会の共同決定権が重要な役割を果たしうることになる[44]。

---

42 Vgl. etwa *Fitting/Engels/Schmidt/Trebinger/Linsenmaier*, Betriebsverfassungsgesetz, 30.Aufl., 2020, § 97 Rn.20.

43 *Fitting/Engels/Schmidt/Trebinger/Linsenmaier* (Fn.42), § 97 Rn.30ff.

44 *Arnold/Günter* (Hrsg.) (Fn.1), S.129〔*Arnold/Winzer*〕.

(2) 労働協約による規範設定

また、このような事業所委員会と使用者による事業所レベルでの規制のほか、継続的職業訓練について労働協約（Tarifvertrag）のなかではどのような取り扱いがなされているのかについてもみておきたい。この点、ドイツでは、労働組合と使用者（団体）との間で締結される労働協約（**←第五章第二節 1.**（1））は、継続的職業訓練についても規範設定をなしうると解されており[45]、実際にもそのような例がいくつかみられる。そこで、以下では、2015年に金属産業労働組合（IG Metall）バーデン―ヴュルテンベルク地区本部と使用者団体である南西金属（Südwestmetall）との間で締結された「就労者のための職業資格付与に関する労働協約」[46]を素材として、継続的職業訓練についてどのような規範設定がなされているかを確認することとしよう。同協約は、「職業資格の獲得・・・は、事業所の競争力の確保、雇用および労働者のエンプロイアビリティの維持にとっての鍵である」との認識のもと、継続的職業訓練を通じて新たな職業資格を獲得することを促進すべく、様々な権利を労働者に保障するものとなっている。

この点、上記の協約は、まず3条において労働者に対し、職業資格を獲得することの必要性について、使用者と定期的な面談（Gespräch）を行う権利を定めている。この面談により、その必要性が確認された場合には、事業所内での継続的職業訓練措置の実施について合意が行われ、その際には、当該労働者の側から提案を行うこともできる。そして、合意に至った場合に実施される継続的職業訓練措置に要する費用は使用者が負担し、また当該訓練措置に参加している時間帯は原則として労働時間とみなされ、賃金支払いの対象となる。一方、上記面談の結果、労働者と使用者との間で合意に至らなかった場合は、労使同数で構成される委員会（対等構成委員会〔paritätische Kommission〕）において解決が図られることとなる（4条）。

この3条の規定は、現在の雇用主である使用者（企業）における職務への適合化を目的として事業所内で行われる継続的職業訓練措置を前提としたものであるが、これと並んで、前記の協約は5条および6条において、そのよ

45　*Löwisch/Rieble*, Tarifvertragsgesetz, 4.Aufl., 2017, §1 Rn.2342.
46　Tarifvertrag über die Qualifizierung für die Beschäftigten 2015.

うな目的を持たない事業所の外で行われる継続的職業訓練（Persönliche Weiterbildung）へ労働者が個人的に参加しようとする場合についても、それに必要な時間的余裕を創出するための権利を労働者に保障している。すなわち、同協約の5条は、勤続5年以上のフルタイム労働者に対し、個人的なキャリア開発を目的とした継続的職業訓練措置のために、一定期間につき週所定労働時間を短縮しパートタイム労働へ転換できる権利（訓練パートタイム〔Bildungsteilzeit〕請求権）を認めている。この権利が行使された場合、週所定労働時間は従来の50%に短縮されるのがデフォルトであるが、当該労働者と使用者との間の合意により柔軟に設定することも可能である。また、労働時間短縮の結果として生じる収入減少の補填についても、当事者間で取り決めを行うことができる。そのうえで、このような訓練パートタイムを利用した労働者は、あらかじめ定められた期間が満了した場合には、労働時間がフルタイムに戻るとともに、従前のものと比較可能な同格の（あるいは、従前よりも格付けが高い）ポストへ配置されることが保障されている。

また、これに加えて6条は、勤続5年以上の労働者に対し、訓練パートタイム請求権に代えて、使用者との間で「期限付き離職合意（Befristete Ausscheidensvereinbarung）」を行うことを認めている。これは、労働者が個人的なキャリア開発を目的とした継続的職業訓練措置に参加するためのものであるという点では、先ほどの訓練パートタイムと共通しているが、訓練パートタイムにおいてはあくまで雇用関係自体は維持されているのに対し、この期限付き離職合意がなされた場合には、労働者は使用者との雇用関係をいったん終了させ、5年を上限とする一定期間について職場を離れることが可能となる。そのうえで、期限付き離職合意がなされる場合には、同時に“再雇用の約束（Wiedereinstellungszusage）”がなされることとなっており、これによってあらかじめ定められた一定期間が満了すれば、当該労働者は再び元の使用者によって雇用され、従前のものと比較可能な同格の（あるいは、従前よりも格付けが高い）ポストへ配置されることが保障されている。

3 小括

以上の検討をまとめると、次のように整理することができよう。

この点、**第一節 2.** でみた問題関心に照らすと、ドイツにおいては継続的職業訓練について、従来から一定程度の法的手当てがなされてきたといえる。すなわち、労働 4.0 の文脈に即していえば、使用者が職場に新たなテクノロジーを導入することによって職務内容に変化が生じ、当該職場で就労する労働者が現在の職業資格をもってしてはこれに対応できない事態（“職業資格の不足”）が生じた場面を想定すると、このような変化に適応するための継続的職業訓練について、まず使用者が指揮命令権をもってそれへの参加を命じた場合には、当該訓練へ参加すること自体が労働者の義務となるから、訓練費用は使用者の負担となり、当該訓練へ参加している時間帯は労働時間として賃金支払いの対象となる。また、使用者が積極的に指揮命令権を行使しようとしない場合であっても、当該事業所に事業所委員会がある場合には、事業所委員会は事業所組織法 97 条 2 項が定める共同決定権に基づいて、使用者に対して継続的職業訓練の実施を求めることが可能であり、それによって訓練が実施される場合にも、その費用は使用者の負担となり、また当該訓練への参加時間は労働時間として取り扱われることとなっている。

しかし他方で、これらをもってして、第四次産業革命下における労働者のエンプロイアビリティの維持・拡充のための法的手当てとして十分かと問われれば、必ずしもそのようにはいえないように思われる。というのは、本節で検討したように、ドイツ労働法は、個別的労働関係法であれ集団的労使関係法であれ、そもそも労働者個人との関係では、使用者に対し継続的職業訓練の実施を請求しうる権利を認めていない。上記でみた事業所組織法 97 条 2 項は、確かに使用者による継続的職業訓練の実施自体を対象とするものではあるものの、あくまで事業所委員会に対して共同決定権を付与するものであり、事業所委員会が存在しない事業所では、この規定は機能しえない。そして、**第五章第二節 3.** ⑵で後述する通り、現在ドイツにおいては、事業所委員会の設置率は年々減少傾向にある。

このことに加え、事業所組織法 97 条 2 項に基づく共同決定権は、そもそも使用者が、たとえば職場への新たなテクノロジーの導入のように、労働者の職務内容の変更が生じる措置を計画・実施した場合に、はじめて生じるものである。いいかえれば、使用者がそのような措置をいまだ計画していない段階で、労働者が自ら主体的に、第四次産業革命下において今後必要となるであろう職業資格を獲得すべく、事業所の外で継続的職業訓練を受けようとする場面では、事業所組織法 97 条 2 項の規定は何ら意味を持たない。また、このような場面について、確かにドイツにおいては、職業訓練への参加時間を確保するために訓練休暇法が整備され、また先ほど 2. ⑵でみたように、訓練パートタイムや期限付き離職合意の権利を労働者に付与する労働協約もみられる。しかし、前者については、あくまで州法上の規制であって、保障される休暇日数としても一般的には暦年につき 5 労働日分にとどまっており、また後者については労働協約上の権利であることから、その適用対象は、当該協約の締結主体である労働組合の組合員に限定される（労働協約法〔TVG〕3 条 1 項、4 条 1 項)。そしてまた、現在ドイツにおいては、組合組織率および協約カバー率の割合が年々減少傾向にあることは、**第五章第二節 3. ⑴**で後述する通りである。

以上のことから、次にみるように、ドイツの労働 4.0 をめぐる議論においては、第四次産業革命が進むなかでエンプロイアビリティを維持・拡充しようとする労働者を法的に支援するために、さらなる立法政策上の検討がなされている状況にある。

第三節　“労働 4.0”における議論状況

1　学説上の議論

このような立法政策上の検討について、ドイツ労働法学からのものとしてまず注目されるのは、*Krause* の見解である。すなわち、*Krause* は、第 71 回ドイツ法曹大会[47]へ提出した鑑定意見『雇用社会のデジタル化―課題と規制の必要性』[48]のなかで、デジタル化による労働市場へのネガティブな作用を回避する手段としての職業資格および継続的職業訓練の重要性を指摘しつつ、労働者の継続的職業訓練というテーマに関して、連邦法による一般的な規制を行うべきことを提案している。

具体的には、連邦法としての法令中において、労働者が継続的職業訓練を受けようとする場合に関して、①それが現在の雇用主である使用者の事業に役立つものである場合には、必要な費用は使用者が負担しなければならない旨を明記すべきこと、②一方、それ以外の訓練に関しては、労働者自らが費用を負担すべきであるが、当該労働者と使用者との間で、償還条項を付したうえで使用者が費用を負担する合意がなされる場面が引き続き考えられることから、法的安定性のために、償還条項に関する従来の判例法理（**←第二節 1.（2）**）を明文化すべきこと、また③そのような訓練へ参加するための時間的余裕を創出するために、労働者に対し、一定日数での有給訓練休暇または期限付きでの訓練パートタイムに関する請求権を保障すべきこと、さらに④そのような訓練を受けることに伴い労働者が負担すべき費用をカバーするために、社会法典第Ⅲ編 81 条以下において定められている継続的職業訓練に関する助成制度の適用対象を拡大すべきことが、それぞれ提案されている[49]。

2　労働 4.0 白書

次に、労働 4.0 白書についてみると、同白書はデジタル化時代における継続的職業訓練政策として、主に次の２つのことを提案している。

47　ドイツ法曹大会（Deutscher Juristentag）は、ドイツの法律関係者によって構成され、その学術的知見に基づいて、現代的な立法政策上のテーマについて、法改正の必要性を探究し、かつ必要に応じて改正提案を行うことを目的とする学術会議である。２年に一度開催される同大会においては、通常６の部会（民事法・刑事法・公法・労働法・社会法・経済法）においてそれぞれ統一テーマが設定されるのであるが、その際に、（具体的な改正提案も含めて）当該テーマに対する第一次的かつ包括的な学術上の知見を提供するのが、鑑定意見の役割となっている。各部会においては、鑑定意見による報告を経たのち、当該テーマに関わる個別的問題について、複数の報告者（Rerefenten）からの研究報告、および部会参加者全体での議論を経たうえで、最終的に、ドイツ法曹大会としての当該テーマにかかる改正提案について“決議（Beschluß）”が行われる。そして、この決議の内容は、事実上、立法府に対しても大きな影響力を持つこととなるとされる。詳細については、ドイツ法曹大会の HP〔https://www.djt.de/〕（最終アクセス：2022 年１月 21 日）を参照。

48　*Krause*,Gutachten B zum 71.Deutschen Juristentag, Digitalisierung der Arbeitswelt -Herausforderungen und Regelungsbedarf, 2016, S.84ff. 同鑑定意見については、山本陽大「“労働 4.0”とドイツ労働法―Krause 鑑定意見を中心に」JILPT Discussion Paper 19-02（2019 年）も参照。

49　*Krause*（Fn.48）, S.86ff.

まず第一は、「国家継続的職業訓練会議（Nationalen Weiterbildungskonferenz）」の設置である[50]。この点について、白書はまず、現在のドイツにおける継続的職業訓練は、企業内においても行われるほか、企業外の機関、すなわち専門学校や大学、労働組合、民間訓練機関などが混在してこれを実施していることから、極度に不均質（Heterogenität）であり、労働者にとって適切な訓練プログラムを提供する形には必ずしもなっていないとの認識を示している。そこで、白書は、連邦政府・州政府・労使団体などをメンバーとして構成される国家継続的職業訓練会議を新たに設置することを提案しており、この会議体において、既存の職務内容・職業資格の変化や新たな職業の登場といった、デジタル化によって今後生じる課題をクリアするために、労働者および企業にとってのニーズに即した継続的職業訓練プログラムにかかる戦略を議論・策定することを構想している。

また第二に、労働4.0白書は、立法政策上の提案として、社会法典第Ⅲ編において定められている失業保険制度について、失業後を対象とした事後的な救済という従来の機能だけでなく、今後は継続的職業訓練によって新たな職業資格を得ることで失業に陥ることを未然に防ごうとする労働者を積極的に支援するという意味での事前予防の機能を強化すべきとの方向性を打ち出している。このことは、白書のなかで「失業保険（Arbeitslosenversicherung）から、就労のための保険（Arbeitsversicherung）へ」との標語[51]をもって示されているのであるが、より具体的には、新たな職業資格およびそのための継続的職業訓練の必要性を早期に発見し失業を予防するために、全ての労働者を対象として、失業保険制度を管轄する雇用エージェンシー（AA）へ助言を求め、あるいは相談を行うことができる権利を付与すべきこと[52]、および労働者が継続的職業訓練を受けようとする場合に生じるコスト（訓練費用など）を、一定範囲において、失業保険制度からの助成という形でカバーすべきこと[53]を提案している。この点、ドイツにおいては従来、

50 BMAS（Fn.1）, S.106.
51 BMAS（Fn.1）, S.109.
52 BMAS（Fn.1）, S.111f.
53 BMAS（Fn.1）, S.112f.

低い職業資格しか持たない労働者や中小企業の労働者などの特定の層を対象とした継続的職業訓練の助成制度が整備されていたが（←詳細は**第四節 2. (2)**）、上記のうち特に後者は、同制度の適用対象を拡充すべきとする提案であり、内容としては、先ほど **1.** でみた *Krause* の見解における④の提案と軌を一にするものといえる。

3 労使団体による評価

ところで、労働 4.0 白書に対しては、その公表後の 2016 年 12 月に、使用者団体のナショナルセンターであるドイツ使用者団体連合（BDA）から、また 2017 年 5 月には、産業別労働組合のナショナルセンターであるドイツ労働総同盟（DGB）から、それぞれ「意見書（Stellungnahme）」[54] が公表されており、そこでは各団体の観点からみた白書の内容に対する評価が示されている。以下では、これらの意見書から、**2.** でみた継続的職業訓練政策をめぐる白書の提案に対する労使団体の反応をみてみよう。

この点について、まずドイツ労働総同盟は、白書が提案していた政策内容（国家継続的職業訓練会議による新たな継続的職業訓練戦略の策定、失業保険制度の予防機能の強化）について、その方向性に賛意を示している。そのうえで、継続的職業訓練にかかる費用負担のあり方や、そのための休暇付与（あるいはパートタイム転換）および賃金の継続支払いに関する労働者の法的な権利を定める連邦継続的職業訓練法（Bundesweiterbildungsgesetz）を整備すべきことを主張している。

一方、これに対してドイツ使用者団体連合は、白書の内容に対する全面的な反対論を展開している。すなわち、**2.** でみた通り、現在のドイツにおける継続的職業訓練システムは不均質であるというのが白書の問題意識であったところ、ドイツ使用者団体連合は、ドイツの企業はこれまでにも既に、その都度の現実的必要性に応じて各企業・事業所内で継続的職業訓練を実施し

54　BDA, Arbeiten 4.0 möglich machen: Stellungnahme zum Weißbuch Arbeiten 4.0 des Bundesminisiteriums für Arbeit und Soziales, 2016; DGB, Stellungnahme zum “Weißbuch Arbeiten 4.0” des Bundesminisiteriums, 2017〔https://www.dgb.de/themen/++co++8bb5e742-4066-11e7-84ed-525400e5a74a〕(最終アクセス：2022 年 1 月 21 日).

てきたのであり、従って白書が指摘する不均質性というのはむしろ今後も維持されるべきであるとする。そのうえで、このような観点からすれば、白書が提案する国家継続的職業訓練会議が策定する戦略は、継続的職業訓練（ないし新たな職業資格）に関する各企業・事業所の実際上の必要性とはかけ離れた“机上の空論（grünen Tisch）”になりかねないとして、そのような会議体は不要であると批判している。

また、ドイツ使用者団体連合は、上記の点からすると、継続的職業訓練の相談にかかる雇用エージェンシーの役割も限定的なものにとどめるべきと指摘しつつ、また「就労者のうち失業のリスクが高いことが示されているグループ（特に、低い職業資格しか持たない者）についてのみ、失業保険は予防的な継続的職業教育訓練の助成をなしうる」のであり、「広範囲にわたり継続的職業訓練について助成を行うことは、失業というリスクに対する保険者としての失業保険制度の任務には適さ」ないと主張しており、白書が提案する失業保険制度の事前予防機能の強化についても、反対の意見を表明している。

第四節　2018年・2020年社会法典第Ⅲ編改正

1 改正の経緯

前節で検討した通り、労働4.0白書は、第四次産業革命（デジタル化）に対応するための新たな継続的職業訓練政策として、ｉ）国家継続的職業訓練会議の設置、ⅱ）全ての労働者に対する雇用エージェンシーによる継続的職業訓練に関する相談権の付与、ⅲ）継続的職業訓練にかかる助成制度の拡充を、それぞれ提案するものであった。これらについては、使用者団体の側からは批判がなされたものの、労働組合側からは基本的に支持を受け、また特にⅲ）については学説における議論とも符合するものであった。

そして、**序章第二節1.** ⑵でみた通り、ドイツでは白書公表後の2018年3月に、キリスト教民主・社会同盟と社会民主党による大連立政権（第四次メルケル政権）が再度発足することとなるが、上記ｉ）～ⅲ）の提案は全て、その際の連立協定のなかに摂取されたことで[55]、政権発足後直ちに実施され、現在に至っている。すなわち、ⅰ）については、2018年11月に連邦労働社会省と連邦教育研究省、州、労使団体、商工会議所および連邦雇用エージェンシーをパートナーとする会議体が発足し、2019年7月には「国家継続的職業訓練戦略（Nationalen Weiterbildungsstrategie）」[56]が公表されている。一方、ⅱ）およびⅲ）については、これらを具体的な立法政策として実施するため、2018年11月に「職業資格付与機会強化法（Qualifizierungschancengesetz）」[57]が、また2020年5月には「"明日からの労働"法（Arbeit-von-morgen-Gesetz）」[58]が可決・成立しており、これらによって失業保険制度を定める社会法典第Ⅲ編が改正されるに至っている。

そこでの改正の内容は多岐にわたるが、以下では上記ⅱ）およびⅲ）に関する部分について、それぞれみてゆくこととしよう。

2　職業資格付与機会強化法および"明日からの労働"法による改正

(1)　継続的職業訓練に関する相談権

まず、上記のうちⅱ）に関しては、職業資格付与機会強化法により、雇用エージェンシーによる相談サービス（Beratungsangebot）について規定する社会法典第Ⅲ編29条1項が改正され、相談対象として定められている

55　CDU/CSU=SPD（Fn.13）, S.41ff.

56　「JILPT 海外労働情報・政労使、『国家継続訓練戦略』を初採択―デジタル化時代の変化に備える」（2019年10月）〔https://www.jil.go.jp/foreign/jihou/2019/10/germany_01.html〕（最終アクセス：2022年1月21日）も参照。また、同戦略は、下記のURLから閲覧が可能である。〔https://www.bmas.de/SharedDocs/Downloads/DE/Aus-Weiterbildung/strategiepapier-nationale-weiterbildungsstrategie.pdf?__blob=publicationFile&v=1〕（最終アクセス：2022年1月21日）

57　正式名称は、「職業資格付与の機会強化および失業保険による保護の拡大のための法律（Gesetz zur Stärkung der Chancen für Qualifizierung und für mehr Schutz in der Arbeitslosenversicherung）」である。同法に関する情報は、以下のURLから閲覧が可能である。〔https://www.bmas.de/DE/Service/Gesetze-und-Gesetzesvorhaben/qualifizierungschancengesetz.html〕（最終アクセス：2022年1月21日）

58　正式名称は、「構造変化のなかでの職業上の継続的職業訓練の助成および職業訓練促進の継続的発展に関する法律（Gesetz zur Förderung der beruflichen Weiterbildung im Strukturwandel und zur Weiterentwicklung der Ausbildungsförderung）」である。同法に関する情報は、以下のURLから閲覧が可能である。〔https://www.bmas.de/DE/Service/Gesetze-und-Gesetzesvorhaben/arbeit-von-morgen-gesetz.html〕（最終アクセス：2022年1月21日）

「職業相談（Berufsberatung）」のなかに「継続的職業訓練の相談を含む」旨が明確に規定された。これによって、ドイツにおける全ての労働者は、継続的職業訓練に関して雇用エージェンシーによる相談サービスを受けることが可能となった。

この点について、職業資格付与機会強化法の法案段階での理由書（以下、法案理由書）では、雇用エージェンシーは、上記規定に基づく継続的職業訓練の相談に際しては、職業資格の必要性とそのために考えられうるオプションを示すとともに、次でみる助成制度についても情報提供を行うものとされ、この相談によって「早期かつ予防的に個々人のエンプロイアビリティを強化し、失業の発生および固定化への反作用に資する」ことが期待されている。

(2) 社会法典第Ⅲ編82条の適用対象拡大

一方、前記のⅲ）に関しては、職業資格付与機会強化法および“明日からの労働”法によって、継続的職業訓練費用助成制度および労働賃金助成金制度を定める社会法典第Ⅲ編82条が改正され、これら2つの制度の適用対象が拡大されている。

各制度について簡単にみておくと、まず前者は、労働者が継続的職業訓練を受ける場合に、それにかかる費用（継続的職業訓練費用〔Weiterbildungskosten〕）[59]のうち全部または一部を、雇用エージェンシーが引き受けることによって、当該労働者を助成する制度である。また、後者の制度は、自己が雇用する労働者が継続的職業訓練を受けようとする際に、当該労働者に対し有給での訓練休暇（労働義務の免除）を付与しようとする使用者に対して、その間に生じる賃金負担の一部について、雇用エージェンシーが労働賃金助成金（Arbeitsentgeltzuschüsse）を支払うことで、当該使用者を助成する制度である。

もっとも、従来は、これらの制度の対象者は相当に限定的であったといえ

59　この継続的職業訓練費用には、受講費用、交通費、宿泊費・食費、保育費が含まれる（社会法典第Ⅲ編83条1項）。また、このうち受講費用には、教材、作業服代、試験手数料などが含まれる（同法84条1項）。

る。すなわち、前者についていえば、助成対象となる労働者は、失業が差し迫っている労働者や職業訓練を修了していない労働者、あるいは従業員数250名未満の事業所で就労する45歳以上の労働者に限られ（改正前の社会法典第Ⅲ編81条1項、82条）、また後者による助成対象は、上記のうち職業訓練を修了していない労働者が継続的職業訓練を受ける場合に、有給の訓練休暇を付与する使用者に限られていたからである（同法81条5項）。

そこで、前記の各法律に基づく相次ぐ改正によって、これら2つの助成（金）制度は、その適用対象が「テクノロジーによって代替されうる職業に従事している」労働者が継続的職業訓練を受ける場面一般へと拡大されることとなった（社会法典第Ⅲ編82条）。これによって、当該労働者がそのような職業に従事している限り、その年齢や事業所規模などにかかわらず、全ての労働者あるいはその使用者は、制度の適用範囲に含まれることとなる。ただし、上記の改正目的との関係で、助成の支給対象となるためには、いくつかの要件が設定されている。

このうちまず、労働者を対象とする継続的職業訓練費用助成制度についていえば、社会法典第Ⅲ編82条の1項各号において、当該継続的職業訓練が、それにより「もっぱら（現在の）労働ポストに対する短期的な適合化という目的を超えるような、技能・知識・能力が獲得される」ものであること（1号）、事業所外において、120時間以上継続して実施されるものであること（4号）、雇用エージェンシーによる認証を受けていること（5号）といった要件を充たす必要があるほか、当該労働者が以前に本規定に基づき助成される継続的職業訓練に参加したことがある場合には、そこから4年が経過していること（3号）などの要件が設定されている。また、同条2項により、当該労働者が従業員数10名以上の事業所に属している場合には、その従業員数に応じて、使用者側も当該継続的職業訓練費用のうち、受講費用（Lehrgangskosten）の一部を負担しなければならないこととなっている。その負担割合は、原則として、従業員数10名以上250名未満の事業所においては受講費用の50%[60]、従業員数250名以上～2,500人未満の事業所においては75%、従業員数2,500人以上の事業所においては85%に設定されている。この点について、職業資格付与機会強化法に関する法案理由書では、継続的

【表 1-4-1】 継続的職業訓練費用にかかる負担関係

従業員数	使用者	雇用エージェンシー（AA）	労働者
10 人未満	負担なし	継続的職業訓練費用 100% を上限として、AA が助成を決定した額	AA による助成を差し引いた残額
10 人以上 250 人未満	受講費用の 35% ～50% （例外あり）	継続的職業訓練費用から使用者負担分を差し引いた額を上限として AA が助成を決定した額	使用者負担分および AA による助成を差し引いた残額
250 人以上 2,500 人未満	受講費用の 60% ～75%	継続的職業訓練費用から使用者負担分を差し引いた額を上限として AA が助成を決定した額	使用者負担分および AA による助成を差し引いた残額
2,500 人以上	受講費用の 70% ～85%	継続的職業訓練費用から使用者負担分を差し引いた額を上限として AA が助成を決定した額	使用者負担分および AA による助成を差し引いた残額

出典：筆者作成

職業訓練を通じた労働者の新たな職業資格の獲得については、原則として使用者に優先的な責任があるためとの説明がなされている（使用者責任原則）。

ただし、当該事業所において、継続的職業訓練に関する事業所協定（←詳細は**第五章第二節 2.** ⑴）または労働協約が締結されている場合には、上記の受講費用にかかる使用者負担の割合は、それぞれ 5% 引き下げられる（社会法典第Ⅲ編 82 条 4 項 1 文）。また、これに加えて、当該事業所における労働者の 2 割が現在の職業上のスキルをもってしては今後の変化に適応できないことが予測される場合には、さらに 10% が引き下げられる（同条 5 項 1 文）こととなっている。従って、継続的職業訓練費用にかかる雇用エージェンシー・使用者・労働者間での負担関係を整理すると、**【表 1-4-1】**の通りとなる。

一方、労働賃金助成金制度については、助成対象が、先ほどみた社会法典第Ⅲ編 82 条 1 項各号が定める要件を充たす継続的職業訓練を受ける労働者に対し、その期間中につき有給訓練休暇によって賃金を支払いつつ、労働義務を免除する全ての使用者に拡大されることとなった（社会法典第Ⅲ編 82

60　ただし、例外として、当該労働者が継続的職業訓練への参加時に 45 歳以上である場合、または社会法典第Ⅸ編 2 条 2 項が定める重度身体障害者の場合には、従業員数 250 人未満の使用者の負担は免除されうる（社会法典第Ⅲ編 82 条 2 項 3 文 1 号・2 号）。

【表 1-4-2】 労働賃金助成金制度における賃金負担関係

従業員数	雇用エージェンシー（AA）	使用者
10 人未満	上限：75% ～90%	AA による労働賃金助成金を差し引いた残額
10 人以上 250 人未満	上限：50% ～60%	AA による労働賃金助成金を差し引いた残額
250 人以上	上限 25% ～40%	AA による労働賃金助成金を差し引いた残額

出典：筆者作成

条 3 項)。そのうえで、ここでも助成額については、事業所規模によって段階的に設定されており、原則として、従業員数 10 人未満の事業所においては使用者が当該労働者に支払った賃金額の 75% が労働賃金助成金支給の上限となるが、この割合は、従業員数 10 名以上 250 名未満の事業所については 50%、従業員数 250 名以上の事業所については 25% に設定されている（同項 4 文)。

ただし、当該事業所において、継続的職業訓練に関する事業所協定または労働協約が締結されている場合には、上記の賃金助成の割合は、それぞれ 5 % 引き上げられる（社会法典第Ⅲ編 82 条 4 項 2 文)。また、これに加えて、当該事業所における労働者の 2 割が現在の職業上のスキルをもってしては今後の変化に対応できないことが予測される場合には、さらに 10% が引き上げられることとなっている（同条 5 項 2 文)。従って、労働賃金助成金制度を利用した場合における雇用エージェンシーと使用者との間での賃金負担の関係を整理すると、**【表 1-4-2】**の通りとなる。

かくして、現在のドイツにおいては、職業資格付与機会強化法および“明日からの労働”法に基づき改正された社会法典第Ⅲ編 82 条によって、テクノロジーによる代替可能性に晒されている職業に現在従事している労働者が自ら主体的に継続的職業訓練を受けようとする場面について、当該労働者およびその使用者を法的に支援すべく立法政策上の対応が図られている。すなわち、このような場面を、継続的職業訓練助成制度の適用対象に含めることによって、当該訓練によって生じる費用負担について労働者を助成するとともに、労働賃金助成金制度の適用対象にも含めることで、そのような労働者に対し有給訓練休暇（労働免除）を付与することへのインセンティブを使用者に対して喚起しようとしている。これらは、直接的に労働者に対して継続的職業訓練に関する請求権を付与するものではないが、上記の訓練に必要な費用負担の軽減と訓練参加のための時間的余裕の創出を、失業保険制度に基づいて助成（金）することで、労使当事者をして継続的職業訓練について積極的な行動に出ることを促そうとしている点で、注目すべきものといえよう。

そのうえで、このようなドイツ法の特徴としては、前者の継続的職業訓練助成制度については、使用者責任原則の思想によって、継続的職業訓練費用のうち受講費用について使用者も一部負担することが助成要件となっている点、また後者の労働賃金助成金制度も含めて、事業所規模に応じて助成（金）の割合が段階的に設定されている点、および社会法典第Ⅲ編82条1項各号によって、比較的長期間にわたり事業所外で行われる継続的職業訓練であって、労働者に対し新たな技能・知識・能力を提供するもののみが助成（金）の対象となっている（従って、もっぱら現在の使用者のもとにおいてのみ利用可能な知識などを提供する短期的な事業所内での継続的職業訓練は、上記各制度の対象とはならない）点などを挙げることができよう。

もっとも、ここでみた社会法典第Ⅲ編82条の改正の政策効果という点からいえば、“明日からの労働”法はもとより職業資格付与機会強化法ですら2019年1月に施行された最近のものであるため、ドイツにおいて上記各制度が、労働者の継続的職業訓練の促進にとって実際のところどの程度寄与しているかは、現時点では未知数といわざるをえない。ただし、2021年1月に連邦政府が公表したレポート[61]によると、職業資格付与機会強化法が施行された2019年には、助成の対象となる継続的職業訓練を新たに受ける在職労働者の数は、前年度比で約6%増加しており、また労働賃金助成金制度の利用は、前年度比で約2倍に増加しているとの結果が示されている。

61 Bundeskabinett, Bericht der Bundesregierung über die Förderung der beruflichen Weiterbildung und die entsprechenden Ausgaben, 2021〔https://www.bmas.de/SharedDocs/Downloads/DE/Aus-Weiterbildung/bericht-foerderung-berufliche-weiterbildung.pdf?__blob=publicationFile&v=2〕（最終アクセス：2022年1月21日）.

第五節　本章での検討結果

以上、本章における検討の要点をまとめると、次の通りである。

① 職場における AI やロボットなどのテクノロジーのいっそうの活用によって、大規模な雇用喪失が生じるわけではないにせよ、労働 4.0 白書のなかでは雇用・賃金の二極化が懸念されるとともに、最近の研究ではテクノロジーによる人間（労働者）の仕事の代替可能性に上昇傾向がみられる。そのため、ドイツでは、在職労働者が第四次産業革命下においてもエンプロイアビリティを維持・拡充しうるよう継続的職業訓練を通じて新たな職業資格を獲得することの重要性が、政府レベルでも認識されるに至っている。

② もっとも、現在のドイツの労働法制は、労働者が使用者に対して継続的職業訓練を請求する権利を定めてはいない。従って、労働者は、自ら主体的に第四次産業革命下において今後必要となるであろう職業資格を獲得すべく継続的職業訓練を受ける場合には、原則として、その費用を自身で負担しなければならず、またそのための時間について賃金保障はなく、自らの自由時間をもって充てなければならない。

③ そのため、ドイツの労働 4.0 白書においては、このような労働者を支援するための立法政策のあり方について、複数の提案が行われた。なかでも具体性をもって示されたのは、テクノロジーによる失業を未然に防ぐ観点から、継続的職業訓練を受ける労働者を失業保険制度（社会法典第Ⅲ編）により支援するという方向性（「失業保険から、就労のための保険へ」）である。この提案は、労働組合側からの支持を受けるとともに、学説の主張とも符合するものであり、2018 年 3 月の第四次メルケル政権発足時には連立協定のなかにも摂取された。

④ そして、その後、上記白書の提案は、2018 年 11 月の職業資格付与機会強化法および 2020 年 5 月の“明日からの労働”法によって、社会法典第Ⅲ編 82 条が定める継続的職業訓練費用助成制度および労働賃金助成金制度の適用対象拡大という形で具体化されている。これによって、テクノロジーによる代替可能性に晒されている職業に現在従事している労働者は、

その年齢や事業所規模にかかわらず、長期間にわたり事業所の外で実施される継続的職業訓練に参加し新たな職業資格を得ようとする場合、その費用について雇用エージェンシーから一定の割合で助成を受けることができるとともに、そのような労働者に対して有給の訓練休暇を付与しようとする使用者は、その際の賃金負担について雇用エージェンシーから一定の割合で助成金を受給できることとなった。かくして、ドイツにおいては、第四次産業革命（デジタル化）を契機に、継続的職業訓練に必要な費用負担の軽減と訓練参加のための時間的余裕の創出を失業保険制度によって助成することで、労使当事者をして継続的職業訓練について積極的な行動に出ることを促そうとする立法政策が実施されているといえる。

第二章　「柔軟な働き方」をめぐる法政策

第一節　問題の所在

1　働く時間と場所の柔軟化

続いて、本章では、ドイツにおける第四次産業革命下での「柔軟な働き方」をめぐる法政策に関わる議論および立法動向について検討を行う。まずは、問題状況について、改めて確認しておくこととしよう。

既に**序章第二節 3.** (1)で指摘した通り、デジタル化の進展は、特定の時間や場所にとらわれない柔軟な働き方を可能とする。すなわち、デジタル・テクノロジー、なかでも情報通信技術（ICT）および情報端末機器（モバイルPC、タブレット、スマートフォンなど）の活用によって、従来の職務内容はこれらのテクノロジーを通じて処理が可能な作業パッケージに再構成（ないしは分解）され、それによって労働者間での分業・協働は、物理的・肉体的な接触がなくとも（場合によっては、グローバルなレベルで）可能となる。このような“デジタル・ワーク（Digitale Arbeit）”が広がるなかでは、従来型のアナログ・ワークとは異なり、労働者は工場・事業所という物理的な場所や所定労働時間による拘束から解放され、“いつでも、どこでも（anytime, anywhere）”働くことができるようになる[1]。

そして、このような意味での「時間的・場所的に柔軟な働き方（Zeit- und ortsflexibles Arbeit）」は、一方において、労働者に対して大きなチャンスをもたらす。この点、近年ドイツでも、生活様式の個別化・多様化を背

1　BMAS, Weißbuch Arbeiten 4.0: Arbeit weiter denken, 2016, S.73ff〔https://www.bmas.de/DE/Service/Publikationen/a883-weissbuch.html〕（最終アクセス：2022 年 1 月 21 日）. また、同旨の指摘として、*Krause*,Gutachten B zum 71.Deutschen Juristentag, Digitalisierung der Arbeitswelt -Herausforderungen und Regelungsbedarf, 2016, S.25f も参照。

景に、幅広い世代の労働者において、特にワークライフバランスの観点から、働く時間と場所を自身の裁量によって決定したいとの希望を有する層が増加している[2]。このような裁量は、ドイツにおいて「時間主権」と称されているのであるが、上記の通り、デジタル・テクノロジーにより時間的・場所的に柔軟な働き方が拡大すると、労働者は、所定労働時間にかかわらず、自身の都合に合わせて働きたい時間に働くことが可能となるとともに、テレワーク（Telearbeit）やモバイルワーク（Mobile Arbeit）のように、事業所の外において自身が選択した場所から働くことさえ可能となる。加えて、2020年1月以降、ドイツでも新型コロナウイルスへの感染が拡大しているが、このようなパンデミックの状況下においては、特に在宅でのテレワーク（ホームオフィス〔Home-Office〕）は、感染拡大防止にとっても有効な手段となる。このようにみてゆくと、ドイツの労働法政策にとっては、デジタル化が進むなかで時間的・場所的に柔軟な働き方を希望する労働者のために、これをどのようにして法的に促進すべきかが、まずは課題となる。また、ドイツでは、特に労働時間に関して、ワークライフバランスなどの観点から、その配置だけでなく、長さ自体についても柔軟に決定したいという労働者の希望にどう応えるかという点も、併せて議論の対象となっている。

しかし、他方において、上記のような柔軟な働き方にはリスクも同時に存在する。なかでも、懸念されているのは、“常時アクセス可能性（ständige Erreichbarkeit）”がもたらす問題である。すなわち、情報通信技術が飛躍的な発展をみせるなかでは、労働者が、使用者や上司、同僚あるいは顧客から、24時間アクセスを受ける状態に置かれることで、労働と私生活との境界線が曖昧となり、長時間労働ないし過重労働により健康を害するリスクがあることが指摘されている[3]。またこのほか、特にホームオフィスにおける在宅テレワークの場合には、労働者は事業所内におけるのとはまた異なった

2　Vgl. BMAS（Fn.1）, S.32ff; *Krause*（Fn.1）, S.20f.

3　BMAS（Fn.1）, S.78; *Arnold/Günter*（Hrsg.）, Arbeitsrecht 4.0: Praxishandbuch zum Arbeits-, IP- und Datenschutzrecht in einer digitalisierten Arbeitswelt, 2018, S.11f〔*Simon*〕. また、これに関連して、*Krause*（Fn.1）, S.26 は、情報通信技術の進歩により、従来よりも迅速にかつ膨大な量の情報の通信が可能となっており、それに伴って受け手に対して迅速なリアクションを求める発信者側の期待も高まることから、デジタル・ワークにおいては労働プロセスの濃縮化（Verdichtung）・加速化（Beschleunigung）といった変化も予想されることを指摘している。

災害のリスクにも晒されうる。かくして、ドイツにおいては、柔軟な働き方が広がるなかで、そこで生じうる安全・健康リスクから労働者をどのように保護するかという点もまた、喫緊の政策課題となっているのである。

2 常時アクセス可能性の現状

ところで、1. でみた柔軟な働き方に関わる変化は、現状どの程度生じているのであろうか。ここではまず、いくつかの調査から、情報通信技術を通じた労働者への常時アクセス可能性をめぐるドイツの実態についてみておきたい。

この点につき、まず 2015 年に労働安全衛生総合研究所（BAuA）が約 20,000 人の労働者を対象に労働時間に関して実施したインタビュー調査[4]によれば、「あなたの職場環境においては、プライベートの時間帯にも仕事上の用件のためにアクセス可能な状態にいることが期待されているか」との質問に対して、回答者（18,068 人）のうち 22% が「該当する」、17% が「一部該当する」と回答している。また、「どのくらいの頻度で、プライベートの時間帯に、同僚や上司、もしくは顧客から、実際にコンタクトを受けたことがあるか」との質問に対しては、回答者（18,093 人）のうち、12% が「頻繁に（häufig）ある」、23% が「ときどき（manchmal）ある」と回答している。そのうえで、同調査では、常時アクセス可能性と労働者の健康状態についても分析がなされており、それによれば、プライベートの時間にもアクセス可能であることを期待されている、あるいは実際に頻繁にアクセスを受けている労働者は、そうではない労働者よりも高い割合で（肉体的・精神的）疲労や睡眠障害、気分の落ち込みといった症状を申告していることが明らかとなっている。

このほか、同じく 2015 年に連邦労働社会省が 7,109 人の労働者を対象に行ったモニター調査[5]によれば、労働時間外の自由時間（Freizeit）中に、

4　BAuA, Arbeitszeitreport Deutschland, 2016, S.74ff〔https://www.baua.de/DE/Angebote/Publikationen/Berichte/F2398.pdf?__blob=publicationFile〕（最終アクセス：2022 年 1 月 21 日）.

5　BMAS, Forschungsbericht 460: Mobiles und entgrenztes Arbeiten, 2015, S.11〔https://www.bmas.de/SharedDocs/Downloads/DE/Publikationen/Forschungsberichte/f460-mobiles-und-entgrenztes-arbeiten.pdf?__blob=publicationFile&v=1〕（最終アクセス：2022 年 1 月 21 日）.

仕事上の電話に出たり、Eメールに回答したことのある労働者の割合とその頻度について、2013年に行われた同様の調査の結果と比較すると、「毎日」と回答した者の割合は横ばい（5%）であるが、「週に何度か」および「月に何度か」と回答した者の割合は、2013年調査時点では前者が12%、後者が17%であったのに対し、2015年調査時点では前者が15%、後者が20%となっている。一方、「全くない」と回答した者も、2015年調査時点では35%の割合であったが、2013年の調査時点ではこの割合は40%であったことからみても、労働者に対する"常時アクセス可能性"は年々増加傾向にあることがわかる。

さらに、ドイツIT・通信・ニューメディア産業連合会（BITKOM）の委託により2013年に実施された調査[6]では、「所定労働時間外に同僚や上司または顧客から、携帯電話、スマートフォンまたはEメールでアクセス可能な状態にいるか」との質問に対して、回答者（16歳以上の労働者505人）のうち、「いつでも（jederzeit）アクセス可能な状態にいる」と回答した者の割合は30%に上っており、また「平日の夜、週末または休暇中もしくは深夜に、アクセス可能な状態にいる」と回答した者の割合は32%となっている。一方、「全くない」と回答した者の割合は15%にとどまる。

以上を要するに、ドイツにおいては既に数年前から、情報通信技術の進展に伴い、常時アクセス可能な状態にある労働者が、大多数とまではいえないものの、相当程度存在していたといえよう。そして、デジタル化が進むなかでは、その数は今後も増加してゆくものと考えられる。

3 在宅テレワークの実態

一方、冒頭でみた「柔軟な働き方」のうち、在宅でのテレワークはどの程度普及しているのであろうか。先ほどみた2015年の連邦労働社会省によるモニター調査[7]は、従業員数50人以上である771の民間事業所の人事担当者（Personalverantwortliche）、およびこれらの事業所に雇用されている7,109人の労働者を対象として、この点に関するドイツの実態をも明らかに

6 BITKOM (Hrsg.), Arbeiten 3.0 – Arbeiten in der digitalen Welt, 2013, S.28.
7 BMAS (Fn.5), S.5ff.

している。

このうちまず、人事担当者からの回答結果についてみると、当該事業所において従業員に対してホームオフィスで就労する機会を与えているか否かについて、「与えている」と回答した事業所は全体の30%であり、70%が「与えていない」と回答している。また、企業規模でみると、従業員数が500人未満の事業所では「与えている」との回答が29%、「与えていない」との回答が71%となっているのに対し、従業員数500人以上の事業所では、「与えている」との回答が53%、「与えていない」との回答が43%となっており、大規模企業においてはホームオフィスによる在宅テレワークが相当程度普及している一方、中小規模の企業においては低い割合にとどまっていることがわかる。また、「与えている」と回答した事業所も、どのようなペースで在宅テレワークを認めているかについては、約半数が「恒常的に与えているわけではない」と回答しており[8]、特段の必要性が生じた場合に限り、在宅テレワークでの就労機会を提供している事業所が多い。

一方、労働者サイドの回答結果についてみると、在宅テレワークで就労したことがあると回答した割合は、ホワイトカラー（Angestellte）層でも31%にとどまり、ブルーカラー（Arbeiter）層だとわずか2%となっている。**【表2-1-1】**は、在宅テレワークで就労したことのない労働者を対象に、その理由を問うたものであるが、そこでは「上司にとって出勤が重要である」との回答（69%）や「職務（Tätigkeit）が（在宅テレワークに）適しない」といった回答（66%）が上位を占めている。

以上の結果から、同調査では、「ドイツにおいては、“出勤文化（Anwesenheitskultur）”が、いまだなお強く職場を支配している」と結論付けられている。

しかし他方で、上記の調査は、ドイツにおいて在宅テレワークを希望する労働者が相当程度存在している実態をも明らかにしている。すなわち、これまで在宅テレワークで就労したことのない労働者を対象とした、在宅テレ

8 この点の回答については、当該事業所に事業所委員会が存在しているか否かによっても異なる。すなわち、事業所委員会がない事業所においては「不定期に与えている」との回答割合は60%であるが、事業所委員会がある事業所においてはその割合は49%となっている。

【表 2-1-1】 在宅テレワークを行っていない理由（従業員回答）

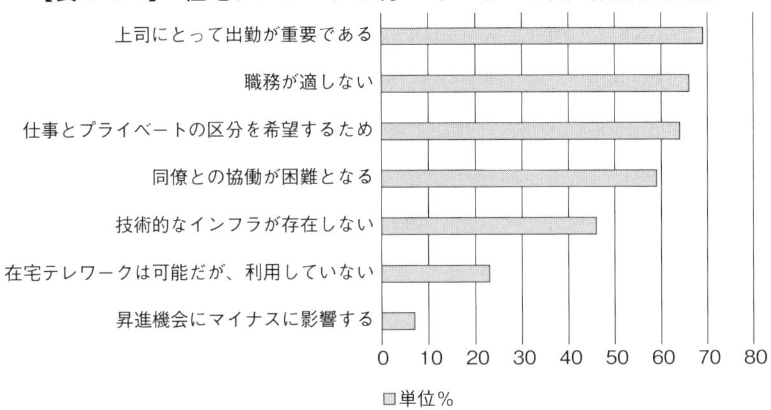

出典：BMAS, Forschungsbericht 460: Mobiles und entgrenztes Arbeiten, 2015

【表 2-1-2】 在宅テレワークを希望する理由（従業員回答）

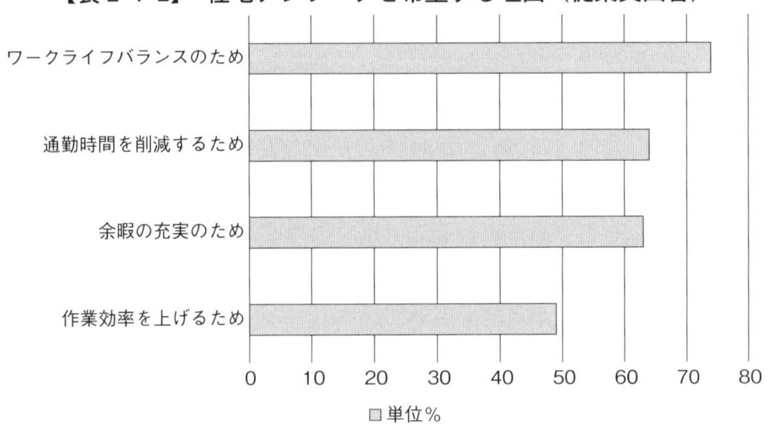

出典：BMAS, Forschungsbericht 460: Mobiles und entgrenztes Arbeiten, 2015

ワークにより就労することを希望しているか、またどのくらいのペースで就労することを希望しているかとの問いに対しては、31％が「折に触れて（gelegentlich）」、また8％が「恒常的に（regelmäßig）」在宅テレワークで就労することを希望すると回答している。また、**【表 2-1-2】**は、その理由を問うたものであるが、そこでは「ワークライフバランスのため」との回答

（74％）や「通勤時間を削減するため」といった回答（64％）が上位を占めている。

そして、このような在宅テレワークをめぐるドイツの状況は、コロナ・パンデミックのなかでは一定程度変化している。すなわち、連邦労働社会省が2020年に公表した研究レポート[9]のなかでは、同年７月および８月に実施された調査によれば、ドイツにおける労働者のうち、同期間中にホームオフィスにおいて就労した割合は36％に上っていること、またそのうちの93％がコロナ後もホームオフィスにおける就労の機会を利用することを希望している実態があることが明らかにされている。

第二節　従来の法規制の状況

前節での検討を踏まえ、本節においては冒頭でみた「（時間的・場所的に）柔軟な働き方」の促進と保護をめぐる諸課題に即して、以下の順に従い、現在のドイツ労働法制における規制状況について検討する。

まず、第一に取り上げられるのは、「柔軟な働き方」と労働時間法制との関係である。ここでは特に、現在のドイツの労働時間をめぐる法規制が、一方において、労働時間の柔軟化についてどの程度の可能性を開いているのか、また他方において、特にデジタル化によって生じる常時アクセス可能性からどの程度労働者を保護しうるのかという点が問題となる。また、第二に、テレワーク（特にホームオフィスにおける在宅テレワーク）をめぐる法規制の状況について取り上げる。ここでは、テレワークの導入段階と導入後に区分し、前者においては、テレワークの導入について法はどの程度これを促進しているのか、また後者においては、法はテレワーク中の労働者の健康・安全保護をいかにして図っているのかという点について検討を行う。そして、第三に、労働時間の長さ自体の柔軟化の問題に関連して、パートタイ

9　BMAS, Forschungsbericht 549: Verbreitung und Auswirkungen von mobile Arbeit und Homeoffice, 2020, S.100ff〔https://www.bmas.de/DE/Service/Publikationen/Forschungsberichte/fb-549-verbreitung-auswirkungen-mobiles-arbeiten.html〕（最終アクセス：2022年１月21日）.

ム転換（労働時間短縮）をめぐるドイツ労働法上の規制状況（ただし、**第四節1.** でみる2018年パートタイム・有期労働契約法〔以下、パート・有期法〕改正前の状況）について検討を行うこととしたい。

1 「柔軟な働き方」と労働時間法制[10]

(1) 労働時間法の概要

ここでは差し当たり、ドイツにおける労働時間規制について概観しておこう。現在のドイツの労働時間規制は、労働時間法（ArbZG）[11]によって担われているのであるが、その解釈や法改正に当たっては、上位規範たるEUの労働時間指令（2003/88/EC）[12]をも遵守する必要がある。

現行の労働時間法による規制内容について簡単にみておくと、“労働時間（Arbeitszeit）”とは法文上、「休憩時間を除いた労働の開始から終了までの時間」と定義されるところ（2条1項1文）、まずは3条1文によって、週日の労働時間は8時間を超えてはならないという形での上限規制が行われている。ただし、同時に3条2文により、6暦月または24週間以内という調整期間を平均して週日の労働時間が8時間を超えない限りにおいては、各週日の労働時間を10時間まで延長することができる。これによって、ドイツでは労働時間法自体によって変形労働時間制が認められているといえる[13]。また、休憩時間（Ruhepause）については4条が規定しており、それによれ

10　ここでの検討内容については、石崎由希子「雇用型テレワークにおける労働者の自律と保護」『第四次産業革命と労働法の課題』（労働問題リサーチセンター、2018年）82頁以下、山本陽大「“労働4.0”とドイツ労働法―Krause鑑定意見を中心に」JILPT Discussion Paper 19-02（2019年）10頁以下、リューディガー・クラウゼ（細谷越史訳）「デジタル化する労働の世界における労働時間法―現実と法の通用性の間で」『EU・ドイツの労働者概念と労働時間法』（信山社、2020年）115頁も参照。

11　ドイツの労働時間法制については、和田肇『ドイツの労働時間と法―労働法の規制と弾力化』（日本評論社、1998年）101頁以下、橋本陽子「第2章 ドイツ」『労働政策研究報告書No.36・諸外国のホワイトカラー労働者に係る労働時間法制に関する研究』（労働政策研究・研修機構、2005年）85頁以下に詳しい。また、現行の労働時間法の邦語訳として、山本陽大＝井川志郎＝植村新＝榊原嘉明『現代ドイツ労働法令集』（労働政策研究・研修機構、2022年）71頁〔植村新〕がある。

12　EUの労働時間指令については、濱口桂一郎『新・EUの労働法政策』（労働政策研究・研修機構、2022年）〔近刊〕に詳しい。また、近時の論考として、井川志郎「EU労働時間指令2003/88/ECの適用範囲と柔軟性―沿革と目的、そして基本権を踏まえて」日本労働研究雑誌702号（2019年）17頁も参照。

ば、労働時間が6時間を超え9時間以下の場合には最低30分、また労働時間が9時間を超える場合には最低45分の休憩時間が、労働の途中に与えられなければならない。さらに、5条1項によって、1日の労働時間が終了した後は、最低11時間の休息時間（Ruhezeit）が与えられなければならないこととなっている。このほか、日曜・祝祭日の労働については、9条により原則として禁止される（1項）。

以上の規制の遵守については、行政官庁による監督が予定されているとともに（17条）、違反に対しては、刑罰ないし過料による制裁も定められている（22条、23条）。さらに、行政上の監督を実効的なものとするために、16条2項によって、使用者には、3条の上限規制を超えた労働時間の記録義務（Aufzeichnungspflicht：1文）と、当該記録の最低2年間の保管義務が課されている（2文）。

なお、管理的職員[14]などの一部の労働者に対しては、18条により労働時間法の適用が除外されている。

(2) 柔軟化の可能性と限界

以上が労働時間法における原則的規制であるが、これらについては、労働時間法自体によって一定の業種につき（5条2項、10条など）、あるいは労働協約などの労使合意によって（7条、12条）、柔軟な取り扱いを行う余地が認められている。

この点、特に次節以降における検討に関わるものとして、労働時間法3条が定める上限規制についてみておくと、前述の通り、まず同条自体がその2文において調整期間内（6暦月または24週間以内）における清算を条件に、週日の労働時間の10時間までの延長を可能とする変形労働時間制を採用し

13 ただし、深夜の時間帯（Nacht：23時から6時まで）に2時間以上労働する深夜労働者（労働時間法2条3項～5項）については、労働時間法6条2項によって、上記の同法3条2文が定める変形労働時間制の際の調整期間が、1暦月または4週間以内に短縮されている。

14 ここでいう管理的職員（leitende Angestellte）については、事業所組織法5条3項が定める定義が用いられており、それによれば、①事業所（部門）に雇用される労働者を単独で採用し解雇する権限を与えられている者、②包括的な代理権もしくは支配権を有する者、または③その他、企業もしくは事業所の存立と発展にとって重要であり、それを遂行するには特別な経験と知識を必要とする任務を恒常的に引き受ける者をいう。

ている。そのうえで、7条1項1号a）は、その労働時間の相当部分が通常、手待時間または待機勤務（←いずれも詳細は(3)）に該当する労働者については、労働協約または労働協約に基づく事業所協定（←詳細は**第五章第二節2.**(1)）によって、週日の労働時間を10時間を超えて延長すること、また同号b）は、同じく労働協約または労働協約に基づく事業所協定によって、12暦月で週平均48時間を超えない限りにおいて（8項1文）、3条が定めるのとは異なる調整期間を設定することを可能としている。また、これに加えて、2004年改正によって導入された7条2a項は、その労働時間の相当部分が通常、手待時間または待機勤務に該当する労働者について、労働協約または労働協約に基づく事業所協定によって、労働者の健康保護に関する特別な措置が講じられていることを条件に、週日の労働時間を8時間を超えて延長することを認めている。この場合には、先ほどの同条1項1号a）とは異なり、一定の調整期間内における調整を要しないが、対象労働者本人の書面による同意が必要となる（7条7項1文）[15]。

ところで、労働時間法が定める上限規制の範囲内における労働時間の配置（出退勤時刻）については、営業法106条1文の規定により、使用者の指揮命令権は労働給付の時間（労働時間）についても及ぶものとされていることから、特段の合意がない限り、使用者が一方的にこれを決定することができる[16]。もっとも、ドイツにおいては、特にホワイトカラー労働者や**2.**でみるテレワーカーについては、いわゆる「信頼労働時間（Vertrauensarbeit-szeit）」制度[17]が適用される例が、少なからずみられる。信頼労働時間制度とは、出退勤時刻の決定について使用者は労働時間管理を行わず、労働者のセルフマネジメントに委ねる制度をいう。これは、法律上の制度ではなく、労使の合意に基づいて実施されるものであるが、このような信頼労働時間制度を労働者に適用すること自体は、ドイツにおいて特段違法とは解されてい

15　なお、ここでみた労働協約に基づく上限規制の柔軟化手段については、使用者が労働協約に拘束されておらず、また事業所に事業所委員会が存在しない場合であっても、上限規制の柔軟化を規定する労働協約の適用範囲内にいる場合には、当該使用者と労働者との書面による個別の合意のなかで、当該協約の規定を援用することにより、当該労働者の週日の労働時間を8時間ないし10時間を超えて延長できることとなっている（労働時間法7条3項）。

16　*Arnold/Günter*（Hrsg.）（Fn.3）, S.117〔*Arnold/Winzer*〕.

17　同制度については、橋本・前掲注（11）報告書91頁以下も参照。

ない。

ただし、信頼労働時間制度は、あくまで(1)でみた労働時間法による規制の範囲内で、出退勤時刻の決定（労働時間の配置）について労働者に裁量を認めるものに過ぎず、日本でいう労働時間のみなしや当該労働者に対する労働時間規制の適用除外を認めるものではない。この点、ドイツでは、労働時間法の公法的性格からして、労働者との個別合意により労働時間法の適用を除外することはできないと解されている[18]。従って、信頼労働時間制度の適用下にある労働者についても、使用者は労働時間規制の遵守に関する責任を引き続き負っており、たとえば当該労働者が上限規制（労働時間法３条）を超過して就労した場合には、使用者に対して刑罰や過料が科されうることとなる[19]。ただし、通説[20]は、労働時間法 16 条 2 項が定める労働時間記録義務については、使用者がこれを労働者本人に委ねることができると解しており、信頼労働時間制度のもとでは、この記録義務の履行は通常、労働者の自己記録（Selbstaufschreibung）によって行われることとなる。

(3) 常時アクセス可能性の法的評価

続いて、**第一節 2.** でみたように、労働者が所定の労働時間外において情報通信技術を通じて使用者や上司、同僚あるいは顧客から常時アクセス可能な状態となっていることが、現行の労働時間法との関係で、法的にどのように評価されるかという点についてもみておきたい。

この問題の検討に先立ち、まず確認しておくべきであるのは、現在のドイツ労働時間法の規制（←(1)）のもとでは、労働者の一日の時間は、必ず労働時間か自由時間（休憩、休息、日曜・祝祭日など）のいずれかに分類されるという点である[21]。従って、その中間に位置するグレーな時間帯についても、労働時間と自由時間のいずれかに分類されることとなるが、このような

---

18 BAG Urt. v. 28.10.1971 – 2 AZR 15/71; *Falder*, Immer erreichbar – Arbeitszeit- und Urlaubsrecht in Zeiten des technologischen Wandels, NZA 2010, S.1152.

19 Vgl. *Arnold/Günter* (Hrsg.) (Fn.3), S.99〔*Arnold/Winzer*〕.

20 Vgl. etwa *Müller-Glöge/Preis/Schmidt* (Hrsg.), Erfurter Kommentar zum Arbeitsrecht, 21.Aufl., 2021, §16 ArbZG Rn.5〔*Wank*〕.

21 *Baeck/Deutsch/Winzer*, Arbeitszeitgesetz Kommentar, 4.Aufl.,2020, S.62ff.

時間帯として問題となるのが、①手待（Arbeitsbereitschaft）時間、②待機勤務（Bereitschaftsdienst）時間および③呼出待機（Rufbereitschaft）時間である。このうち、①手待時間は、職場内において労働を直ちに開始できるよう待機している時間帯を指し、また②待機勤務時間は、必要に応じて即時に労働を開始できるようにするために、労働者が使用者によって指定された場所で待機している時間帯を指すが、これらの時間帯については、いずれも労働時間に当たると解されている。一方、③の呼出待機時間は、その時間中に使用者からの呼出しがあった場合には労働を開始しうる状態になければならないが、労働者は自ら選択した場所において待機することができる時間帯を指す。そして、この呼出待機時間については、実際に労働に従事している時間帯以外は労働時間ではなく自由時間に当たるというのが、現行法の解釈[22]となっている。

そのうえで、ドイツにおいては、労働者が常時アクセス可能な状態にいる時間帯について、上記のうち②待機勤務時間とみるべきか、それとも③呼出待機時間とみるべきかという形で議論がなされている。前者であれば労働時間に算入される一方、後者とみれば自由時間に分類されることになるが、この問題について学説の多数[23]は、上記の時間帯は原則として③の呼出待機の一（特殊）類型としてみるべきであるとする。その論拠としては、必要があれば同僚に対して指示を出すために労働者が携帯電話を携行している時間帯について、これを明確に呼出待機時間と評価した連邦労働裁判所の判例[24]があること、また、情報通信技術を通じて電話やＥメールに対応する場合には、待機勤務の場合とは異なり、事業所や使用者が指定した場所に物理的に赴く必要はない点で、労働者に生じる負担は比較的軽いであろうことが挙げられている。かくして、このような学説の理解によれば、労働者が常時アクセス可能な状態にいる時間帯については、労働時間法上は原則として労働時間には算入されず、同法による規制を受けないこととなる（これに対し、労

---

22 *Baeck/Deutsch/Winzer* (Fn.21), S.75.

23 Vgl. etwa *Falder* (Fn.18), S.1151; *Krause* (Fn.1), S.37ff; *Arnold/Günter* (Hrsg.) (Fn.3), S.92〔*Arnold/Winzer*〕.

24 BAG Urt. v. 29. 6. 2000 – 6 AZR 900/98.

働者が、実際に使用者や上司、同僚、顧客からアクセスを受け、それに対してたとえば電話対応やＥメールの返信などの職務上の活動〔労働〕を行った時間帯については、その限りで労働時間として取り扱われる)[25]。

ただし、常時アクセス可能性をめぐる規制は、労働時間法との関係のみならず、集団的労使関係法、なかんずく事業所組織法との関係でも問題となる点には注意を要しよう。すなわち、事業所組織法 87 条 1 項 2 号は、事業所内の労働時間制度について事業所委員会に対し共同決定権を付与しているところ、連邦労働裁判所は従来から、呼出待機時間については同規定による共同決定の対象となることを認めており[26]、このことから学説[27]は、情報通信技術を通じた所定労働時間外における"常時アクセス可能性"についても、事業所組織法 87 条 1 項 2 号の射程に含まれるとの解釈をとっている。これにより、ドイツでは、常時アクセス可能性の問題について、事業所委員会が共同決定権を通じてルールメイキングを行い、それによって労働者の保護を図ることが現行法上可能となっている。実際、このようなルールメイキングは特に大企業を中心に既に行われており、たとえばフォルクスワーゲン社においては、2011 年以降、18 時 15 分～翌日の 7 時までの間について、会社のサーバーを停止させる技術的措置が講じられており、これによってその間は仕事上の情報通信機器を用いてＥメールを送受信することはできないこと

25　*Arnold/Günter* (Hrsg.) (Fn.1), S.92〔*Arnold/Winzer*〕. なお、上記のように、労働者が自由時間中に仕事のＥメールに返信するなどの労働を行った場合には、労働時間法 5 条が定める休息時間規制（←(1)）との関係で別途の問題が生じる。すなわち、同条は使用者に対し、終業後から翌日の始業までの間に 11 時間の休息時間を保障すべきことを求めているところ、この 11 時間は連続したものでなければならない。従って、休息時間中に労働者が上記の労働を行った場合には、休息時間の中断（Unterbrechung）が生じ、使用者は中断時点から改めて連続した 11 時間の休息時間を与えなければならないこととなる。この点、学説のなかには、短時間の電話やＥメールでの回答のように、休息時間中の中断が、休息時間規制の目的である労働者の休養（Erholung）を害しない程度に"わずかな（geringfügig）"ものである場合には、再度の休息時間付与義務は生じないとする見解（*Baeck/Deutsch/Winzer* (Fn.21), S.133）もあるが、通説（etwa *Wiebauer*, Arbeitsschutz und Digitalisierung, NZA 2016, S.1433）は、そこでいう"わずかな"中断に当たるか否かの明確な判断や定義付けは困難であるとして、原則としていかなる中断についても、使用者には再度の休息時間付与義務が生じるとの解釈をとっている。そのため、ドイツにおける労働 4.0（デジタル化）の文脈のなかでは、休息時間規制の緩和についても議論がされている状況にある。詳細は、*Krause* (Fn.1), S.37ff を参照。

26　BAG Beschl. v. 14. 11. 2006 - 1 ABR 5/06.

27　Vgl. etwa *Fitting/Engels/Schmidt/Trebinger/Linsenmaier*, Betriebsverfassungsgesetz, 30.Aufl., 2020, §87 Rn.127.

となっている[28]。

2 テレワークをめぐる法規制[29]

(1) 導入段階

それでは次に、テレワーク、なかでも労働者が自宅に設置されたホームオフィスにおいて就労する在宅テレワークをめぐるドイツ労働法の規制状況についてみてゆきたい。ここでまず問題となるのは、在宅テレワークの導入ないし実施段階において、法は労働者の在宅テレワークによる就労をどの程度促進しているのかという点[30]である。実際、いくつかの欧州諸国においては、テレワークの導入を促進するための法規制を行う立法例もみられるところとなっている[31]。

もっとも、結論を先取りすれば、現在のドイツ労働法上、労働者は原則として、使用者に対し在宅テレワークによる就労を請求する権利を認められてはいない[32]。すなわち、現行法上は、営業法106条1文によって、労働者が労働給付を行う場所（労働場所）の決定については、使用者の指揮命令権に

---

28 Vgl. *Däubler*, Digitalisierung und Arbeitsrecht: Internet, Arbeiten 4.0 und Crowdwork, 7.Aufl., 2020, S.158.

29 ここでの検討については、山本陽大「第一章 ドイツ法」『労働政策研究報告書 No.219・諸外国における雇用型テレワークに関する法制度等の調査研究』（労働政策研究・研修機構、2022年）〔近刊〕に依拠している。また、石崎・前掲注（10）論文82頁以下、緒方桂子「ドイツ『在宅勤務権』をめぐる議論の動向と法的検討」ビジネス法務2021年1月号127頁以下も参照。

30 この点を検討するものとして、*Picker*, Rechtsanspruch auf Homeoffice, ZfA 3/2019, S.269、カーステン・ハーゼ（佐々木達也訳）「ホームオフィス―ホームオフィスにおける労働者の仕事に関する請求権又は仕事をする義務？ドイツ連邦共和国における法状況に関する概観」日独労働法協会会報第17号（2020年）7頁以下、同（山本陽大訳）「労働者のホームオフィスにおける就労に関する権利と義務：ドイツにおける現行法の状況―概観」Business Labor Trend 2021年4月号38頁も参照。

31 たとえば、フランス法については、河野奈月「テレワークと労働者の私生活の保護」法律時報92巻12号（2020年）80頁、同「フランスのテレワーク法制の現状」季刊労働法274号（2021年）40頁、同「第二章 フランス法」『労働政策研究報告書 No.219・諸外国における雇用型テレワークに関する法制度等の調査研究』（労働政策研究・研修機構、2022年）〔近刊〕、イギリス法については、滝原啓允「第三章 イギリス法」『労働政策研究報告書 No.219・諸外国における雇用型テレワークに関する法制度等の調査研究』（労働政策研究・研修機構、2022年）〔近刊〕。また、オランダ法については、権丈英子「オランダの労働市場」日本労働研究雑誌693号（2018年）57頁を参照。

32 *Kramer* (Hrsg.), IT-Arbeitsrecht: Digitalisierte Unternehmen: Herausforderungen und Lösungen, 2.Aufl., 2019, S.224〔*Hoppe*〕; *Picker* (Fn.30) S.275f; *Müller*, Homeoffice in der arbeitsrechtlichen Praxis - Rechtshandbuch für die Arbeit 4.0, 2.Aufl., 2020, S.39.

服するとされており[33]、また連邦労働裁判所の判例[34]は、労働契約中において労働場所に関する明確な合意がなされていない場合には、当該使用者の事業所施設がある場所が契約上定められた労働の場所となると解している。そのため、労働者が使用者に対し在宅テレワークによる就労を請求するには、当該労働者と使用者間での個別の合意や、使用者と事業所委員会による事業所協定（←詳細は**第五章第二節 2.(1)**）[35]のような、労働契約上の特別の根拠が必要となる。

ただし、このような原則に対する例外として、障害者雇用の文脈においては、障害者である労働者から使用者に対する在宅テレワークの実施に関する請求権が認められる場合がある。すなわち、ドイツの社会法典第Ⅸ編は164条4項1文1号（2017年12月31日までは81条4項1項1号）において、障害者が「自身の能力および知識を、可能な限り活用することができ、かつ継続的に発展させることができる就労」を使用者に対して求めうる権利（いわゆる合理的配慮請求権）を規定しているところ、ニーダーザクセン州労働裁判所2010年12月6日判決[36]は、この規定を根拠に、在宅テレワークにか

---

33 もっとも、このことは、使用者が労働者に対し指揮命令権により在宅でのテレワークを命じうる（いいかえれば、労働者が在宅テレワークによる就労義務を負う）ことを直ちには意味しない。すなわち、営業法106条1文は、労働場所に関する使用者の指揮命令権を定める一方、使用者は公正な裁量（billigem Ermessen）に従って指揮命令権を行使すべきことをも定めている。そして、使用者の指揮命令権の行使が公正な裁量に従っているかは、当事者間の利益衡量によって判断されるところ（公正裁量審査）、使用者が指揮命令権により、労働者に対して自宅での在宅テレワークを命じるという場面では、基本法13条1項が定める「住居の不可侵（Unverletzlichkeit der Wohnung）」が労働者側の利益として位置付けられる。この場合において、このような労働者の利益に使用者側の利益が優越することは通常は考えられないため、労働者に対し在宅テレワークを命じる使用者の指揮命令権の行使は無効となる。ただし、学説のなかには、コロナ・パンデミックの時期にあっては、労働者に対し在宅テレワークでの就労を命じる使用者の指揮命令権の行使も、営業法106条1文が定める公正な裁量の範囲内であることを指摘するものがある（*Fuhlrott/Fischer*, Corona: Virale Anpassungen des Arbeitsrechts, NZA 2020, S.345; *Krieger/Rudnik/Povedano*, Homeoffice und Mobile Office in der Corona-Krise, NZA 2020, S.473; *Müller*（Fn.32), S.212f. もっとも、ハーゼ・前掲注（30）論文45頁のように、これには反対説もある）。

34 BAG Urt. v. 3.12.1985 – 4 AZR 325/84.

35 なお、在宅テレワークは職場の構成の問題であることから、その導入は、事業所組織法90条により、事業所委員会による情報権および協議権の対象となる。これにより、使用者は在宅テレワーク制度を導入しようとする場合、その計画段階で、あらかじめ事業所委員会に対して適時に情報提供を行うとともに、予定されている措置と労働者に生じる影響について、事業所委員会と協議を行わなければならない。

36 LAG Niedersachsen Urt. v. 6.12.2010 – 12 Sa 860/10.

かる請求権を肯定している。同事件は、通勤災害を原因とする完全横断麻痺により障害者となった原告労働者が、2003年6月以降、社内の在宅テレワーク制度に基づいて、被告使用者と協定を締結し、週2回の在宅勤務に従事してきたところ、2009年10月に被告使用者が同協定の更新を拒否し、それ以降の週の全日について事業所内での就労を命じた事案であるが、裁判所は、社会法典第Ⅸ編81条4項1文1号（当時）の規定を根拠に、引き続き従来の在宅テレワーク制度に基づいて、週に2回、自身の労働給付を自宅（ホームオフィス）から行うことについての原告労働者の権利を導いている。また、同条4項3文（当時）は、それによって使用者に期待不可能であるか、不相当に高額の支出が生じる場合には、合理的配慮請求権は生じない旨を定めているが、上記判決において裁判所は、原告労働者については既に従来からホームオフィスが完全な形で設置されていたことを理由に、これらいずれの場合にも当たらないとした。

もっとも、この判決は、あくまで原告労働者が、従来から整備されていた在宅テレワーク制度に基づいて、比較的長期にわたって在宅テレワークに従事していたという事案のもとでの判断であり、障害者雇用の場面一般において在宅テレワーク請求権を認めたものではない点には、注意を要しよう。

⑵ 導入後

一方、在宅テレワークの導入後をめぐる労働法規制の状況については、特に労働者の安全・健康保護に関わるものを中心にみておきたい。

第一に、労働時間規制との関係でいえば、ドイツでは在宅テレワークのケースでは、一方において、使用者側にとって労働時間の把握が困難であること[37]、また他方において、労働者にとってはワークライフバランスの確保などの観点から労働時間を柔軟に決定することへのニーズが高いことから[38]、1. ⑵でみた信頼労働時間制度を適用し、労働時間の配置（出退勤時刻の決定）を労働者本人に委ねる例が多くみられる。もっとも、既に検討し

---

37 *Arnold/Günter* (Hrsg.) (Fn.3), S.178〔*Günter/Böglmüller*〕.

38 *Schaub/Koch/Linck/Treber/Vogelsang*, Arbeitsrecht-Handbuch, 18Aufl., 2019, S.1839〔*Vogelsang*〕.

た通り、この信頼労働時間制度のもとでも、労働時間法は全面的に適用され、労働者は同法が定める規制（特に3条が定める上限規制）の範囲内において、労働時間の開始と終了を自身で決定しうるに過ぎない。この場合、使用者は、労働時間法16条2項が定める労働時間の記録を労働者本人に委ねることは可能であるが、たとえば当該労働者が上限規制を超過して就労した場合には、あくまで使用者に対して刑罰や過料が科されうることとなる[39]。そのため、実務では、在宅テレワークの実施に関する協定などのなかで、信頼労働時間制度を適用しつつ、労働時間の配置の決定に際しては労働時間法の規制を遵守すべきことを労働者に義務付ける条項を置くことが推奨されている[40]。

第二に、労働安全衛生規制との関係[41]についてみると、ドイツにおいてはまず一般的規制として労働保護法（ArbSchG）[42]が定められ、またこれをより具体化するために、同法18条および19条に基づいて、複数の規則（Verordnung）が連邦政府によって定められている。なかでも、在宅テレワークとの関係で特に重要であるのは、作業場の設置・運営に際しての労働者の安全・健康の保護を目的とした作業場規則（ArbStättV）であり、2016年12月の同規則改正によって、一定の要件を充たすホームオフィスに対しては、同規則中の規定の一部が適用されることとなっている。すなわち、現在の作業場規則は2条7項において、（労働者を含む）「就労者のプライベートスペースにおいて、使用者によって固定的に設置されたVDT作業場」を「テレワーク作業場（Telearbeitplatz）」と定義しており（1文）、この定義を充たすホームオフィスが設置された場合には、1条4項により、使用者には、リスク評価実施義務を定める3条（ただし、初回についてのみ実施すれば足りる）、労働者に対する安全衛生教育実施義務を定める6条、VDT作業にかかる保護措置の実施義務を定める補遺（Anhang）第6号が、それぞれ適

39　Vgl. *Arnold/Günter* (Hrsg.) (Fn.3), S.178〔*Günter/Böglmüller*〕.

40　*Arnold/Günter* (Hrsg.) (Fn.3), S.178f〔*Günter/Böglmüller*〕. また、実際の協定例については、*Kramer* (Hrsg.) (Fn.32), S.237ff〔*Hoppe*〕を参照。

41　Vgl. *Hidalgo*, Arbeitsschutz im Home Office – ein Lösungsvorschlag, NZA 2019, S.1449; *Müller* (Fn.32), S.124ff.

42　同法の邦語訳については、山本ほか・前掲注（11）書169頁〔榊原嘉明〕を参照。

用される。このように、テレワーク作業場としてのホームオフィスについて、作業場規則のうち一部の規定のみが適用されることとなっているのは、「住居の不可侵」を定める基本法13条1項により、使用者は労働者の同意がない限りその自宅にあるホームオフィスに立ち入る権限（立入権〔Zutrittrecht〕）を持たず、従って安全管理のためにコントロールを及ぼしうる範囲に限界があることを、立法者が考慮したためとされる[43]。

第三に、労災保険制度との関係についてみておきたい。ドイツにおける労災保険制度（Unfallversicherung）[44]は、社会法典第Ⅶ編にその根拠を置いているところ、在宅テレワーカーも、使用者と労働契約関係にある労働者（民法典611a条）である以上、労災保険制度上は「就労者」（社会法典第Ⅶ編2条1項1号）として、同制度による保護を受ける。そのうえで、ドイツでは近時、在宅テレワーカーについて自宅内で生じた負傷（典型的には、ホームオフィスにつながっている階段を昇降している最中の転落による骨折）が労働災害（Arbeitsunfall：同法8条1項1文）に当たるか[45]が争われており、連邦社会裁判所（BSG）の判例では、当該階段の昇降が職務遂行という目的をもって行われている場合[46]には、その途中で生じた負傷は労働災害と認められているが、そうではない私的な目的（用便や飲食など）に基づく場合[47]には、労働災害該当性は否定されている。また、最近の判例[48]では、在宅テレワークで就労する労働者が自身の子供を預けている保育所（Kita）との往復の途中で負傷した事案について、通勤災害（Wegeunfall）に関する規定

43 *Arnold/Günter* (Hrsg.)（Fn.3), S.177〔*Günter/Böglmüller*〕.

44 ドイツにおける労災保険制度の全体像については、差し当たり、山本陽大「第一章 ドイツ法」『労働政策研究報告書 No.205・労災補償保険制度の比較法的研究―ドイツ・フランス・アメリカ・イギリス法の現状からみた日本法の位置と課題』（労働政策研究・研修機構、2020年）5頁以下を参照。

45 この問題に関する基本文献としては、*Spellbrink*, Unfallversicherungsschutz bei Tätigkeiten im Home Office und bei Rufbereitschaft, NZS 2016, S.527がある。

46 BSG Urt. v. 27.11.2018 - B 2 U 28/17 R〔在宅テレワーカーが、上司と連絡をとるためにホームオフィスが設置されている地下室へと降りていく際に階段から足を滑らせ、背骨を骨折した事案〕.

47 BSG Urt. v. 5.7.2016 - B 2 U 5/15 R〔在宅テレワーカーが、自宅の屋根裏部屋に設置されているホームオフィスから1階のキッチンへ飲料水を取りに行くために階段を降りていく途中に、足を滑らせ骨折した事案〕. 同判決の詳細については、山本・前掲注（44）報告書41頁以下を参照。

48 BSG Urt. v. 30,1,2020 - B 2 U 19/18 R.

（同条2項2号a）など）は適用がない旨の判断がなされている（←詳細は**第四節2.**⑶(i)を参照）。なお、日本とは異なり、ドイツにおいては、長時間労働を原因とする脳・心臓疾患や心理的負荷による精神疾患については、そもそも職業疾病（Berufskrankenheit）とは認められておらず[49]、労災保険制度による保護の対象とはなっていない。

3 パートタイム転換をめぐる法規制

ところで、先ほど**1.**⑵においては、労働時間の上限規制についての柔軟化を可能とする労働時間法上の諸規定、および労働時間の配置の柔軟化を可能とする信頼労働時間制度について検討したが、そのほか労働時間の柔軟化には、労働契約上定められた所定労働時間の短縮、すなわちパートタイム労働へ転換するといった意味での柔軟化という問題も存在する。ここでは、このようなパートタイム転換をめぐるドイツ労働法上の規制状況[50]についてもみておくこととしよう（ただし、この問題に関しては、**第四節1.**でみる2018年のパート・有期法改正により重要な改正が行われているため、ここでは同改正前の状況について概観する）。

この点につき、ドイツにおいてはまず、育児を行う労働者については連邦両親手当・両親時間法（BEEG）[51]15条・16条により、また近親者の介護を行う労働者については、介護時間法（PfZG）[52]3条・4条および家族介護時間法（FPfZG）[53]2条・2a条により、法定の要件[54]のもと、あらかじめ定められ

49 この点、ドイツの労災保険制度のもとでは、原則として職業疾病規則（BKV）中のリストに列挙されている疾病のみが、職業疾病と認められることとなっている（社会法典第Ⅶ編9条1項）。そして、ある疾病が同リストに掲載されるためには、医学的知見に基づいて、ある労働者集団が特定の保険対象活動（職務）を行うことで、他の一般人よりも相当に高い程度で特別の作用に晒されることで、当該疾病が惹起されるという関係が認められることが要件となっている（同項2文）。そのうえで、ドイツにおいては現状、上記2つの疾病は、この要件を充たさないと考えられており、職業疾病のリストには掲載されていない。詳細については、山本・前掲注（44）報告書25頁以下を参照。

50 ドイツにおける労働時間短縮（パートタイム転換）請求権に関する詳細な研究として、岡本舞子「ドイツにおける労働時間短縮請求権と労働契約の変更」九大法学115号（2017年）1頁がある。

51 同法の邦語訳については、山本ほか・前掲注（11）書127頁〔植村新〕を参照。

52 同法の邦語訳については、山本ほか・前掲注（11）書151頁〔山本陽大〕を参照。

53 同法の邦語訳については、山本ほか・前掲注（11）書151頁〔山本陽大〕を参照。

た一定の期間[55]について労働時間を短縮し、パートタイムへ転換する権利（労働時間短縮請求権）が認められている。これらの法制度に基づいてパートタイムに転換した場合には、当該あらかじめ定められた期間を経過すれば、労働時間は短縮前の元の労働時間に戻ることとなる。その意味において、これらの法制度のもとでは、パートタイムへの転換はあくまで“期限付き（befristet）”のものであって、当該労働者には元の労働時間への「復帰権（Rückkehrrecht）」が保障されているといえる。

一方、これらと並んで、ドイツにおいてはパート・有期法8条が、従業員数常時16名以上の使用者に雇用される勤続6ヶ月を超える労働者に対して、契約上の労働時間の短縮（パートタイム転換）請求権を保障している。労働者がこの権利を行使した場合、使用者は経営上の事由（事業所内の組織、作業過程または安全を本質的に阻害する場合、もしくは使用者にとって不相当な費用が発生する場合）が存在する場合でない限り、パートタイムへの転換を拒否することはできない。先ほどみた連邦両親手当・両親時間法などにおけるのとは異なり、このパート・有期法8条に基づくパートタイムへの転換については、その利用事由に制限がないことから、同条は労働時間短縮請求権に関する一般的規定として位置付けられている[56]。

ただし、このパート・有期法8条に基づくパートタイムへの転換は“期限のない（unbefristet）”ものであり、従って元の労働時間への復帰権までは保障されていない。すなわち、同条に基づいてパートタイムへ転換したのちに、再び労働時間の延長を希望する労働者については、パート・有期法の9条によって、使用者が空席となっている相応の労働ポストに人員を配置する場合に、優先的に考慮されるに過ぎない。しかも、後述する2018年改正より前は、同条に基づいて労働時間の延長を求める場合には、ⅰ）配置されるべき相応かつ空席の労働ポストが存在していること、およびⅱ）自身が少な

54　連邦両親手当・両親時間法上は、自身の子などを養育する、従業員数常時16名以上の使用者に雇用される勤続6ヶ月を超える労働者であること、また介護時間法・家族介護時間法上は、要介護の近親者を家内の環境において介護する、従業員数常時16名以上または26名以上の使用者に雇用される労働者であることが、それぞれ要件として設定されている。

55　連邦両親手当・両親時間法上は原則として子が3歳になるまでの36ヶ月、介護時間法・家族介護時間法上は合計で24ヶ月が、それぞれパートタイムへ転換できる期間の上限となっている。

56　岡本・前掲注（50）論文12頁以下。

くとも当該ポストについて他の応募者と同等の適性を有していることの２点について、当該労働者の側が主張・立証しなければならないこととなっていた。このために、パート・有期法８条に基づいてパートタイムへ転換した労働者が、再び労働時間を延長し元の労働時間へ復帰することについては、従来は制約が多い状況があったといえる[57]。

4 小括

以上、本節において検討したところを、冒頭でみた「柔軟な働き方」の促進と保護をめぐる諸課題に即して整理すれば、次のようにいうことができよう。

(1) 「柔軟な働き方」の促進について

まず、促進の側面について、問題状況を改めて確認しておくと、第四次産業革命下において情報通信技術が発展するなかで、これを活用しつつ労働者が時間主権を実現するには、次の３つの点に関する柔軟性が関心事となる。①まず第一は、労働時間の配置に関する柔軟性であり、これは労働時間の開始・終了（出退勤時刻）を、労働者自身が裁量的に決定しうることを意味する。もっとも、このような柔軟性のみでは、労働者はあくまで労働時間法による上限規制の範囲内において労働契約上定められた所定労働時間の長さを前提に、その配置（出退勤時刻）を自身で決定できるに過ぎない。②そのため、第二に問題となるのが、労働時間の長さに関する柔軟性であり、これは労働者が自身の都合に合わせて、働く時間の長さ自体を決定しうることを意味する。従って、労働者が、その裁量によりときには労働時間法の上限規制を超えて働くことや、あるいは逆に、ワークライフバランスの確保などの理由から一時的に所定労働時間を短縮（パートタイム転換）することへのニーズも、ここに包摂されることとなる。③そして、第三に問題となるのが、労働場所に関する柔軟性である。これは文字通り、労働者が労働（給付）を行う場所を自身で決定しうることを意味する。

57 岡本・前掲注（50）論文 20-21 頁。

もっとも、本節で検討したところによれば、現在のドイツ労働法制においては、これら①〜③の柔軟性について、複数の法的なハードルが設定されている状況にある。すなわち、まず①労働時間の配置の柔軟性についていえば、1.(2)でみた通り、労働時間の配置の決定権限は原則として使用者にあり（営業法106条1文）、労働者は使用者との間で信頼労働時間制度の適用について合意しない限り、自身のイニシアティブで出退勤時刻を決定することはできない。

また、もし信頼労働時間制度の適用について労使で合意に至ったとしても、そのことと②の労働時間の長さに関する柔軟性まで認められるかは、別の問題である。この場合について、もし労働者が自身の判断として、ある週日に労働時間法3条1文が定める8時間を超えて働きたいという希望を有していたとしても、同条2文により2時間分の延長（10時間まで）しか認められず、また延長（超過）分については調整期間（6暦月または24週間）内に必ず調整されなければならない。これをさらに柔軟化させるためには、同法7条1項1号a）または同条2a項により、労働時間の相当部分を手待時間・待機勤務が占めていること、および労働協約などの労使合意の存在が要件となるが、そもそも信頼労働時間制度を適用される労働者が前者の要件を充たす場面は、通常想定し難いといえよう。

一方、前記の通り、②の労働時間の長さに関する柔軟性には、労働者がワークライフバランスなどの理由から一時的に所定労働時間を短縮（パートタイム転換）することも含まれる。しかし、3. で検討した通り、連邦両親手当・両親時間法、介護時間法および家族介護時間法が定める労働時間短縮請求権は、いずれも利用事由が限定されており、またパートタイムへ転換できる期間も限られている。また、パート・有期法8条が定める労働時間短縮請求権については、利用事由・期間の限定はないものの、元の労働時間への復帰権が保障されていないため、上記の意味での柔軟性の要請に十分応えるものとはいい難い。

さらに、③の労働場所の柔軟性については、現在のドイツ労働法上は、障害者雇用のような一部の場面を除くと、労働者は使用者に対し在宅テレワークによる就労を請求することはできないこととなっている。

⑵ 「柔軟な働き方」における保護について

一方、「柔軟な働き方」において生じるリスクからの保護の側面についてはどうであろうか。結論からいえば、この点についても、立法政策による対応の余地がいくつかみられる。

すなわち、**第一節 2.** でみた情報通信技術による常時アクセス可能性の問題についていえば、このような状態は労働者に対しストレスなどの一定の負荷を生じさせるものではあるけれども、多数説は常時アクセス可能な状態にある時間帯を（自由時間としての）呼出待機の一類型とみているため、現行の労働時間法によって労働者を常時アクセス可能性から保護することは困難となっている。一方、事業所組織法上は、常時アクセス可能性についても事業所委員会の共同決定権（87 条 1 項 2 号）の対象とされ、それによって労働者の保護を図るためのルールメイキングを行うことが可能となっている。しかし、この共同決定権は、あくまで当該事業所に事業所委員会が存在していることを前提とするものであることから、事業所委員会が設置されていない事業所においては機能しえない。そして、現在ドイツにおいては、**第五章第二節 3.** ⑵において後述する通り、事業所委員会の設置率は年々低下傾向にある。

他方、在宅テレワーク中における健康・安全保護については、仮に信頼労働時間制度が適用されるとしても労働時間法が全面的に適用されること、またテレワーク作業場としてのホームオフィスに対しては、労働者側の「住居の不可侵」との調整を図りつつ、作業場規則の一部が適用されること、また労災保険制度も、在宅テレワーカーが使用者と労働契約関係にある限り全面的に適用され、判例上、自宅内の負傷であっても職務遂行目的で行動している最中に生じたものについては労働災害と認められることによって、一定の法的対応が図られている。しかし他方では、使用者の事業所で就労する労働者が、通勤の際に子供を預けるために保育所に向かう（あるいは迎えに行く）途中で災害に遭った場合であれば、通勤災害として保護されるのに対し、在宅テレワークの場合には、判例上このような保護が及ばないという、不合理ともいえる状況が既に生じている。

第三節　“労働 4.0”における議論状況

それでは、前節でみた労働法規制の状況を踏まえ、「柔軟な働き方」の促進と保護をめぐり、ドイツの“労働 4.0”の文脈において学説や労働行政のレベルでは、どのような立法政策上の議論が展開されているのだろうか。本節では、この点について、順次検討を進めることとしよう。

1　学説上の議論

(1)　上限規制の柔軟化の当否

この点につき、まず議論の対象となっているのは、労働時間法が定める上限規制（3条）をさらに柔軟化させるべきか否かという点である。ドイツにおいてこの問題が論じられるのは、連邦労働社会省による“労働 4.0”にかかる対話プロセス（←**序章第二節 1. (2)**）のなかで、使用者団体のナショナルセンターであるドイツ使用者団体連合から、次のような問題提起がなされたことによる[58]。

すなわち、冒頭でみたように、デジタル化の進展により、労働者間でのグローバルレベルにおけるリアルタイムな協働が今後いっそう可能となるところ、たとえば、ドイツ国内にいる労働者が9時間労働したのち、作業プロセスの調整の必要性が生じたがために、アメリカにいる顧客と1時間を超えてテレビ会議を行った場合には、先ほどもみた労働時間法7条1項1号 a）および 2a 項の要件を充足しない限り、使用者は労働時間法に違反していることになる。そのため、ドイツ使用者団体連合は、週単位で48時間という上限を遵守する限り、各週日への労働時間への配分は10時間を超えて柔軟に行いうるよう、労働時間法を改正すべきと主張する。この点、**第二節 1. (1)** で指摘した通り、労働時間法の改正に当たっては、EU 労働時間指令を遵守する必要があるところ、同指令6条は単に、加盟国に対して週平均労働時間の上限を48時間とすべきことのみを求めているため、同指令との関係では、上記のような法改正は、必ずしも妨げられるわけではない。

58　BDA, Arbeitswelt 4.0 – Chancen nutzen, Herausforderungen meistern, 2015. また、この点に関して、*Stefann*, Arbeitszeit（recht）auf dem Weg zu 4.0, NZA 2015, S.1409 も参照。

しかし、このような提案に対して、学説では*Krause*が明確に反対の立場[59]を示している。その論拠としては、ドイツ使用者団体連合が指摘するような事例がどこまで一般性を持つものかが疑わしいことに加え、現在の労働時間法3条に関する立法資料[60]からも明らかであるように、週日8時間という労働時間規制の原則は、それが労働者の健康の保護にとって必要であるという労働科学・労働医学上の知見・経験に基づいているものであることが挙げられている。そのうえで、*Krause*は、週日8時間という原則の柔軟化については、「柔軟化によるメリットとデメリットに関する十分なエビデンスがなければ、その検討には歩を進めるべきではない」と批判している[61]。

(2) 「テレワークの権利」をめぐる議論

また、ドイツにおいては、労働者の労働場所に関する柔軟性（主権）を確保すべく、「テレワークの権利（Recht auf Telearbeit）」の導入についても議論がなされている。

この点、テレワークの権利というのは、比較法的にみるといくつかの構成がありうる。たとえば、オランダ法（2016年フレキシブルワーク法〔WFW〕）においては、協議権モデルと呼ばれる構成がとられており、この権利を労働者が行使した場合、使用者はテレワークの実施に関して当該労働者と協議を行うことを義務付けられている。この場合、使用者はテレワークの実施を拒否することもできるが、その際には、当該労働者に対し書面で理由を説明することが求められる。また、より権利性の強い構成としてありうるのが請求権モデルであり、この構成のもとでは、労働者がテレワークの実施を要求した場合、使用者は法定の正当な理由がなければ、これを拒否することができない。諸外国ではイギリス法（雇用権法〔Employment Richts Act 1996〕）[62]において、このような請求権モデルが採用されている。

そのうえで、**第二節3.** でみたように、ドイツにおいては労働時間の長さ

59 *Krause* (Fn.1), S.40f.
60 BT-Drs.12/5888, S.24.
61 *Krause* (Fn.1), S.41.
62 この点に関するイギリス法の詳細については、滝原・前掲注（31）報告書〔近刊〕を参照。

の柔軟性（短縮）の問題については既に、パート・有期法８条によって請求権モデルが採用されていることから、学説ではたとえば*Thüsing*や*Krause*のように、労働場所の柔軟性のためにテレワークの権利を立法化するに際しても、同条の規定を参考に、請求権モデルとしてこれを構成すべきことを主張する見解[63]がみられる。

⑶ 「つながらない権利」をめぐる議論

さらに、情報通信技術による常時アクセス可能性からの労働者の保護の文脈で論じられているのが、いわゆる「つながらない権利（英：Richt to disconnect、独：Recht auf Unerreichbarkeit）」の問題である。諸外国では、フランスにおいて、2016年の労働法典の改正により、この問題に関する法制化が既になされている[64]。

もっとも、「つながらない権利」の立法化の当否について、ドイツの学説は総じて抑制的な立場を示している。それぞれに共通しているのは、ドイツにおいては、使用者は、労働者に対し所定労働時間中においてのみ労務提供を求めることができ、労働者の自由時間中に本来義務付けられていない労務の提供を求めることによって、その私的領域を侵害してはならないことについての配慮義務（民法典241条２項）を負っており、その意味では労働者は既に「つながらない権利」を有しているという認識である[65]。このことからすると、「つながらない権利」の立法化は、雇用社会のデジタル化により常時アクセス可能性が高まるなかで、本来あるべき法状態にとって、その実効性（Rechtswirklichkeit）を担保するための手段としてのみ位置付けられる

63 *Thüsing*, Digitalisierung der Arbeitswelt – Impulse zur rechtlichen Bewältigung der Herausforderung gewandelter Arbeitsformen, SR 2016 Heft3, S.101; *Krause* (Fn.1), S.83. もっとも、これに対しては*Picker* (Fn.30), S.284ffのように、「テレワーク（ホームオフィス）の権利」の法制化自体に反対する見解もみられる。

64 フランスにおける「つながらない権利」については、細川良「ICTが『労働時間』に突き付ける課題―「つながらない権利」は解決の処方箋となるか？」日本労働研究雑誌709号（2019年）41頁、河野・前掲注（31）論文84頁に詳しい。

65 *Krause* (Fn.1), S.41. また、このことを労働者の一般的人格権（基本法２条１項、１条１項）の観点から根拠付けるものとして、*Singer/Klawitter/Preetz*, Arbeitszeit im digitalisierten Arbeitsumfeld – Zwischen Flexibilisierung, selbstbestimmung und Arbeitnehmerschutz, Digitalisierung der Arbeitswelt in Deutschland und Japan, 2018, S.170f.

こととなる。

しかし他方で、常時アクセス可能性からの労働者の保護という目的を、具体的にどのような組織的あるいは技術的な措置を用いて実現するかは、個々の事業所ごとにその実情に合わせて決定されるべき事柄であり、法律によって基準を設定することは困難といえる（先ほどみたフランス法も、「つながらない権利」自体を直接的に保障するものではなく、同権利の行使に関して企業レベルでの労使交渉を義務付けることを、その内容とするものとなっている[66]）。そのため、学説においては、「つながらない権利」の立法化はそもそも不要であるとの見解[67]や、一般的な枠組み規定のみを立法化すべきとの見解[68]が示されている。

2 労働 4.0 白書

続いて、労働 4.0 白書（←序章第二節 1.（2））についてみると、同白書は「柔軟な働き方」の促進と保護のために、主に次の 2 つの立法政策を提案している。

(1) 期限付きパートタイム請求権

まず一つ目は、「期限付きパートタイム請求権（Anspruch auf befristete Teilzeit）」の導入[69]である。

---

66 この点については、細川・前掲注（64）論文 46 頁以下、河野・前掲注（31）論文 44 頁を参照。

67 *Arnold/Günter* (Hrsg.) (Fn.3), S.94f〔*Arnold/Winzer*〕.

68 *Krause* (Fn.1), S.53f. この見解は、“緊急時などの例外を除き、労働者が所定労働時間外において、職務上の利害関係を有する事柄についてコンタクトを受けることのないよう、使用者は配慮を行わなければならない”旨を、労働時間法中に明記すべきとしている。

69 BMAS (Fn.1), S.122. もっとも、この期限付きパートタイム請求権の提案というのは、白書においてはじめて登場したものではなく、2013 年 11 月に第三次メルケル政権が発足するに当たり、キリスト教民主・社会同盟と社会民主党との間で締結された連立協定のなかで、既に提案されていたものである（「JILPT 海外労働情報・「仕事と家庭の調和」めぐり、新たな労働時間制の導入を議論―「期限付きパート就労権」や「両親労働時間制」など」(2014 年 4 月)〔http://www.jil.go.jp/foreign/jihou/2014_4/germany_01.html〕（最終アクセス：2022 年 1 月 21 日）も参照)。その点では、全く新しい提案というわけではないが、一方におけるデジタル化による働き方（特に労働時間）の柔軟化可能性の拡大と、他方における労働者の「時間主権」に対する要望の高まりという雇用社会の変化のなかでは、従来よりもいっそうの正当性を持つ法政策として、改めて白書のなかに明記されたものといえる。

この点、**第二節3.** でみたように、従来パート・有期法は8条において、労働時間短縮（パートタイム転換）に関する一般的な請求権を規定していたが、これに基づくパートタイムへの転換は無期限のものであり、復帰権までをも保障するものではない。そのため、ドイツにおいては、とりわけ女性労働者を中心に、ワークライフバランスの確保など、その都度の人生の各ステージにおける必要性に応じて、パート・有期法8条に基づきパートタイムへ転換したものの、その必要性がなくなった後に元のフルタイムの労働時間に復帰しようとしても、復帰権が保障されていないがために、雇用上の地位がパートタイマーに固定化されてしまうという現象（“パートタイムトラップ〔Teilzeitfalle〕”と称される）が生じており、この点が白書においても課題として指摘されていた。

そこで、白書は、パート・有期法中において、当事者間で期限（期間）をあらかじめ定め、当該期限が到来すれば元の労働時間へ復帰できることを保障する、新たな労働時間短縮（パートタイム転換）の権利（期限付きパートタイム請求権）を定めるべきことを提案している。

(2) 労働時間選択法

また二つ目の提案は、「労働時間選択法（Wahlarbeitszeitgesetz）」の整備[70]であり、これはさらに次の2つの内容を定めるものとして構想されている。

このうち、まず一つは、労働者が労働時間の配置および労働場所の柔軟化を希望する場合に、そのことについて使用者と協議を行う権利を認めるものである。ここでは特に、労働場所の柔軟化（テレワークの権利）に関して、**1. (2)**でみた協議モデルが採用されている点が注目されよう。

また、もう一つは、一定の労働者について、現行の労働時間法における上限規制（3条）および休息時間規制（5条）からの逸脱を認めるというものである。これによって、労働者に対し（ときには8時間ないし10時間を超えて）柔軟に週日の労働時間の長さを決定するオプション（時間主権）を付

---

70 BMAS（Fn.1), S.124ff. また、この点については、石崎・前掲注（10）論文89頁、クラウゼ・前掲注（10）論文136頁も参照。

与することが意図されている。

ただし、このような柔軟な働き方のもとでは、同時に過重労働のリスクも存在すること、またこのような柔軟化は労使の交渉により取り決められるべきであることから、労働時間選択法に基づいて上記の逸脱が認められるために充たすべき要件として、以下のものが構想されている。すなわち、①逸脱を認めるために労働組合と使用者側との間で労働協約が締結され、そのなかで対象労働者の範囲などが定められていること、②各事業所のレベルにおいて事業所委員会と使用者との間で事業所協定が締結され、そのなかで少なくとも、労働時間の記録とリスク評価（Gefährdungsbeurteilung）の実施について定められていること、③対象労働者本人の同意が得られていること、④逸脱による影響評価を行い、その結果を連邦政府に提供する体制を整備することである。

そのうえで、これらの要件を充たし、労働時間法が定める規制からの逸脱が認められる場合に、いかなる範囲においてそれが可能かは、白書からは一義的に明らかではないが、少なくとも 1. (1)でみた EU 労働時間指令との関係では、週平均労働時間 48 時間を超えない範囲においてのみ認められるものと考えられる[71]。白書は、この労働時間選択法について、当面は 2 年間の時限立法とし、その間に各企業の事業所において実験的に試行することで、政策効果を測定することを提案している（白書は、このような労働時間規制からの逸脱が実験的に試行されている事業所のことを、「実験空間（Experimentierräume）」と称している）。

なお、白書は、「つながらない権利」に関しては、労働者はそもそも自由時間中においては使用者のために常時アクセス可能な状態にいることを義務付けられてはいないことを理由に、「法律上、何らかの措置を講じるべき必要性は認められない」[72] としている。

3 労使団体の評価

それでは、労働 4.0 白書におけるこれらの提案に対して、労使団体はどの

71 Vgl. auch *Arnold/Günter* (Hrsg.) (Fn.3), S.98〔*Arnold/Winzer*〕.
72 BMAS (Fn.1), S.119.

ような反応を示したのであろうか。この点を、白書に対するドイツ労働総同盟およびドイツ使用者団体連合の意見書[73]から、それぞれ確認しておこう。

このうちまず、労働組合側についてみると、ドイツ労働総同盟は、白書が提案する期限付きパートタイム請求権については、その導入に賛成している(ただし、同時に、労働時間が短縮された分についての金銭的支援がなされるべきことを指摘している)。しかし他方で、白書が提案する労働時間選択法については、そのコンセプトや労働時間規制(上限規制・休息時間規制)からの逸脱の限界(Halteline)が明らかにされていない点について疑問を呈するとともに、白書が「つながらない権利」を不要なものとみている点についても批判的な立場を示している。

一方、使用者(団体)側についてみると、ドイツ使用者団体連合は、営業法106条1文の規定を根拠に、労働者の労働時間および労働場所を決定することは、使用者が持つ指揮命令権の中核的要素であることを確認的に述べたうえで、現在でも使用者は、労働者の利益状況(特に家族関係)を考慮して労働時間や労働場所を決定しているのであって、これ以上に、たとえば労働時間選択法によって、労働者の側に労働時間や労働場所を決定することへのイニシアティブを認めることは、企業(特に中小企業)の経営に重大な支障を生じさせるとして、これに反対している。むしろ、ドイツ使用者団体連合としては、現行の労働時間規制(上限規制・休息時間規制など)について、引き続き使用者側の立場からの柔軟化(←1. (1))を求めている。

また、ドイツ使用者団体連合は、白書が提案する期限付きパートタイム請求権に対しても、明確に反対の立場を表明している。そこでは、育児や介護のためにパートタイムへ転換する場面では、現行法上も既に個別の法律によって元の労働時間への復帰権が認められていること、またこれまでにも多くの企業では任意の合意や協定によって、パートタイムへ転換した労働者には復帰権が認められていること、そうであるにもかかわらず期限付きパート

73 BDA, Arbeiten 4.0 möglich machen: Stellungnahme zum Weißbuch Arbeiten 4.0 des Bundesminisiteriums für Arbeit und Soziales, 2016; DGB, Stellungnahme zum "Weißbuch Arbeiten 4.0" des Bundesminisiteriums, 2017〔https://www.dgb.de/themen/++co++8bb5e742-4066-11e7-84ed-525400e5a74a〕(最終アクセス:2022年1月21日).

タイム請求権を労働者の一般的権利として導入した場合には、特に中小企業において代替要員の確保が困難となり重大な支障が生じることが、理由として挙げられている。

第四節 近時の立法動向

第三節 2. でみた労働 4.0 白書による「柔軟な働き方」をめぐる立法政策上の提案を改めて整理すると次のようにいうことができよう。すなわち、労働時間の配置の柔軟性については、労働時間選択法により使用者との協議権を労働者に認め、また労働時間の長さの柔軟性については、短縮を可能にするベクトルにおいて、期限付きパートタイム請求権を、また延長をも可能にするベクトルにおいて、労働時間選択法により一定の要件のもと「実験空間」における労働時間法（上限規制・休息時間規制）からの逸脱を、それぞれ認めることで、これを確保しようとしている。さらに、労働時間選択法に基づく協議権の対象には労働場所も含まれており、これによって労働の場所に関する柔軟性を確保することが意図されている。

そして、これらの提案については、いずれにも白書公表後の 2018 年 3 月に、キリスト教民主・社会同盟と社会民主党による第四次メルケル政権の発足時に締結された連立協定[74] のなかにも摂取されており、一部については既に立法化され、あるいは立法化に向けた動きがみられる。そこで、本節においては、このような白書公表後における「柔軟な働き方」をめぐる立法動向について、検討することとしよう。

1 2018 年パートタイム・有期労働契約法改正

上記の各提案のうち、労働時間の配置に関する協議権および期限付きパートタイム請求権については、2018 年 12 月の「パートタイム法の継続的発展

---

74 CDU/CSU=SPD, Koalitionsvertrag – Ein neuer Aurbruch für Europa, Eine neue Dynamik für Deutschland, Ein neuer Zusammenhalt für unser Land, 2018, S.41ff〔https://www.bundesregierung.de/breg-de/bundesregierung/koalitionsvertrag-vom-12-maerz-2018-975210〕(最終アクセス：2022 年 1 月 21 日).

および架橋的パートタイムの導入に関する法律（Gesetz zur Weiterentwicklung des Teilzeitrechts – Einführung einer Brückenteilzeit）」に基づくパート・有期法改正（施行は2019年1月）[75]によって、既に立法化が実現するに至っている。

(1) 新9a条の創設

まずは、期限付きパートタイム請求権についてみてゆきたい。この点については、先ほどの連立協定自体のなかで既に具体的な立法の方向性が示されており、それに沿う形で、2018年のパート・有期法改正により同法中へ新たに9a条が創設された。これによって、現在では、従来8条が定めていた無期限での労働時間短縮請求権と並んで、期限付きでの労働時間短縮請求権が規定されている[76]。従来の8条と同様、この新9a条に基づく期限付き労働時間短縮請求権も、その利用事由に制限はない（その意味で労働者の一般的権利である）が、同条に基づくパートタイム転換については、あらかじめ1年以上5年以下の範囲[77]で期間が定められ（1項2文）、当該期間を経過した場合には労働時間は元の時間へ戻ることから、(8条にはない）復帰権を一般的に保障する規定となっている[78]。新9a条に基づくパートタイムへの

75　同改正の詳細については、山本陽大「ドイツにおけるパートタイム労働をめぐる新動向」労働法律旬報1926号（2018年）32頁を参照。

76　パート・有期法9a条が定める期限付き労働時間短縮請求権について検討した邦語文献として、山本・前掲注（75）論文32頁以下のほか、川田知子「労働時間短縮請求権と復帰権の検討―労働者の時間主権の確立を目指して」『浅倉むつ子先生古稀記念論集・「尊厳ある社会」に向けた法の貢献』（旬報社、2019年）237頁、フランツ・ヨーゼフ・デュベル（緒方桂子訳）「架橋的パートタイム制の導入とパートタイム労働の権利の展開」『EU・ドイツの労働者概念と労働時間法』（信山社、2020年）147頁がある。

77　ただし、この時間的範囲については、労働協約によって（労働者に不利なものも含めて）異なる定めを置くことが可能となっている（新9a条6項、新22条1項）。

78　ただし、「パートタイム法の継続的発展および架橋的パートタイムの導入に関する法律」にかかる政府草案の理由書（以下、法案理由書）によれば、この期限付き労働時間短縮請求権は、転換前と同一の労働ポストでパートタイム労働を行う権利までをも保障するものではない。従って、同一価値のものである限り、使用者は指揮命令権によって、期限付き労働時間短縮の期間中について、他の労働ポストでの就労を命じることが可能である。なお、同法案理由書については、以下のURLから閲覧が可能である。
〔https://www.bmas.de/SharedDocs/Downloads/DE/Gesetze/Regierungsentwuerfe/reg-weiterentwicklung-teilzeitrecht.pdf?__blob=publicationFile&v=1〕（最終アクセス：2022年1月21日）

【図 2-4-1】 パート・有期法 9a 条に基づく期限付き労働時間短縮のイメージ

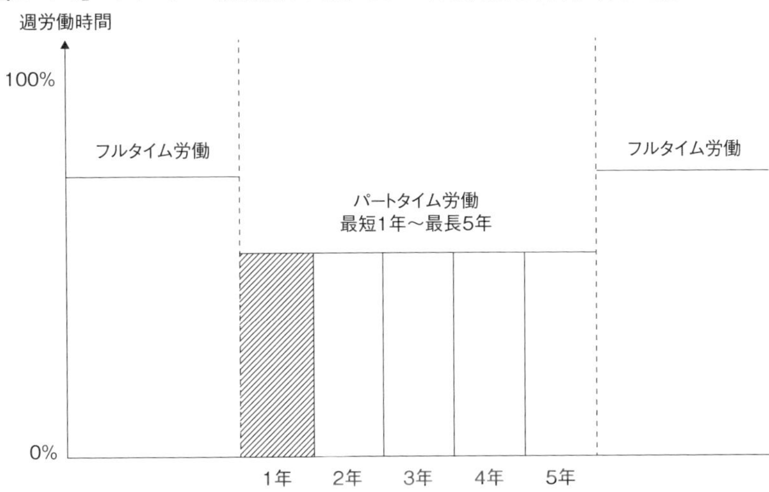

出典：連邦労働社会省の HP（https://www.bmas.de/DE/Schwerpunkte/Brueckenteilzeit/infografiken-brueckenteilzeit.html）

転換が、ドイツにおいて「架橋的パートタイム（Brückenteilzeit）」とも称されている所以は、まさにこの点にあるといえよう（新 9a 条に基づくパートタイム転換のイメージについては、**【図 2-4-1】**を参照）。

以下では、この期限付き労働時間短縮請求権（新 9a 条）について、重要なポイントのみみておくこととしよう。

まず、請求権の実現過程についてみると、この点は従来の 8 条のもとにおけるそれが基本的に準用されている（新 9a 条 3 項による 8 条 2 項〜5 項の準用）。それにより、新 9a 条に基づき期限付き労働時間短縮（パートタイム転換）を希望する労働者はまず、希望する労働時間短縮の期間の開始から遅くとも 3 ヶ月前に、短縮期間（1 年以上 5 年以下）、希望する短縮の総量（Umfang）および短縮後の労働時間の配置を、使用者に対して書面により申請しなければならない。次に、これを受けた使用者は、労働者が希望するこれらの事項について合意に至るべく、当該労働者と協議を行わなければならない。使用者は、経営上の事由（事業所内の組織、作業過程または安全を本質的に阻害する場合、もしくは使用者にとって不相当な費用が発生する場合〔8条4項2文の準用〕）がある場合には、労働時間短縮を拒否することができるが、そのような事由が存在しない場合には、原則として労働時間の短縮に合意し、前記の各事項について労働者の希望に応じて定めなければならない。仮に、合意が成立せず、労働者が希望する労働時間短縮の期間の開始から遅くとも1ヶ月前に、使用者が拒否を文書で通知しなかった場合には、当該労働者の希望通りの期限付き労働時間短縮が定められたものとみなされることとなる。

もっとも、このような期限付き労働時間短縮請求権は、使用者の事業計画に影響を及ぼしうるものでもあることから、新9a条においては、使用者側の利益に配慮するための規定も複数整備されている。この点、まず第一に、新9a条に基づく請求権は、勤続6ヶ月以下の労働者または従業員数が常時45名以下の使用者に雇用される労働者に対しては、適用されない（1項1文および3文）。このうち、勤続6ヶ月以下の労働者に適用がないのは8条に基づく労働時間短縮請求権と同様であるが、新9a条に関しては、従業員規模による適用除外の基準が8条の常時15名以下から常時45名以下へと引き上げられている。また、第二に、従業員数が常時46名以上であっても200名以下である使用者との関係では、「期待可能性限度（Zumtbarkeitsgrenze）」と称される従業員数に応じた段階的な負担軽減措置がとられている（2項2文）。これはすなわち、使用者において新9a条に基づく期限付き労働時間短縮を受け入れるべき労働者数の限度基準（**【表2-4-1】**を参照）を定めるものであり、この基準を超えた期限付き労働時間短縮の申請については、仮に上記でみた経営上の事由がなかったとしても、使用者はこれを拒否できることとなっている[79]。そして、第三に、使用者の事業計画の安定性（Planungssicherheit）という観点から、あらかじめ定められた労働時間短縮期

79　この「期待可能性限度」基準を超えるか否かの判断は、個々の期限付き労働時間短縮の申請について、その希望する労働時間短縮の開始時点を基準として、これを行うこととされている。また、このような限度基準規制のもとでは、複数の期限付き労働時間短縮の申請が競合した場合に、使用者が選択を行わなければならないという事態も生じうる。この場合について、法案理由書は、使用者は公正な裁量（billig Ermessen）により選択を行うことができるが、その際には、当該労働者による期限付き労働時間短縮の利用目的としての、育児や近親者の介護・看護、あるいはボランティアのような名誉的職務（Ehrenamt）などといった、家族的・社会的な観点を考慮しなければならないとしている。

【表 2-4-1】「期待可能性限度」基準（パート・有期法 9a 条 2 項 2 文）

当該使用者における従業員数	期限付き労働時間短縮を受け入れるべき人数
45 人以下	0 人
46 人～60 人	4 人
61 人～75 人	5 人
76 人～90 人	6 人
91 人～105 人	7 人
106 人～120 人	8 人
121 人～135 人	9 人
136 人～150 人	10 人
151 人～165 人	11 人
166 人～180 人	12 人
181 人～195 人	13 人
196 人～200 人	14 人

出典：筆者作成

間中については、パート・有期法の規定（特に 9 条）に基づき労働時間のさらなる延長または短縮を請求することはできないこととされている（4 項）。最後に、第四として、同じく事業計画の安定性という観点から、新 9a 条に基づいて期限付き労働時間短縮を利用した労働者については復帰後 1 年を、また経営上の事由により請求を正当に拒否された労働者については 2 年を、さらに上記の「期待可能性限度」基準によって請求を正当に拒否された労働者については 1 年を経過しなければ、それぞれ新 9a 条を再度利用することはできないこととなっている（5 項）。

(2) 新 7 条 2 項の創設

このように、2018 年のパート・有期法改正は、まずは期限付き労働時間短縮請求権（新 9a 条）の導入によって、労働者の時間主権の確保や“パートタイムトラップ”（←**第三節 2. (1)**）の解消に対応しようとしたものといえる。もっとも、(1)でみたように、同条においては、勤続期間および従業員規模による適用除外や「期待可能性限度」基準のように、期限付き労働時間短縮請求権の射程を限定する規定も存在する。

そのため、2018年パート・有期法改正では、新9a条の射程外にいるパートタイム労働者についても労働時間の柔軟化を容易にすべく、その他にもいくつかの新たな規定[80]が創設されている。そのうちの一つとして挙げられるのが7条の新2項であり、同規定によって、労働者が労働契約上定められた労働時間の長さまたは配置もしくはその双方について変更を希望する場合、使用者は当該労働者との協議の実施を新たに義務付けられることとなった(1文)。この協議義務は、当該労働者の勤続年数や当該使用者における従業員規模とは無関係に適用され、また新9a条による期限付き労働時間短縮期間中であっても、新7条2項に関しては適用があるものと解されている。同規定の趣旨は、使用者をして労働者の労働時間に関する希望に注意を向けさせ、双方の間での利益調整を促そうとする点にあるとされる。

第三節2. ⑵でみたように、従来、労働4.0白書が労働時間選択法の一内容として、労働時間の配置に関する協議権を労働者に付与すべきことを提案していたところ、新7条2項においては、上記の通り、労働時間の配置も協議義務の対象となっていることからすると、これによって、白書の提案が現実の立法政策として摂取されたものと評価することができよう。

2 モバイルワークをめぐる近時の動向

続いて、労働場所の柔軟化の問題に関連して、(在宅テレワークを含めた)モバイルワークをめぐる近時の動向についてみておきたい。

この点については、特に2020年の11月に、連邦労働社会省から「モバイルワーク法(Mobile Arbeit-Gesetz)」の草案[81](以下、第二次草案)が公表されており、そこでは、モバイルワークの権利の導入(←⑴)、モバイルワーク時における使用者の労働時間記録義務の導入(←⑵)およびモバイル

80 また、本文中で検討したもののほか、2018年のパート・有期法改正の際には9条も改正されており、これによって同条に基づき労働時間の延長を請求する場合の立証責任が労働者側から使用者の側に転換されることで、新9a条の射程外にいるパートタイム雇用労働者が労働時間を延長できる可能性が拡大されている。詳細については、山本・前掲注(75)論文34頁以下を参照。

81 以下のURLから閲覧が可能である。
〔https://www.bmas.de/SharedDocs/Downloads/DE/Gesetze/Referentenentwuerfe/ref-mobile-arbeit-gesetz.pdf?__blob=publicationFile&v=1〕(最終アクセス:2022年1月21日)

ワーカーに対する労災保険制度による保護の拡大（←(3)）という３つの点に向けた法改正が提案されている。以下では、これら３点について、これまでの経緯を整理したうえで、この第二次草案の意義と内容について検討することとしよう[82]（なお、モバイルワークの問題をめぐっては、2021年６月の事業所委員会現代化法により、事業所委員会に対してモバイルワークの構成について共同決定権が認められるという、集団的労使関係法上の動きも生じているのであるが、この点については**第五章第三節２.** (2)(i)において改めて検討を行う）。

(1)　モバイルワークの権利

(i)　経緯

まず、一点目であるモバイルワークの権利について、これまでの経緯をみておこう。この点、**第三節２.** (2)でみたように、労働4.0白書は労働時間選択法の一内容として、労働場所の柔軟化に関する使用者との協議権を労働者へ付与すべきことを提案していたわけであるが、その後2018年３月の連立協定中においても、今後政府として、「モバイルワークの普及を促進するために、法律上の枠組みを定める」ことが明記されていた[83]。これを受けて、連邦労働社会省では法案作成作業が行われ、2020年１月には同省のHP上において次のような法規制の方向性が示された[84]。

それによれば、労働者には、モバイルワークの実施について使用者と協議を行う権利が認められ、労働者がこの権利を行使しようとする場合、使用者に対し、モバイルワークの開始時点やその期間などの希望について、希望する開始時点から遅くとも３ヶ月前までに文書をもって通知を行う。そして、この通知を受けた使用者は、モバイルワークの実施について労働者と合意に至るべく協議を行わなければならない。もっとも、この場合、使用者は理由を付したうえで労働者の希望を拒否することができ、そこでの理由について

82　ここでの検討は、*Dohrmann*, Referentenentwurf eines Mobile Arbeit-Gesetzes - Ein Schritt in die Arbeitswelt 4.0!?, NZA 2021, S.691にも依拠している。

83　CDU/CSU=SPD（Fn.74）, S.41.

84　連邦労働社会省のHP〔https://www.bmas.de/DE/Themen/Arbeitsrecht/Vereinbarkeit-Familie-Pflege-Beruf/homeoffice.html〕（最終アクセス：2020年８月４日）を参照。

法律上の制約はないが、使用者による拒否は書面により、また一定の期限内に行われなければならない。もし、使用者がそもそも協議に応じなかった場合や、拒否が書面を欠いている場合あるいは期限を遵守せずに行われた場合には、労働者が希望した通りのモバイルワークについて合意がなされたものとみなされることとなる（同意擬制〔Zustimmungsfiktion〕）。

このようにみると、少なくとも2020年1月時点では、ドイツにおけるモバイルワークの権利というのは、あくまで協議モデル（←**第三節1.（2）**）として構想されていたということができよう。そこでは、協議をめぐる手続違反に対しては同意擬制という比較的強い法律効果が予定されてはいるものの、使用者は手続に則って理由説明をすればモバイルワークを拒否することができ、その際の理由の内容に関しては法的な審査は予定されていない。

しかしながら、その後の2020年10月に、これとは異なる内容を提案するモバイルワーク法の草案（以下、第一次草案）が、連邦労働社会省によって取りまとめられるに至る[85]。それによれば、全ての労働者は年間で少なくとも24日についてモバイルワークを行うことに関する法律上の請求権を有するものとされ、この権利が行使された場合、使用者は「跡付けが可能な組織上または経営上の理由（nachvollziehbare organisatorische oder betriebliche Gründe）」がなければ、これを拒否することができないものとして構想されている。これは、上記でみた同年1月時点でのものと比べると、明らかに労働者の権利性が強まっており、使用者がモバイルワークを拒否することができる理由が法律上制約されている点で、**第三節1.（2）**でみた請求権モデルをとるものと評価できよう。

もっとも、この第一次草案はその後、連邦首相府（Kanzleramt）によっ

85　この第一次草案については公表されていないため、ここでの記述は、連邦労働社会省のHP上における*Heil*大臣に対するインタビュー〔https://www.bmas.de/DE/Service/Presse/Interviews/2020/2020-10-05-bild-am-sonntag.html〕（最終アクセス：2022年1月21日）に依拠している。同草案が公表されていないのは、本文で述べた通り、連邦首相府によって法案化手続が停止されていたためと推察される。なお、第一次草案については、「JILPT海外労働情報・労社相、在宅勤務権構想を発表―最低年24日を保障」（2020年12月）〔https://www.jil.go.jp/foreign/jihou/2020/12/germany_01.html〕（最終アクセス：2022年1月21日）、緒方・前掲注（29）論文129頁以下、和田肇〔編著〕『コロナ禍に立ち向かう働き方と法』（日本評論社、2021年）104-105頁〔和田肇執筆部分〕、川田知子「新型コロナウイルス禍における労働立法政策―ドイツにおける状況」労働法律旬報1975+76号（2021年）74頁も参照。

て法案化の手続を停止されており、また2020年10月末にはキリスト教民主・社会同盟の連邦議会議員団（Bundestagfraktion）のワーキンググループから、モバイルワークの促進に関する対案（以下、CDU/CSU草案）[86]も示されている。このCDU/CSU草案は、第一次草案とは異なり、モバイルワークに関する労働者の直接的な権利を定めるのではなく、税制優遇のような間接的な方法によってモバイルワークを促進することなどを提案するものであった。かくして、ドイツにおけるモバイルワークの権利に関する立法動向の見通しは、やや不透明な状況にあった。

(ii) 第二次草案の内容

このような経緯のなかで、2020年11月に新たに公表されたモバイルワーク法の第二次草案では、モバイルワークの権利については再度、協議権モデルが採用されている[87]。

この点について詳しくみておくと、この第二次草案はまず、ドイツにおける営業法を改正し、新111条としてモバイルワークに関する規定を置くことを提案している。そこでは、「労働者が、義務付けられた労働給付を、事業所施設の外における、自らが選択した場所または使用者との合意によって定めた場所から、情報技術を用いて履行する場合」がモバイルワークとして定義される（新111条1項2文）。従って、在宅（ホームオフィス）でのテレワークも、情報技術を用いて行う限り、ここでいうモバイルワークに含まれる。そして、このような意味でのモバイルワークを希望する労働者は、モバイルワークの開始時点やその期間などの希望について、希望する開始時点から遅くとも3ヶ月前までに文書をもって通知を行い（同項1文）、この通知を受けた使用者は、モバイルワークの実施について労働者と合意に至るべく協議を行わなければならない（協議義務：同条2項）。この協議において、労使間で合意に至らなかった場合には、使用者は労働者からの上記通知を受

86 このCDU/CSU草案のキーポイントは、以下のURLから閲覧が可能である。〔https://heilmann.berlin/data/documents/2020/10/27/2-5f97ef358e089.pdf〕（最終アクセス：2020年10月27日）

87 この点については、ハーゼ・前掲注（30）論文45-46頁も参照。

けた時点から遅くとも2ヶ月以内に、合意を拒否した旨の判断とその理由について書面による説明を行わなければならない（説明義務：同条3項1文）。もし、使用者が協議義務および説明義務を履行しなかった場合には、当該労働者が希望した通りのモバイルワーク（ただし、この場合の期間は6ヶ月が上限となる）について、合意がなされたものとみなされることとなる（同項2文）。一方、使用者による合意の拒否が適法に行われた場合において、当該労働者が新111条1項1文に基づくモバイルワークの希望の通知を再度行うには、拒否の判断から4ヶ月が経過しなければならないこととなっている（同条4項）[88]。

このように、第二次草案の内容というのは、使用者に対しモバイルワークを希望する労働者との協議および合意拒否の際の理由説明についての手続的規制を課すにとどまり、第一次草案のように使用者の拒否理由を実体的に制約する形にはなっていない[89]。かくして、この第二次草案により、モバイルワークの権利の内容は、基本的に2020年1月に連邦労働社会省が示した規制の方向性（協議権モデル）に立ち戻ることになったといえよう。

(2) 労働時間記録義務について

(i) 経緯

また、二点目として、第二次草案は、モバイルワーク時における使用者の労働時間記録義務（Arbeitszeitaufzeichnungspflicht）についても提案を行っている。

差し当たり、この点についても経緯を確認しておくと、**第二節1.** (1)でみたように、従来ドイツにおいては労働時間法16条2項によって、同法3条

88 なお、以上でみたほか、第二次草案が提案する営業法新111条においては、モバイルワーク時においても労働保護に関する諸規制は影響を受けず、使用者は労働者に対し、モバイルワークの開始前に、安全・健康の保護について書面で情報提供を行わなければならないこと（5項）、モバイルワークを開始して6ヶ月が経過した後は、使用者および労働者はそれぞれ、特段の合意がない限り、3ヶ月間の予告期間を置いたうえで、モバイルワーク終了の意思表示を行うことができること（6項）、労働協約または事業所協定によって新111条1項～4項、5項2文および6項の規制から労働者にとって不利にも逸脱が可能であること（7項）が、それぞれ規定されている。

89 ただし、この点に関して、第二次草案の法案理由書は、使用者は差別や報復目的（民法典612a条）を合意拒否の理由とすることはできないことを指摘している。

が定める上限規制を超える労働時間のみが、労働時間記録義務の対象となっていた。しかし、2019年5月14日のCCOO事件欧州司法裁判所判決[90]によって、EU加盟国は原則として、労働者の全ての労働時間を把握することができる「客観的で信頼できる、開かれたシステム（objektives, verlässliches und zugängliches System）」の導入を使用者に義務付けなければならないこととされ、これを受けて、ドイツでも実務レベルでは、使用者はホームオフィスにおいて就労している労働者に対し、仮に信頼労働時間制度（**←第二節1.**(2)）を適用している場合であっても、電子的方法（エクセルデータやアプリケーション〔Apps〕）などによって日々の労働時間を記録し定期的に使用者へ提出することを義務付けることが推奨されていた[91]。このような文脈のなかで、法政策としては、既に第一次法案のなかで、労働者がホームオフィスで就労している場合についても労働時間法の実効性を確保するために、アプリ[92]のようなデジタルツールによって当該労働者の全ての労働時間を記録する義務を、新たに使用者に対して課すことが提案されていた。

(ii) 第二次草案の内容

このような経緯のなかで、第二次草案は、先ほどと同じく営業法を改正し新たに112条として、モバイルワーク労働者に関する労働時間の記録義務を使用者に課すことを提案している。それによれば、労働者が労働時間法の適用を受ける場合であって、かつ(1)(ii)でみた新111条1項2文の意味におけるモバイルワークに従事する場合には、労働時間法16条2項1文が定める使用者の労働時間記録義務は拡大され、当該労働者が労働給付を行った日にお

---

90 EuGH Urt. v. 14.5.2019 - C-55/18=NZA 2019, 683. 同判決に関しては、独語文献として *Ulber*, Arbeitszeiterfassung als Pflicht des Arbeitgebers - Die Folgen der Entscheidung des EuGH in der Rechtssache CCOO, NZA 2019, S.677、邦語文献として、ハイケ・アルプス（佐々木達也訳）「ドイツ労働時間法とEU労働時間指令―労働時間把握の将来」日独労働法協会会報第17号（2020年）17頁、クラウゼ・前掲注（10）論文138頁以下を参照。

91 *Kramer* (Hrsg.) (Fn.32), S.229ff〔*Hoppe*〕.

92 この点について、連邦労働社会省は2019年9月以降、スマートフォンなどによる労働時間記録を可能とする無料のアプリをHP上で提供している〔https://www.bmas.de/DE/Arbeit/Arbeitsrecht/Mindestlohn/mindestlohn-app-einfach-erfasst.html〕（最終アクセス：2022年1月21日）。

ける全労働時間（開始、終了、長さ）がその対象となる（新112条1項1文)。この労働時間の記録に関して、第二次草案自体は記録方法を法定してはいないが、第二次草案にかかる法案理由書をみると、先ほどみたようにモバイルワーク自体が情報技術を用いて行われることが前提となっていること(新111条1項2文）から、使用者が電子的な時間把握システムによって労働時間記録を行うことが想定されている。また、使用者は労働時間記録を労働者自身に委ねることも可能であるが、その場合にも記録に関する責任は引き続き使用者が負うことが条文上明記されている（新112条2項)。もし、労働時間記録義務への違反があった場合には、営業法の新147条1項1号および2項として、使用者に対し30,000ユーロを上限とする過料を科すことが提案されている。

このようなモバイルワーカーの全労働時間に関する記録義務の目的は、第一次草案と同じく、モバイルワーク時における労働時間規制（特に上限規制と休息時間規制）の遵守を確保する点にあることが、法案理由書上も明記されている。

(3) 労災保険制度による保護の拡大

(i) 経緯

さらに、三点目として、第二次草案が提案しているのは、モバイルワーカーに対する労災保険制度による保護の拡大である。

この点については従来、特に通勤災害制度[93]に関して、法改正の必要性が指摘されてきた。すなわち、ドイツにおいては、まず社会法典第Ⅶ編8条2項1号により、自宅と職場の間の通常の通勤ルートを往復する途上で生じた災害については、通勤災害として労災保険制度により保護される。また、同項2号a）により、労働者が自身の職業活動上の必要性から、子供を保育所などに預けるために、通常の通勤ルートを逸脱して通行する道の途上で生じた災害についても、同制度による保護が及ぶこととなっている。

しかし、上記の保護は、現行法上は、労働者がホームオフィスにおいて在

93 ドイツにおける通勤災害制度の詳細は、山本・前掲注（44）報告書27頁以下を参照。

宅テレワークを行っている場面に対しては及ばないと解されている。この点、ホームオフィスで働く労働者が、仕事上の必要性から子供をホームオフィスのある自宅から保育所へ自転車で送り届けたのち、自宅へ戻る帰り道に路面の凍結により自転車を転倒させ、左ひじ関節を脱臼した事案において、連邦社会裁判所2020年1月30日判決[94]は、通勤災害に関する社会法典第Ⅶ編8条2項1号の規定は、職場と労働者のプライベートでの滞在場所（典型的には自宅）とが、空間的に異なる場所にあることを前提としているとして、在宅テレワークの場合には同規定の適用はないと判断している。そのうえで、この事件では、先ほどみた、職業活動上の必要性から子供を保育所に送り届ける目的で通行する道の途上で生じた災害について、労災保険制度による保護を認める社会法典第Ⅶ編8条2項2号a）の適用の有無が争われたが、連邦社会裁判所は、同規定は通常の通勤ルートが存在していることを前提としたものであるところ、上記の通り、在宅テレワークの場合にはそもそも同条2項1号の適用がなく通常の通勤ルートというものを観念しえない以上、同項2号a）についても同じく適用がないと判示した。

このように、ホームオフィスにおいて就労する労働者が自身の仕事のために子供を保育所へ送迎する途中で災害に遭った場合に、労災保険制度による保護の対象とならないことは、ドイツにおいて“保険の欠缺（Versicherung-slücken）”として問題視されており、既に第一次草案や⑴(i)でみたCDU/CSU草案においても、上記の場面に対し労災保険制度による保護を拡張すべきことが提案されていた。

(ii) **第二次草案の内容**

このような経緯のなかで、第二次草案は、社会法典第Ⅶ編8条を改正し、新たに2項2a号を設けることで、保険対象となる活動（職務遂行など）が世帯がある場所（自宅など）において行われる場合において、保険対象者（労働者）が子供を預ける保育所などがある場所へ直接つながっている道の往復も、労災保険制度による保護の対象に含めることを提案している。この

94 BSG Urt. v. 30.1.2020 - B 2 U 19/18 R.

提案は、まさに先ほどみた連邦社会裁判所2020年1月30日判決のような事案について、同制度による保護を及ぼすための立法政策といえよう。

また、これに加えて、第二次草案のなかでは、労働災害について定義する社会法典第Ⅶ編8条1項に新たに3文として、保険対象者（労働者）が保険対象となる活動（職務遂行など）を自宅または他の場所で行う場合には、企業施設において活動を行うのと同一の範囲での保険保護が存在する旨を規定することが提案されている。第二次草案にかかる法案理由書においては、ドイツでは従来、飲食物を取りに行く目的やトイレに行く目的での移動中に生じた災害について、それが使用者の企業施設内で生じたケースでは労災保険制度による保護の対象となるのに対し、それが在宅テレワーク中に自宅内で生じたケースでは、判例上、同制度による保護が否定されている[95]ことから、今後は両者を同一のものとして取り扱い、後者のケースにも保護を及ぼすための提案であるとの説明がなされている。

そのうえで、「モバイルワーク法」自体はドイツではいまだ成立していないのであるが、ここでみた社会法典第Ⅶ編8条の改正については、⑴および⑵でみたその他の内容に先んじて、2021年6月の事業所委員会現代化法（←**第五章第三節2.**）によって既に実施されるに至っている。

3 その他の動向について

ところで、2018年3月の連立協定においては、これまでにみてきたほかにも、次のような記述がみられる。すなわち、「我々は、労働時間法中の協約開放条項（Tariföffenungsklausel）を通じて、協約に拘束される企業が、ますますデジタル化する雇用社会において、労働者による労働時間の自己決定および事業上の柔軟性をいっそうオープンにすることを試行するための実験空間を創出する。この場合、労働協約に基づき、事業所協定を用いて、特に労働時間の上限を週単位で柔軟に規制することができる」[96]。既に**第三節2.** ⑵でみたように、労働4.0白書は、労働時間選択法により、労働協約および事業所協定をツールとして、一定の労働者について現行の労働時間法に

95　この点については、山本・前掲注（44）報告書42頁以下を参照。
96　CDU/CSU=SPD (Fn.74), S.52.

よる規制からの逸脱を可能とする実験空間の設置を可能とすることを提案していたわけであるが、上記の連立協定の記述は、この提案を踏襲するものと解されよう。

もっとも、白書においては、実験空間の設置要件も含めてかなり詳細な構想が示されていたのに対し、連立協定中における記述は、前記の通りかなり簡素化されており、白書よりもトーンダウンしていることがわかる。また、その後も、前述した期限付きパートタイム請求権（**←第四節 1.**）やモバイルワーク（**←第四節 2.**）とは異なり、労働時間選択法による労働時間規制からの逸脱（柔軟化）に関しては、立法化に向けた具体的な動きはみられないようである[97]。

第五節　本章での検討結果

以上、本章における検討の要点をまとめると、次の通りである。

① 第四次産業革命下においては、特に情報通信技術の飛躍的な発展により、時間的・場所的に柔軟な働き方が可能となり、このことは近時ドイツにおいて多くの労働者が希望している時間主権を現実のものとする。従って、労働法政策の観点からは、このような柔軟な働き方をどのように促進するかが課題となるが、同時に柔軟な働き方のもとで生じる安全・健康リスクからどのように労働者を保護するかも重要な課題となる。

② このうち、柔軟な働き方の促進については、ⅰ）労働時間の配置（出退勤時刻の決定）の柔軟性、ⅱ）労働時間の長さ（延長と短縮双方のベクトルを含む）の柔軟性、ⅲ）労働場所の柔軟性がそれぞれ問題となる。もっとも、従来、ⅰ）の柔軟性については、労働者と使用者との間において信頼労働時間の適用が合意されない限り認められず、またⅱ）の柔軟性のうち、労働者が労働時間法による上限規制を超えて働くことについては、厳

97　これは、**第三節 3.** でみたように、労働時間選択法については、労使団体ともに消極的な評価を示していたことにもその一因があるものと推察される。また、*Deinert/Kittner*, Die arbeitsrechtliche Bilanz der Großen Koalition 2018-2021, RdA 2021, S.267 は、上記の連立協定による提案は「もはや実現しない」と評価している。

格な要件が設定され、また労働者が所定労働時間の短縮（パートタイム転換）を求めること自体は可能であるが、育児・介護を理由とする場合でない限り、元の労働時間に復帰するのは容易でない状況にあった。さらに、ⅲ）の柔軟性についていえば、労働者には原則としてテレワークの権利は認められてこなかった。

③ 他方、柔軟な働き方の保護については、特に事業所委員会が存在しない事業所においては、情報通信技術により生じる常時アクセス可能性から労働者を保護することは困難な状況があった。また、労働者が在宅でのテレワークで就労している場合であって、仕事のために子供を保育所に預けに行く途中で負傷した場合には、労災保険制度による保護は及ばないという問題も生じていた。

④ このような状況下において、ドイツの“労働 4.0”をめぐる議論では、柔軟な働き方の促進と保護の両面について、新たな立法政策による対応が検討されている。特に、前記のⅱ）のうち、所定労働時間の短縮という意味での柔軟性については、2018 年のパート・有期法改正により、期限付き労働時間短縮請求権が新たに導入され、これによって従来一般的には認められてこなかった元の労働時間への復帰権が保障されることとなった。また、同改正の際には、期限付き労働時間短縮請求権の対象外である労働者も含めて、労働時間の配置について使用者と協議を行う権利が認められており、これは上記ⅰ）の柔軟性に対応する立法政策といえる。さらに、ⅲ）の柔軟性に関しては現在、（在宅テレワークを含む）モバイルワーク請求権の立法化をめぐる具体的な動きが生じている。これらはいずれも、労働 4.0 白書および 2018 年 3 月の連立協定において明記されていた柔軟な働き方の促進に関わる法政策であるが、それ以外にも、柔軟な働き方のうちモバイルワークに関しては、使用者の労働時間記録義務の拡大や、③でみた子供の保育所への送迎時への労災保険制度による保護の拡大といった、新たな保護政策が提案され、既に具体的な法案（モバイルワーク法第二次草案）も公表されるに至っている（そのうえで、このうち後者については、2021 年 6 月の事業所委員会現代化法により、既に法改正が実現している）。

⑤ 一方、ドイツでは、つながらない権利に関しては、学説および労働4.0白書の双方において、新たな立法政策の必要性自体について疑問が呈されている。また、上記ii）の柔軟性に関連して、労働4.0白書は一定の要件のもとで労働時間規制からの逸脱（柔軟化）を可能とする労働時間選択法を提案していたが、特に上限規制の柔軟化については、従来学説から批判的な見解が示されており、連立協定のなかでもトーンダウンした記述にとどまっている。

【補論】コロナ禍における在宅テレワーク規制

なお、ドイツにおいては、新型コロナウイルス感染症拡大を契機として、在宅テレワークの実施について特別の規制が行われている。このような規制は従来、2021年1月に施行されたコロナ労働保護規則（SARS-CoV-2-Verordnung）の2条4項によって行われていたが、2021年4月および11月の感染症予防法（Infektionsschutzgesetz）改正によって、現在では同法28b条4項において、次のような規定[98]が設けられている。

【感染症予防法】
第28b条
(4) [1] 使用者は、就労者がオフィスワークまたはそれと比較可能な職務を行っている場合、やむをえない経営上の理由がある場合を除き、当該職務をその自宅で行うことを申し出なければならない。[2] 就労者は、理由がない場合には、この申出を受け入れなければならない。[3] 第1文および第2文の遵守を管轄する官庁は、第54条1文に基づいて州がこれを定める。

この規定は、その1文においてまず、使用者に対して、オフィスワークまたはそれと比較可能な職務を行っている労働者（就労者）へ、自宅における

98 なお、この規定の適用は、2021年4月の感染症予防法改正時点では、感染症の全国的な蔓延状態にあることについての連邦議会による決定と結び付いていたが（当時の5条1項および28b条10項）、同年11月の改正によって、現在ではこのような制限は廃止されている。Vgl. *Fuhlrott/Schäffer*, 3G im Betrieb und Homeoffice: Fragestellungen bei Umsetzung der neuen gesetzlichen Vorgaben, NZA 2021, S.1679.

職務遂行、すなわち在宅テレワークを行うことについての申出を義務付けている。使用者が、このような申出義務を免れることができるのは、「やむをえない経営上の理由」がある場合に限られ、上記の感染症予防法改正にかかる法案理由書[99]によれば、これは労働者の在宅テレワークによって事業プロセスが相当に制限され、あるいは維持できなくなる場合（たとえば、在宅テレワークにより企業秘密漏えいのおそれがある場合）にのみ認められると解されている。

一方、上記規定はその2文において、労働者に対しても、理由がない場合には、在宅テレワークに関する使用者からの申出を受け入れるべきことを義務付けている。この場合に、労働者が使用者からの申出を受け入れないことができる“理由（Gründe）”について、法案理由書では、自宅が空間的に狭いことや第三者による邪魔が入りうること、あるいは在宅テレワークのための設備が十分でないことなどが挙げられているが、いずれについても個々の事案において、在宅テレワークの実施とは相容れない程度のものでなければならない[100]。

このように感染症予防法28b条4項の規定は、コロナ禍を契機に、使用者だけでなく労働者をも対象として、在宅テレワークの実施を義務付けている点に特徴がある。もっとも、同規定は、労働契約当事者に対して在宅テレワークの実施に関する私法上の権利義務関係を創設するものではなく、あくまで公法的規制と解されており[101]、上記の1文および2文に基づく義務の遵守についても、行政官庁（特に州の労働保護局）による監督が予定されている。その点では、本章（特に**第四節2.⑴**）において検討したモバイルワーク請求権をめぐる議論とは性質を異にする規制といえよう。

---

99 BT-Drs. 19/28732, S.20f.

100 *Sagan/Witschen*, Homeoffice im Infektionsschutzgesetz: Der neue § 28b VII IfSG, NZA 2021, S.595.

101 *Sagan/Witschen*, (Fn.100), S.594. ただし、感染症予防法28b条4項2文が定める理由がないにもかかわらず、労働者が在宅テレワークを拒否した場合には、使用者は当該労働者に対して警告や解雇が可能となりうる一方、使用者が同項1文が定めるやむをえない経営上の理由がないにもかかわらず、在宅テレワークでの就労を拒んだ場合には、在宅テレワークで就労した労働者は受領遅滞（民法典615条1文）に基づいて賃金請求が可能となる。

「雇用によらない働き方」をめぐる法政策

第一節 問題の所在

第二章においては、「(時間的・場所的に) 柔軟な働き方」をめぐる労働法政策のあり方について検討を行ったが、これはあくまで使用者と労働契約関係にある労働者（雇用労働）を前提としたものであった。一方、第四次産業革命（デジタル化）の進展は、雇用によらない働き方の拡大といった変化も生じさせることは、**序章第二節 3.** (1)において指摘した通りである。特に、本章において取り上げるのは、第四次産業革命下での新たな就労形態として注目されているクラウドワーク[1]である。

クラウドワークとは、広義には「インターネット上のプラットフォームを通じて、発注者（Auftraggeber）から発注された一定のタスク（Aufgabe）を、当該プラットフォーム上における不特定多数の集団（クラウド）のうち特定の者が受注し、クラウドワーカー（Crowdworker）としてこれを処理すること」[2]と定義される。このようなクラウドワークの対象となるタスクは極めて多様であり、ウーバー（Uber）に代表される人やモノ（食料品など）の輸送のほか、家事の代行、テキスト作成、ソフトウェアの検査、デザインやロゴの作成などに幅広く及び、従って、特段の職業資格を要しない比較的単純なタスク（マイクロタスク）だけでなく、高い専門性が求められるタスク（マクロタスク）についても、クラウドワークの対象となりうる[3]。

---

1 ドイツにおけるクラウドワークに関する先行研究として、石崎由希子「≪論文 Today≫クラウドワーク：新たな労働形態—使用者は逃亡中？」日本労働研究雑誌 672 号（2016 年）85 頁、鎌田耕一＝芦野訓和「第 2 章 ドイツ」『労働政策研究報告書 No.207・雇用類似の働き方に関する諸外国の労働政策の動向—独・仏・英・米調査から』（労働政策研究・研修機構、2021 年）46 頁以下、後藤究「第 5 章 ドイツにおけるクラウドワークをめぐる議論動向」『クラウドワークの進展と社会法の近未来』（労働開発研究会、2021 年）93-94 頁などがある。

2 Vgl. etwa *Arnold/Günter* (Hrsg.), Arbeitsrecht 4.0: Praxishandbuch zum Arbeits-, IP- und Datenschutzrecht in einer digitalisierten Arbeitswelt, 2018, S.47〔*Lingemann/Chakrabarti*〕.

また、そこでの発注者は、消費者の場合もあれば企業の場合もあり、特に企業が従来の業務（あるいはその一部）をクラウドワークによって外部に委託することを、クラウドソーシング（Crowdsourcing）ともいう。第四次産業革命下において、プラットフォーム・エコノミーという新たなビジネスモデルが登場したこと、また情報通信技術の発展により従来の業務内容からデジタルにより処理が可能なタスクへのパッケージ化（細分化）が進んだことで、このようなクラウドワークという新たな労働需要と供給のマッチングの形態が可能となったといえよう。このような現象は現在、世界的な広がりをみせており[4]、むろんドイツにおいてもその例外ではない。

そして、このクラウドワークは、特にタスクを発注する企業（クラウドソーサー）の側にとってみれば、労働コストの削減やクラウドという巨大な“人材プール”のなかから自社の従業員にはない知識や能力を柔軟に活用できるといったメリット[5]がある一方、働き手（クラウドワーカー）の側にとっても、自身が都合のよい時間や場所に合わせて柔軟に働ける新たな稼得の機会が開かれるといったメリット[6]がある。しかし、詳細については次節以降でみる通り、クラウドワーカーは、プラットフォーム事業者により労働者としては取り扱われず、労働法や社会保障法（特に被用者保険制度）による保護の外に置かれるのが通常である。そして、クラウドワーカーは、タスクの受注（収入）を安定して得られる保障はなく、傷病や失業、高齢化あるいは要介護といった社会的リスクに対して脆弱である点に着目して、クラウドワークが「新たな不安定就労形態」となることへの懸念[7]も示されてい

3 Vgl. *Däubler/Klebe*, Crowdwork: Die neue Form der Arbeit - Arbeitgeber auf der Flucht?, NZA 2015, S.1033; *Schubert*, Neue Beschäftigungsformen in der digitalin Wirtschaft - Rückzug des Arbeitsrecht?, Digitalisierung der Arbeitswelt in Deutschland und Japan, 2018, S.48; *Arnold/Günter* (Hrsg.) (Fn.2), S.47〔*Lingemann/Chakrabarti*〕; *Bourazeri*, Neue Beschäftigungsformen in der digitalen Wirtschaft am Beispiel soloselbstständiger Crowdworker, NZA 2019, S.743.

4 その様相については、*Krause*,Gutachten B zum 71.Deutschen Juristentag, Digitalisierung der Arbeitswelt -Herausforderungen und Regelungsbedarf, 2016, S.99ff を参照。

5 *Däubler/Klebe* (Fn.3), S.1033; *Arnold/Günter* (Hrsg.) (Fn.2), S.47f〔*Lingemann/Chakrabarti*〕.

6 BMAS, Weißbuch Arbeiten 4.0: Arbeit weiter denken, 2016, S.60〔https://www.bmas.de/DE/Service/Publikationen/a883-weissbuch.html〕（最終アクセス：2022 年 1 月 21 日）; *Arnold/Günter* (Hrsg.) (Fn.2), S.8〔*Lingemann/Chakrabarti*〕.

る。そのため、その保護のあり方については“労働 4.0”の文脈においても議論の対象となっているのである。

かくして、本章においては、このようなクラウドワークを中心とした「雇用によらない働き方」をめぐるドイツの議論および政策動向について、分析・検討を行うこととしたい。

第二節 前提的考察

本節では差し当たり、次節以降における検討のための前提作業として、クラウドワークをめぐる諸形態と実態について、確認しておくこととしよう。

1 クラウドワークの諸形態

まず、クラウドワークの形態[8]に関してみると、ドイツにおいては冒頭でみた定義からさらに、タスク発注をめぐる発注者・プラットフォーム事業者・クラウドワーカーという三者の相互関係という観点から、直接型と間接型とに区分したうえで議論がなされている[9]。

このうち、直接型クラウドワーク（Direktes Crowdworking：イメージは**【図 3-2-1】**を参照）とは、発注者がプラットフォームにおけるクラウドのなかから、特定のクラウドワーカーを選択して直接契約し、タスクを発注する形態を指す。この場合、プラットフォーム事業者は純粋な仲介者（Vermittler）として、インターネット・プラットフォームという発注者とクラウドワーカーにとっての“出会いの場（Treffenpunkt）”あるいは“デジタル・マーケットプレイス（digitalen Marktplatz）”を提供するに過ぎない。従って、この直接型クラウドワークにおいては、タスクの処理についての契約

7 BMAS（Fn.6）, S.61.

8 このほか、ドイツにおいては、企業（使用者）が自社のなかにプラットフォームを設置し雇用している労働者らをクラウドとして、特定の業務を発注する企業内部型クラウドワーク（Internes Crowdworking）も議論の対象となっているが、この企業内部型クラウドワークの場合には、まさに発注者たる使用者とクラウドワーカーたる労働者との間には労働契約関係があり、労働法上の問題は特段生じないことから、ここでの検討対象からは除外している。

9 Vgl. *Schubert*（Fn.3）, S.49ff; *Arnold/Günter*（Hrsg.）（Fn.2）, S.48f〔*Lingemann/Chakrabarti*〕; *Bourazeri*（Fn.3）, S.742.

【図 3-2-1】 直接型クラウドワーク

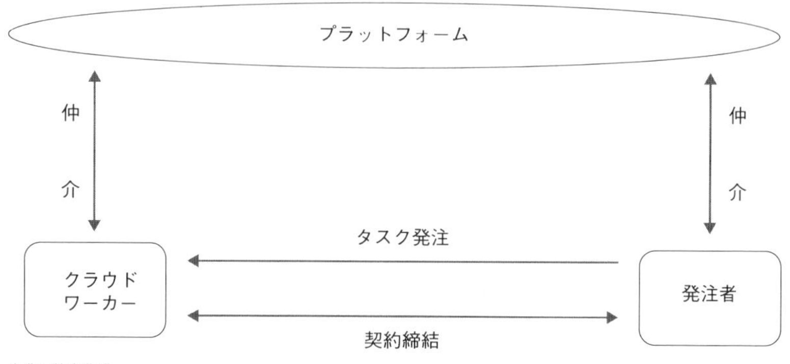

出典：筆者作成

【図 3-2-2】 間接型クラウドワーク

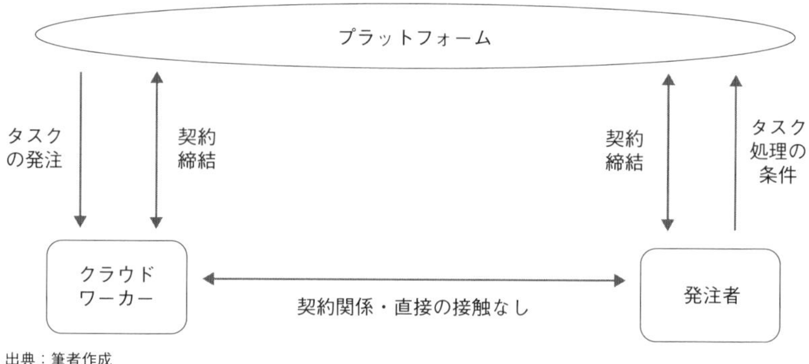

出典：筆者作成

は、あくまで発注者とクラウドワーカーとの間に存在することとなり、プラットフォーム事業者がこれに関与することはない。実在するプラットフォームでいえば、たとえばウーバーは、(少なくともウーバー側の主張によれば) この直接型クラウドワークに属し、スマートフォンなどのアプリを通じて乗客と運転手をマッチングさせる仲介者としての役割を果たしているとされる[10]。

10 *Krause* (Fn.4), S.20; *Schubert* (Fn.3), S.50ff.

これに対して、間接型クラウドワーク（Indirektes Crowdworking：イメージは**【図3-2-2】**を参照）においては、先ほどの直接型とは異なり、発注者はプラットフォーム上において直接クラウドワーカーを選択することはせず、プラットフォーム事業者に対してタスクの処理に必要な条件（資格など）のみを提示する。そして、これを受けたプラットフォーム事業者は、クラウドのなかで当該タスクの処理にとり適切な者を選択し、当該者に対してタスクを発注することとなる。従って、ここではプラットフォーム事業者はもはや仲介者としての役割を超えて、自らがタスク処理にかかる契約の当事者となる。一方、間接型の場合には、クラウドワーカーと発注者との間には何らの契約関係も存在せず、また通常は直接接触することも予定されていない。実際の例でいえば、クリックワーカー（Clickworker）やテキストブローカー（Textbroker）といったプラットフォームが、この間接型のクラウドワークに属するとされる[11]。

そのうえで、これら直接型と間接型クラウドワークにおいて、クラウドワーカーと発注者あるいはプラットフォーム事業者との間で締結されるタスクの処理をめぐる契約の法的性質についてみると[12]、いずれの形態にせよ、一定の成果物または役務提供自体がその目的となっているため、通常は労働契約ではなく、請負契約（Werkvertrag：民法典631条）または有償委任契約（Dienstvertrag：同法611条）と評価されることとなる。

もっとも、ここでみたクラウドワークをめぐる諸形態はあくまで理念型であって、実際のクラウドワークをめぐる事実関係は極めて多種多様である。従って、このような事実関係次第では、法的な評価は上記とは異なりうるという点には注意を要しよう。この点の詳細については、次節において検討する。

11 *Schubert* (Fn.3), S.49.

12 なお、間接型クラウドワークの場合には、発注者とプラットフォーム事業者との間にも契約関係が存在するが、これは、プラットフォーム事業者に対して特定の成果物を義務付けるものではなく、適切なクラウドワーカーへのタスクの発注を義務付けるものであるので、有償委任契約（民法典611条）と評価されるのが通常である。Vgl. *Arnold/Günter* (Hrsg.) (Fn.2), S.51〔*Lingemann/Chakrabarti*〕.

2 ドイツにおけるクラウドワークの実態

それでは、このようなクラウドワークについて、ドイツにおける実態はどのようになっているのであろうか。この点について、クラウドワークの規模などに関する正確な統計はいまだ存在しないようであるが[13]、クラウドワーカーに関する質的な調査はいくつか存在する。

たとえば、連邦労働社会省の委託を受けて欧州経済研究センター（ZEW）が、2015年にドイツにおける2つのクラウドワーク・プラットフォームを利用している408人のクラウドワーカーを対象に行ったアンケート調査[14]によると、回答者の属性について、性別としては男性の割合が多いこと（65.3%）、年齢層は20～29歳の層の割合が最も多いこと（50.1%）、家族状況としては単身者の割合が高いこと（75.7%）、また学歴としては高卒資格保有者の割合が高いこと（64.8%）などが明らかになっている。また、同調査によれば、回答者の多くは労働者・公務員（38.8%）および学生（30.7%）でもあり、自営業者としてクラウドワークを行っている者は5.1%にとどまる。一方、クラウドワークによる収入についてみると、週当たり4.99ユーロ以下の収入を得ている割合が68.5%と最も高く、20ユーロを超える収入を得ているのはわずか3.3%にとどまる。これらのことは、ドイツにおけるクラウドワークは、既に他のところで雇用されている労働者あるいは学生によって副業として行われているケースが多いことを示しているといえよう。この点については、その他の調査、たとえばハンスベックラー財団（Hans Böckler Stiftung）がドイツ国内における434人のクラウドワーカーを対象に実施した調査[15]でも、回答者のうち79%が、やはり副業としてクラウド

13 Vgl. *Schubert* (Fn.3), S.50f.

14 BMAS, Forschungsbericht 462: Befragung zum sozioökonomischen Hintergrund und zu den Motiven von Crowdworkern, 2016〔http://www.bmas.de/SharedDocs/Downloads/DE/Publikationen/Forschungsberichte/fb-462-endbericht-crowdworker.pdf?__blob=publicationFile&v=1〕（最終アクセス：2022年1月21日）. なお、同調査については、毛塚勝利「ドイツ非正規労働の動向と政策の現状」『非正規労働の現状と労働組合の対応に関する国際比較調査報告書』（連合総合生活開発研究所、2017年）41頁も参照。

15 *Leimeister/Durward/Zogaj*, CROWD WORKER IN DEUTSCHLAND - Eine Empirische Studie zum Arbeitsumfeld auf externen Crowdsourcing-Plattformen, 2016〔https://www.boeckler.de/pdf/p_study_hbs_323.pdf〕（最終アクセス：2022年1月21日）. なお、同調査については、後藤・前掲注（1）論文87頁以下に詳しい。

ワークを行っているとの結果が示されている。

一方、ドイツの企業においてクラウドワークを実際に利用している（＝クラウドソーシングを行っている）割合は、いまだ低い割合にとどまっているようである。この点、連邦労働社会省の委託を受けて欧州経済研究センターが、2016年に企業を対象に実施したアンケート調査（有効回答数1,549）[16]によれば、情報通信やメディアサービスといった情報経済の分野においても、実際にクラウドワークを利用している企業の割合は約3%にとどまっている。また、クラウドワークの利用にとっての障害は何かとの問いに対しては、「仕事の内容がクラウドワークに適合しない」、「企業内部の情報が流出する可能性がある」、「品質の管理が困難である」、「法的な枠組み条件が不明確である」といった回答が上位を占めている。

第三節　クラウドワークとドイツ労働法

前節での検討を踏まえ、本節においては、クラウドワークが現在のドイツ労働法上どのように取り扱われるかについて考察する。この点については、まずクラウドワーカーが「労働者」として法的に評価され、労働法による保護を受けることができるか（←1.）、また労働者ではないと評価される場合、次に「労働者類似の者」として労働法令の一部による保護を受けることができるか（←2.）、また「家内労働者」として家内労働法による保護を受けることができるか（←3.）、さらにクラウドワーカーは社会保険制度、なかでも労災保険制度による保護を受けることができるか（←4.）といった点が問題となる。

以下では、これらの問題について、順次検討を進めることとしたい[17]。

16　BMAS, Forschungsbericht 473: Nutzung von Crowdworking durch Unternehmen: Ergebnisse einer ZEW-Unternehmensbefragung, 2016〔https://www.bmas.de/SharedDocs/Downloads/DE/Publikationen/Forschungsberichte/fb473-unternehmensbefragung-crowdworking.pdf?__blob=publicationFile&v=1〕（最終アクセス：20[illegible]2年1月21日）.

17　ここでの検討については、桑村裕美子「第四次産業革命とドイツ労働組合法制の行方―労働協約制度における非労働者の位置付けに着目した基礎的検討」『第四次産業革命と労働法の課題』（労働問題リサーチセンター、2018年）58頁以下も参照。

1 「労働者」該当性

(1) 概説

ドイツにおける「労働者（Arbeitnehmer）」概念[18]は、2017年の民法典改正[19]により、従来の判例法理を明文化する形で、同法の611a条[20]において規定されている。同条1項1文によれば、労働者とは、労働契約により「人的な従属のもと、指揮命令に服しつつ、他人決定的な労働を給付する義務を負う」者をいう。このような労働者性の判断に当たって重要であるのは「人的従属性（persönliche Abhängigkeit）」の有無であり、具体的には「指揮命令への拘束」と「労働（または職務）の他者決定性」がメルクマールとなると解されている[21]。この場合の指揮命令（権）は、職務の内容、遂行方法、時間および場所が対象となり、職務内容や労働時間を本質的に自ら自由に決定することができない者は、指揮命令に服していると評価される（民法典611a条1項2文・3文）。また、労働時間を自ら自由に決定できるかの評価に際しては、職務を引き受けることを義務付けられているかといった点も考慮される[22]。このような労働者性の判断は、全ての事情を総合的に考慮することにより、かつ客観的になされなければならず、契約の呼称は基準とはならない（同条1項5文・6文）。

そのうえで、ドイツにおいては、労働者概念は、個別的労働関係法・集団的労使関係法にかかわらず、労働法全体のなかで統一的に理解されており[23]、従って「労働者」と評価される者に対しては全ての労働法令による保護が及ぶこととなっている。

---

18 ドイツにおける労働者概念について詳細な検討を行った最近の研究として、橋本陽子『労働者の基本概念—労働者性の判断要素と判断方法』（弘文堂、2021年）110頁以下がある。

19 この経緯については、山本陽大＝山本志郎「ドイツにおける労働者派遣法および請負契約の濫用規制をめぐる新たな動向」労働法律旬報1872号（2016年）41頁以下、橋本・前掲注（18）書262頁、鎌田ほか・前掲注（1）報告書29頁以下を参照。

20 同条の邦語訳については、山本陽大＝井川志郎＝植村新＝榊原嘉明『現代ドイツ労働法令集』（労働政策研究・研修機構、2022年）5頁〔井川志郎〕を参照。

21 *Müller-Glöge/Preis/Schmidt* (Hrsg.), Erfurter Kommentar zum Arbeitsrecht, 21.Aufl., 2021, §611a BGB Rn.32〔*Preis*〕.

22 *Schubert* (Fn.3), S.53.

23 橋本・前掲注（18）書212頁以下。

(2) クラウドワーカーの「労働者」性

(i) 学説における議論状況

それでは、クラウドワーカーの労働者性（民法典611a条）についてはどうであろうか。この点、**第二節1.** でみたように、クラウドワークには直接型と間接型とがあり、前者においては発注者とクラウドワーカー間での契約が、また後者においてはプラットフォーム事業者と発注者との間での契約が、それぞれ労働契約と評価され、当該クラウドワーカーが「労働者」と評価されるかが、まずは問題となる。

しかし、ドイツにおける学説[24]は、いずれの場合についても、クラウドワーカーの労働者性は通常は否定されるものと解している。その理由としては、クラウドワークにおいては、タスクの処理に際して、クラウドワーカーが発注者やプラットフォーム事業者から具体的な指揮命令を受けることはない（特にタスクの内容は発注時に厳密に記述されているのが通常であり、指揮命令の余地がほとんどない）こと、クラウドワーカーはタスクを処理する時間や場所を自身で自由に決定できること、またタスクを受注するか否かについても自身で決定しうることなどが挙げられている。従って、直接型にせよ間接型にせよ、クラウドワークが理念型のものとして行われている限りにおいては、クラウドワーカーが労働者性を認められ、各種労働法令による保護を受けることは困難といえよう。この場合には、先ほどみたように、発注者ないしプラットフォーム事業者との間の契約は請負契約もしくは有償委任契約と評価され、当該クラウドワーカーは法的にはあくまで独立自営業者ということになる。

もっとも、このことは、クラウドワーカーの労働者性がアプリオリに否定されることを意味しない。**第二節1.** で指摘した通り、クラウドワークをめぐる事実関係は多様であり、また前述のように、労働者性の判断は全ての事情を総合的に考慮して客観的になされなければならないのであるから、ある

---

24 Vgl. etwa *Günther/Böglmüller*, Arbeitsrecht 4.0 – Arbeitsrechtliche Herausforderungen in der vierten industriellen Revolution, NZA 2015, S.1030; *Däubler/Klebe*（Fn.3）, S.1035; *Krause*（Fn.4）, S.104; *Schubert*（Fn.3）, S.53f; *Arnold/Günter*（Hrsg.）（Fn.2）, S.53〔*Lingemann/Chakrabarti*〕; *Bourazeri*（Fn.3）, S.744; *Walzer*, Der arbeitsrechtliche Schutz der Crowdworker – Eine Untersuchung am Beispiel ausgewählter Plattformen, 2019, S.144f.

クラウドワークをめぐる個別具体的な事実関係次第では、クラウドワーカーが民法典611a条にいう「労働者」と認められる場合もありうる。この点について、学説[25]においては、発注者またはプラットフォーム事業者が、クラウドワーカーに対し定期的にスクリーンショットを送付することを義務付けたり、あるいはウェブカメラなどによって継続的に監視するといった方法により、タスクの処理についてコントロールを及ぼしているといった事情は、そのようなコントロールを行う者との関係で人的従属性を基礎付けうる事情となると解されており、労働4.0白書（**←序章第二節1.（2）**）のなかでも、これと同様の指摘がなされている[26]。また、このほか学説[27]では、たとえばプラットフォームが評価システム（Bewertungssystem）を導入しており、それによってタスクの引き受けや一定の方法ないし時間内でタスクを処理することなどについての基準が設定され、当該基準に反した場合にはアカウントの停止などの制裁が予定されることで、その遵守が間接的に強制されているといったような事情、あるいはロゴの使用や制服の着用により、当該プラットフォームのクラウドワーカーとして一定の外観を保つことが求められるといった事情は、当該プラットフォーム事業者との関係でクラウドワーカーの労働者性を基礎付ける事情となることが指摘されている。

(ii) 連邦労働裁判所2020年12月1日判決

ア）事案の概要

そしてまた、ドイツにおいては実際にも、クラウドワーカーの労働者性（民法典611a条）を肯定する判断が、最近になって連邦労働裁判所において下されている。それが、連邦労働裁判所2020年12月1日判決（以下、本判決）[28]である。本判決は、原審であるミュンヘン州労働裁判所の判断[29]を覆

25 *Krause* (Fn.4), S.104; *Arnold/Günter* (Hrsg.) (Fn.2), S.54〔*Lingemann/Chakrabarti*〕.

26 BMAS (Fn.6), S.171.

27 *Lingemann/Otte*, Arbeitsrechtliche Fragen der “economy on demand”, NZA 2015, S.1044; *Krause* (Fn.4), S.104; *Schubert* (Fn.3), S.54; *Arnold/Günter* (Hrsg.) (Fn.2), S.54〔*Lingemann/Chakrabarti*〕.

28 BAG Urt. v. 1.12.2020 – 9 AZR 102/20.

29 LAG München Urt. v. 4.12.2019 – 8 Sa 146/19. この原審判決については、橋本・前掲注（18）書276頁、鎌田ほか・前掲注（1）報告書48頁以下、後藤・前掲注（1）論文93-94頁を参照。

し、クラウドワーカーの労働者性を肯定したものであり、国内外から大きな注目を集めている。ここではまず、事案の概要について確認しておこう。

被告は、顧客から委託を受けて、小売店やガソリンスタンドにおける商品陳列を管理・監督する業務を行うクラウドソーシング企業である。被告はオンライン・プラットフォーム（以下、本件プラットフォーム）を運営しており、顧客から受託した上記業務をマイクロタスク（商品陳列棚の写真撮影等）へと分解したうえで、その遂行業務（以下、単にタスク）を、本件プラットフォームを通じてクラウドワーカーへ提供していた。一方、原告は、本件プラットフォームに登録し、クラウドワーカーとして就労していた者である。

原告は、その就労に先立ち、被告との間で基本合意（Basis-Vereinbarung）を締結していた。そこでは、クラウドワーカーはタスクを引き受ける義務はなく、また被告にもタスクを提供すべき義務はない旨（1条）や、当事者は基本合意をいつでも解約しうる旨（8条）などが定められていた。また、被告におけるクラウドワーカーとしての就労は、スマートフォンにダウンロードしたアプリを利用して行われていたところ、このアプリの利用規約では、タスク引き受けのためにクラウドワーカーについて開設される利用者アカウントは第三者に譲渡することができず、また一人につき複数のアカウントを開設することはできない旨（Ⅲ．1）、被告とクラウドワーカーとの契約関係は労働関係ではなく、クラウドワーカーは指揮命令を受けない旨（Ⅲ．3）、被告による契約の解約はEメールによりまたはアカウントの削除により行われる旨（Ⅳ）などが、それぞれ定められていた。

原告は、2017年2月4日以降、被告のクラウドワーカーとしての就労を開始した。その実態についてみるに、まずアプリを起動させると、現在地から半径50km圏内において引き受けが可能なタスクが表示される。タスクには、その遂行の場所および時間、ならびに遂行に際して採るべき手順に関する詳細な記述書（以下、タスク記述書）が定められていた。また、このタスク記述書には、その間にタスクを遂行すべきタイムスパン（Zeitfenster）も定められており、それは通常は2時間となっていた。さらに、被告においては評価システムが採用されており、それによればクラウドワーカーがタスクを遂行し被告が成果物を受領した場合、当該クラウドワーカーの利用者アカウントには報酬とともに、経験ポイント（Erfahrungspunkte）が付与される。この経験ポイントは、クラウドワーカーのレベルを上昇させるものであり、レベルが上がるとより多くの数のタスクを引き受けることが可能なシステムとなっている。もっとも、クラウドワーカーがひとたびあるレベルに到達すれば、その後長期にわたりタスクを引き受けなかったとしても、レベルを引き下げられることはなかった。

このような働き方のもと、原告は、後述する被告による本件通知までの間に2,978件のタスクを遂行しており、就労時間は週平均で20時間に及び、報酬として月平均で1,749.34ユーロを得ていた。

2018年4月10日、被告は原告に対し、アカウントを停止・削除する旨の通知（以下、本件通知）を行った。これを受けて、原告は、被告との間で労働関係が成立しているとして、本件通知によっては労働関係は終了していないことの確認と本件通知後の不就労期間についての報酬支払いを求めて訴えを提起した。これに対して、被告側は、原告は自営業者であったと主張しつつ、仮に労働関係が成立していた場合に備えて、第一審係属中の2019年6月24日に解雇通知（以下、本件解雇）を行った。

このような経過のなかで、本件では、原告と被告間に労働関係が成立しており、原告は「労働者」であったかが、最大の争点となった。

イ）判旨

このような事案のもと、連邦労働裁判所は要旨次のように判断し、原告の労働者性を肯定した[30]（なお、下記のうち【　】内は、対応する判決原文中の欄外番号〔Rn.〕である）。

(1)　労働関係と自営業者との法律関係とを区別するための基礎となる法原

30　なお、結論として、本判決は、原告および被告間には労働関係が成立していたとの判断を前提に、2018年4月10日の本件通知は、Eメールにより行われたものであったため、解雇に書面性を求める民法典623条に反し無効と判断しつつ、2019年6月24日に被告が行った本件解雇によって、解雇予告期間満了時点である同年7月31日をもって労働関係は有効に終了していることを認めた。そのうえで、本判決は、原告の不就労期間中における報酬請求権の額について判断させるために、事件を州労働裁判所へ差し戻した。

則は、2017年4月1日以降は、労働関係の法的定義を定め、それと関連して誰が労働者であるのかを規定する民法典611a条から導かれる。同条1項によれば、労働者とは、労働契約によって、他者のために、人的な従属のもと、指揮命令に拘束され、他者により決定される労働を給付する義務を負う者をいう。これにより、義務を負う者の人的従属性の程度によって、労働関係は自営業者の活動に関する法律関係とは区別される。【Rn.29～31】

⑵ 民法典611a条1項3文によれば、自身の職務（Tätigkeit）および労働時間を本質的に自由に構成・決定することができない者は、指揮命令に拘束されている。義務付けられた成果物の履行に関して詳細に記述され、裁量の余地を厳しく制約する形で法的に構成された契約およびその履行からも、指揮命令への拘束（Weisungsgebundenheit）は生じうる。【Rn.32・33】

⑶ 相手方（Auftraggeber）が、それによって就労者が継続的に労働タスクを引き受けかつそれを一定のタイムスパンのなかで正確な基準に基づき本人自身が遂行することを（直接的ではなく、間接的に）仕向ける組織的措置を講じている場合には、労働関係が想定される。このような措置に関して、プラットフォームのインセンティブシステム（Anreizsystem）によっても、民法典611a条の意味における人的従属性は生じうる。【Rn.36】

⑷ 労働関係が認められるために必要な人的従属性の程度に達しているか否かの判断に際しては、民法典611a条1項4文に基づき、その都度の職務の特性（Eigenart）も考慮しなければならない。副次的で容易な作業の場合には、高度な職務の場合よりも、人的従属性が存在している。就労者が容易な労働給付を義務付けられている場合には、もとよりその構成に関する裁量（構成裁量）はわずかにしか認められない。従って、職務遂行に際しての組織的な基準をわずかに定めることで、就労者がもはやその職務を本質的に自由に構成することができないようにすることができる。【Rn.37】

⑸ 以上の原則に照らせば、上告審としては、州労働裁判所の判決を維持

することはできない。本件事案における全ての事情を総合的に考慮すれば、原告は実際に契約を遂行するなかで、労働者に典型的な形で、指揮命令に拘束されかつ他者に決定される労働を給付していたことが明らかとなる。この点について、決定的に重要であるのは、①原告は自身で給付を履行する義務を負っていたこと、②義務付けられたタスク（職務）はその特性において容易なものであり、その遂行について内容的な基準が設定されていたことである。加えて、③本件におけるアプリの利用は、タスク提供に際しての他者決定性（Fremdbestimmung）の手段として、特に重要である。【Rn.41・45】

(6) 〔①について〕アプリの利用規約（Ⅲ. 1）によれば、いかなる者も開設された利用者アカウントの第三者への譲渡や、一人で複数のアカウントを開設することはできず、アカウントの共有は、被告により明確に利用規約違反とみなされていた。そして、タスクはアプリと個々人の利用者アカウントによって遂行しなければならなかったのであるから、クラウドワーカーは引き受けたタスクを第三者に遂行させることはできなかった。むしろ、原告は、タスクを自身で履行しなければならなかった。【Rn.46】

(7) 〔②について〕原告が行っていたタスクはその性質において容易なものであり、原告はそれを被告が厳格に定めた基準のもとで遂行しており、自身の職務を本質的に自由に構成することはできなかった。タスクはアプリにより本件プラットフォームを通じて遂行されるが、どのように遂行しかつどのような手順を採るべきかが詳細に定められており、これは単に成果物に関する記述を意味するものではない。これによって、被告は、契約遂行の手段および方法において、ただでさえ少ない構成裁量を完全に排除していた。【Rn.47】

(8) 〔③について〕本件において被告によりアプリを通じて一方的に定められた就労条件は、クラウドワーカーがタスクを経済的に意義があるものとして行おうとする場合には、長期間にわたり定期的にタスクを引き受け、かつあらかじめ詳細に定められた作業プロセスに従ってこれを遂行しなければならないというように設計されていた。ここから職務の他者決定性が生じる。すなわち、本件におけるタスクは、複数こなさなければ利益の出るものではなかったところ、クラウドワーカーが現在地から半径50km圏内において、一つのルート上で複数のタスクを引き受け、それにより移動に要する経費を補填できるだけの時間当たりの報酬額を得ることができるかは、アプリ、なかでも評価システムにおけるレベルに依存している。被告は、このような評価システムのインセンティブ機能を利用することで、クラウドワーカーをして、自身が普段いる地域において継続的にタスクを遂行するよう仕向けることを狙っていた。【Rn.48～50】

ウ）分析

先ほど(1)でみたように、ドイツにおいて労働者性（民法典611a条）は、「指揮命令への拘束」と「労働（または職務）の他者決定性」をメルクマールとして、「人的従属性」の有無によって判断される。判旨(1)などをみると、この点については、本判決も同様の判断枠組みを採っていることがわかる。

そのうえで、本判決のなかで最も重要であるのは、本件プラットフォームで採用されていた評価システムが、原告クラウドワーカーにとって継続的にタスクを引き受けるインセンティブとなっていたことを、人的従属性（特に職務の他者決定性）を肯定する事情として位置付けている点であろう（判旨(3)および(8)）。この点は、本件では基本合意（1条）上、クラウドワーカーはタスクを引き受けることを義務付けられてはいなかったことを主な理由として、原告の労働者性を否定した原審とは対照的な判断となっている[31]。繰り返すように、ドイツにおいて「労働者」は、各労働法令ごとの相対的概念ではなく、労働法全体における統一的概念であることに鑑みれば、本判決がクラウドワークという新たな就労形態について、既存の判断枠組みのもとで労働者性を肯定したことの意義は、極めて大きいといえよう。

31　この点に関連して、本判決は、原告－被告間で締結された基本合意を労働契約と評価したわけではなく（【Rn.42】）、原告の長期的・継続的なタスク処理の実態からみて、期間の定めのない労働関係があることについて、原告と被告との間で意思の合致があったと判断している（【Rn.52～54】）。

もっとも、ドイツの学説[32]においては、原審に賛成し、本判決に対しては批判的な評価を示すものが少なからずみられる。そこでは特に、民法典611a条が「・・・他者決定的な労働を給付する義務を負う」者を労働者と規定していることとの関係で、基本合意上はタスクの引き受けを義務付けられていない本件では、クラウドワーカーが継続的にタスクを引き受けることについて、契約上これを義務付けられていたのと比較可能な程度の圧力が、評価システムによって生じていたとみることができる状況を要するところ、ひとたび到達したレベルを引き下げられることはないなど、タスクを引き受けなかったとしても何らの制裁も予定されていない本件の評価システムのもとでは、そのような状況は認められないことが指摘されている[33]。

また、本判決は、いうまでもなく本件事案のもとでの事例判断であり、クラウドワーカー一般について労働者性を認めたものとはいえない[34]。本件では、評価システムの存在に加え、タスク自体が比較的容易であり、またその遂行に当たって遵守すべき内容的・時間的基準が被告（プラットフォーム）側によって詳細に設定されていたという事情もあった（判旨(2)、(4)および(7)）。しかし、現実のクラウドワークは多種多様であり、タスク自体が高度で、その遂行に際しクラウドワーカー側に幅広い裁量が認められているものもあれば、本件のような評価（インセンティブ）システムが導入されていないケースもありうる。従って、今後、本件とは異なる事案において、どこまでクラウドワーカーの労働者性が肯定されるかは、なお未知数といえよう。

2 「労働者類似の者」該当性

それでは、次の問題として、「労働者」（民法典611a条）ではない独立自営業者と評価されたクラウドワーカーが、「労働者類似の者」と評価される

32 後藤・前掲注（1）論文96-97頁によれば、原審判決に対するコメント・評釈においても、同判決を妥当とするものが多くみられたとされる。

33 *Thüsing/Hütter-Brungs*, Crowdworking: Lenkung statt Weisung – Was macht den Arbeitnehmer zum Arbeitnehmer?, NZA-RR 2021, S.234; *Söller*, Die Kraft des Faktischen – oder: Warum Crowdworker doch Arbeitnehmer sein können, NZA 2021, S.1000f. また、*Wisskirchen/Haupt*, Crowdworker: Arbeitnehmer oder Selbstständiger?, RdA 2021, S.358も参照。

34 *Martina*, Crowdworker: Arbeitnehmer, Heimarbeiter oder Solo-Selbstständige?, NZA 2021, S.618.

ことはありうるであろうか。この点、ドイツにおいては、法的には労働者ではない自営業者であっても、「労働者類似の者（arbeitnehmerähnliche Person）」[35]に該当する場合には、労働法令の一部、具体的には連邦年次休暇法（BUrlG）、介護時間法、労働保護法、労働協約法、労働裁判所法（ArbGG）、一般平等取扱法（AGG）および連邦データ保護法（BDSG）などの適用を受けることとなっている。

しかしながら、学説[36]においては、クラウドワーカーについて「労働者類似の者」該当性を認めることは、一般的には困難であることが指摘されている。すなわち、ドイツにおける「労働者類似の者」の認定については、いわゆる「経済的従属性（wirtschaftliche Abhängigkeit）」がメルクマールとされ、この経済的従属性は労働協約法12a条[37]において具体化されている。それによれば、主として特定の個人のために職務を行っていること、または平均してその者の稼得活動全体について得られる報酬の半分以上が特定の個人によって支払われていることのいずれかの要件を充たす場合でなければ、経済的従属性は認められない（1項1号）。これに対して、クラウドワーカーは、複数のプラットフォームを通じて活動し、あるいは一つのプラットフォームのなかでも複数の発注者からタスクを受注し収入を得ているのが通常であり、これらの場合には特定のプラットフォームまたは発注者に収入を依存していないため、上記の要件を充たさず、経済的従属性（「労働者類似の者」該当性）は認められないこととなる。また、**第二節 2.** でも指摘したように、ドイツにおけるクラウドワークは、多くの場合副業としてのみ行われており、そもそもクラウドワーカーにとってクラウドワークが主たる収入源となっているケース自体が稀であるといえよう[38]。

35　ドイツの「労働者類似の者」に対する法的保護をめぐる最近の研究として、桑村裕美子「ドイツ労働法の適用対象者の検討―独立就業者（Selbstständige）の保護の必要性・範囲・内容に着目して」法學83巻1号（2019年）1頁、橋本・前掲注（18）書240頁以下、鎌田ほか・前掲注（1）報告書36頁以下がある。

36　*Däubler/Klebe*（Fn.3）, S.1035f; *Krause*（Fn.4）, S.105; *Arnold/Günter*（Hrsg.）（Fn.2）, S.55〔*Lingemann/Chakrabarti*〕; *Walzer*（Fn.24）, S.151. また、石崎・前掲注（1）論文85頁、後藤究「ドイツにおけるクラウドソーシングの進展と労働法の課題」季刊労働法259号（2017年）85頁も参照。

37　同条の邦語訳については、山本ほか・前掲注（20）書223頁〔山本陽大〕を参照。

38　auch *Bourazeri*（Fn.3）, S.745.

3 「家内労働者」該当性

また、ドイツにおいては、「労働者」（民法典611a条）ではないと評価されたクラウドワーカーについて、「労働者類似の者」該当性のほか、家内労働者（Heimarbeiter）として家内労働法の適用を受けるかという点についても問題となる。この点、ドイツにおける家内労働法（HAG）[39]は、家内労働者を「自らが選んだ作業場所において、単独でまたは同居の親族とともに、工場経営者または仲介者の発注に基づき稼得のために作業しており、直接的または間接的な発注者である工場経営者に作業成果の利用を委ねる者をいう」と定義している（2条1項）。この定義によれば、家内労働者は自ら作業の場所を決定しており、他者の事業組織に組み入れられてはいないことから、人的従属性のある「労働者」（民法典611a条）に当たらない。このことを前提に、家内労働法は、労働時間、安全衛生、報酬あるいは解雇といった一定の領域について、家内労働者の保護のためのルールを規定している[40]。

しかし、学説の多数[41]は、クラウドワーカーは通常は家内労働者にも該当しないとの理解に立っている。その理由としては、連邦労働裁判所の判例[42]は従来、家内労働者に関しても発注者との関係で経済的従属性が必要であると理解しており、先ほど**2.** でみたようにクラウドワーカーについては多くの場合、経済的従属性が否定される以上、家内労働者にも当たらないと解されることが挙げられる。またこのほか、家内労働法の世界においては、発注者は複数の家内労働者に対して仕事を均等に配分することとされ（11条1項）、家内労働者側は発注者との関係で受け身の立場にあることが前提となっているのに対し、クラウドワーカーはタスクの発注に対して積極的にアプライし、場合によっては他のクラウドワーカーとの競争の結果として受注を得るという関係にあることなどから、このようなクラウドワークは、現行

---

39 同法の邦語訳については、山本ほか・前掲注（20）書339頁〔榊原嘉明〕を参照。

40 詳細については、飯田恵子「第1章 ドイツ」『JILPT資料シリーズNo.219・諸外国における家内労働制度―ドイツ、フランス、イギリス、アメリカ』（労働政策研究・研修機構、2019年）7頁、桑村・前掲注（35）論文6頁以下、鎌田ほか・前掲注（1）報告書34頁以下を参照。

41 *Däubler/Klebe*（Fn.3）, S.1036; *Krause*（Fn.4）, S.105; *Schubert*（Fn.3）, S.54; *Walzer*（Fn.24）, S.159. また、後藤・前掲注（36）論文85頁、鎌田ほか・前掲注（1）報告書36頁も参照。

42 Vgl. etwa BAG Urt. v. 3.4.1990 – 3 AZR 258/88. 反対説として、*Giesen/Kersten*, ARBEIT 4.0 – ARBEITSBEZIEHUNGEN UND ARBEITSRECHT IN DER DIGITALEN WELT, 2017, S.111.

の家内労働法の適用範囲には当てはまらないといった指摘もある。

4 クラウドワークと労災保険制度

最後に、クラウドワークと社会保険制度との関係についてもみておきたい。クラウドワークに際しては、特にタスクが人やモノの輸送である場合に、その処理の過程でクラウドワーカーが事故などにより傷病に罹患するケースがありうることから、ここでは社会保険制度のなかでも労災保険制度との関係[43]について取り上げる。

この点、**第二章第二節2.** (2)でもみたように、ドイツにおける労災保険制度は社会法典第Ⅶ編において規定されているところ、同法2条1項1号は「就労者」を強制的な保険対象者としている。これにより、就労者に当たる者については、労災保険制度によって自動的に保護され、この場合の保険料については、就労者自身ではなく、その事業主（Unternehmer：就労者が労働者である場合にはその使用者）が全て負担することとなる（社会法典第Ⅶ編150条1項1文）。

そのうえで、この「就労者」の概念に関しては、社会法典第Ⅳ編7条1項1文が「就労とは、特に労働関係における非独立的な労働をいう」と定義しているところ、学説[44]・判例[45]は、ここでも人的従属性が基本的なメルクマールとなると解している[46]。従って、就労者のなかにはまずは民法典611a条にいう労働者が含まれることとなるが、ここでの就労者は労働者よりも広い概念であり、その判断に際しては経済的従属性もメルクマールとされるとともに、家内労働者については社会法典第Ⅳ編12条2項によって、就労者とみなされることとなっている。

43　ここでの検討については、山本陽大「第一章 ドイツ法」『労働政策研究報告書 No.205・労災補償保険制度の比較法的研究―ドイツ・フランス・アメリカ・イギリス法の現状からみた日本法の位置と課題』（労働政策研究・研修機構、2020年）15頁以下にも依拠している。

44　Vgl. etwa *Becker/Franke/Molkentin* (Hrsg.), Sozialgesetzbuch Ⅶ – Gesetzliche Unfallversicherung, 5.Aufl., 2017, S. 43〔*Franke/Spanknebel*〕; *Musckel/Ogorek/Rixen*, Sozialrecht, 5.Aufl., 2019, S.64ff.

45　Vgl. etwa BSG Urt. v. 29.1.1981 – 12 RK 63/79; BSG Urt. v. 17.3.1992 – 2 RU 22/91; BSG Urt. v. 15.5.2012 – B 2 U 8/11 R.

46　この点につき、橋本・前掲注（18）書215頁以下も参照。

しかしながら、本節で検討してきたように、クラウドワーカーについては、当該クラウドワークをめぐる事実関係次第ではあるけれども、少なくともそれが理念型（直接型・間接型）として行われている限りは、人的従属性（労働者性）を認めることは困難であり、また特定のプラットフォームないし発注者との関係で経済的従属性が認められるケースも通常は想定し難く、従って家内労働者と評価することも困難といえる。そのため、クラウドワーカーについては、社会法典第Ⅶ編２条１項１号（社会法典第Ⅳ編７条１項）にいう「就労者」には当たらない場合が多いと考えられよう[47]。この場合には、クラウドワーカーは、労災保険制度の関係でも独立自営業者（事業主）と法的に評価されることになり、同制度による保護は当然には認められない。

ただし、ドイツの労災保険制度のもとでは、独立自営業者であっても労災保険制度へ任意加入することは可能であり（社会法典第Ⅶ編６条１項１号）[48]、この場合には当該独立自営業者がどのような業種に従事しているかは問われない。ドイツにおける労災保険制度は、業種ごとに組織された９の職業協同組合（Berufsgenossenschaft）によって運営されているところ、独立自営業者は管轄の職業協同組合に申請を行うことで、労災保険制度に加入し、その保護を受けることができる。もっとも、この場合の保険料については、あくまで当該独立自営業者が自身で負担すべきこととなる。

5 小括

以上の本節における検討について、簡単に要約しておきたい。

ドイツにおいては、労働者性（民法典611a条）が認められる者に対しては、全ての労働法令による保護が及ぶとともに、労働者性を認められない自営業者についても、「労働者類似の者」と認められる場合には、労働法令の

47 Vgl. auch *Brose*, Von Bismarck zu Crowdwork: Über die Reichweite der Sozialversicherungspflicht in der digitalen Arbeitswelt, NZS 2017, S.10ff. また、*Thüsing/Hütter-Brungs*（Fn.33), S.237は、1. ⑵(ii)でみたクラウドワーカーの労働者性（民法典611a条）に関する連邦労働裁判所の判断が、今後、就労者性をめぐる連邦社会裁判所の判断には承継されない可能性を指摘する。

48 ドイツにおける事業主に対する労災保険制度上の保護については、西村健一郎「ドイツの労災保険法における事業者の被保険者資格」週刊社会保障3067号（2020年）48頁に詳しい。

うち一部が適用され、さらに家内労働者と認められる場合には、家内労働法による保護をも受けることとなる。

もっとも、クラウドワークについていえば、事実関係によっては民法典611a条にいう労働者と認められる場合があり、また実際にそのような判断を行う判例も近時みられる。しかし、直接型にせよ間接型にせよ、少なくともクラウドワークが理念型のものとして行われている限り、クラウドワーカーはプラットフォーム事業者ないし発注者いずれとの関係でも人的従属性を欠くことから、その労働者性を認めることは困難である。また、「労働者類似の者」と認められるためには、経済的従属性の要件（労働協約法12a条）を充たす必要があるところ、クラウドワーカーがその収入を特定のプラットフォームまたは特定の発注者に依存しているケースは一般に想定し難いことから、「労働者類似の者」該当性も通常は認められない。さらに、家内労働法による保護については、家内労働者に関して判例はここでも経済的従属性を要件としていることや、クラウドワークは現行法が想定する家内労働に当てはまらないことを理由に、これを否定するのが学説の多数となっている。

一方、労災保険制度との関係では、クラウドワーカーは「就労者」（社会法典第Ⅶ編2条1項1号、社会法典第Ⅳ編7条1項）とは認められない場合であっても、労災保険制度に任意で加入することができ（社会法典第Ⅶ編6条1項1号）、この場合、従事している業種が何であるかは問題とならない。この点は、日本の労災保険制度における特別加入制度と比較した場合のドイツ法の大きな特徴といえよう（←詳細は**終章第二節3.**）。ただし、この場合には、あくまで当該クラウドワーカー自身が労災保険の保険料を負担しなければならない。

第四節 クラウドワークをめぐる労働組合の取り組み

このようにみてゆくと、現行のドイツ労働法制のなかでクラウドワーカーを保護することには一定の限界があるように思われる。そうすると、現行法に依拠しない形でのクラウドワーカーの保護に向けたアプローチというものが（将来の立法規制に向けた架橋的なものにせよ、そうでないにせよ）ありうるのかということが、次の問題関心として浮上することとなろう。

そのようなものとして注目されるのが、インターネットサイト“Fair Crowd Work”およびクラウドワーク・プラットフォーム事業運営にかかる行動指針（“Code of Conduct”）であり、これらはいずれも、ドイツ最大の産業別労働組合である金属産業労働組合が関与することにより運営ないし策定されているものである[49]。本節では、これらの取り組みについて分析を加えることにより、ドイツの労働組合が、クラウドワーカーの保護のために現状いかなるアプローチを試みているのかという点について、確認することとしよう。

1 金属産業労働組合と“Fair Crowd Work”

それではまず、上記で挙げたうち、“Fair Crowd Work”についてみてゆきたい。これは、金属産業労働組合[50]が、オーストリアおよびスウェーデンの労働者団体と共同で運営しているインターネットサイト[51]である。その主な役割は、クラウドワーク・プラットフォームについて、各プラットフォームの利用経験のあるクラウドワーカーに対するアンケート調査に基づいて、複数の観点から評価を実施し、上記のサイト上で公表することにある。2022年1月の時点で、アマゾン・メカニカル・トゥルク（Amazon Mechanical Turk）をはじめとする、画像処理やデータ検証・入力、テキスト作成、翻訳などのマイクロタスクの処理を仲介する12のプラットフォームが評価対象となっている[52]。

この場合における評価の視点は、①報酬支払い（時間換算に基づく平均

49　これらの取り組みについては、桑村・前掲注（17）論文62頁、井川志郎＝後藤究「プラットフォームワークにかかるIGメタルの取り組み」季刊労働法272号（2021年）71頁も参照。

50　なお、金属産業労働組合は、2016年4月から欧州の7労働団体とクラウドワークについて議論を積み重ねてきており、その成果については同年12月に公表された「プラットフォーム労働に関するフランクフルト宣言」に取りまとめられている。同宣言については、濱口桂一郎「欧州におけるデジタル経済と労働に関する動向」JCM313号（2017年）29頁以下に詳しい。

51　以下のURLからアクセスが可能である。
〔http://faircrowd.work/de/platform-reviews/〕（最終アクセス：2022年1月21日）

52　ただし、一部のプラットフォームについては評価が完了していないものもある。

額、報酬不払トラブルの発生率など)、②コミュニケーション(プラットフォームと連絡をとる際、対応が迅速で親切であったかなど)、③仲介されるタスクの内容(仲介されるタスクが、危険ないし非倫理的なものでなく、クラウドワーカーにとっても有意義なものかなど)、④成果に対する評価(完成したタスクに対する発注者からの評価について公正性が担保されているかなど)、⑤当該プラットフォームの利用しやすさの5項目であり、それぞれの項目について詳細な理由が付されたうえで、5段階で評価されている。また、各プラットフォームの利用にかかる約款(Allgemeine Geschäftsbedingungen)も評価の対象となっており、たとえば報酬の不払時に関してのルールが定められていなかったり、事前の通知なく約款が一方的に変更されるといったようなものに関しては、マイナス評価がなされている。

このような金属産業労働組合などによる"Fair Crowd Work"の取り組みというのは、いわばインターネットを通じた"評判のメカニズム"を応用する形で、クラウドワーカーの就業環境の改善を期待するアプローチと位置付けることができよう。

2 プラットフォーム事業運営にかかる"行動指針"

一方、これとはまた別の角度からのアプローチとして注目されるのが、クラウドワークのプラットフォーム事業運営にかかる「行動指針」[53]である。これは、ドイツに拠点を置くクラウドワーク・プラットフォームであるテストバード(Testbirds)のイニシアティブによって2015年にはじめて策定されたもので、プラットフォーム事業運営に当たって遵守すべき10の基本的原則を定めることにより、プラットフォーム事業者間での自主規制を行うことを目的としたものである。その後、この行動指針の内容は2016年に改訂され、現在では(テストバードを含めて)ドイツに拠点を置く8のプラットフォーム事業者が同指針に署名している。そして、金属産業労働組合は、この行動指針の策定ないし改訂のプロセスにも関与してきたという経緯がある。

53 以下のURLから、全文の閲覧が可能である。
〔http://crowdsourcing-code.de/〕(最終アクセス:2022年1月21日)

ここでは、上記の行動指針のなかで定められている10の基本原則について、その内容をみておこう。

【有償クラウドソーシング／クラウドワークのための基本原則】（抜粋）

1. タスクが適法なものであること

全ての署名者は、違法な、または名誉毀損的、詐欺的、大衆扇動的もしくは憲法に反する内容のプロジェクトを、クラウドワーカーへ仲介しない義務を負う。・・・プラットフォームは、タスクの適法性に関して、定期的に検査を行う義務を負う。

2. 法的地位の明確化

本行動指針の署名者は、クラウドワーカーに対して、その活動の基礎となる法的規制および特に租税上の規制および基準を示さなければならない。・・・

3. 公正な支払い

本行動指針の署名者は、クラウドワーカーに対して作業（Arbeit）の価値に応じて公正かつ相当な報酬を支払い、あるいはその都度の発注者に対して適切な助言を行う。・・・（報酬の）算定は、プラットフォーム事業者の側で、最良の知見に従い誠実に行われ、タスクの複雑性、必要な職業資格、場所的拘束、地域の賃金水準ならびにタスク処理に必要な時間が、算定要素に含まれる。

満足すべきタスクの処理が行われた場合に得られる金額については、事前に明確な意思疎通がなされていなければならない。支払条件（特に期日と支払サイクル）については公開されなければならず、報酬支払いは、発注者によって迅速かつ遅滞なく行われなければならない。少なくとも、月に一度の支払いが、プラットフォーム事業者によって保証されなければならない。・・・

4. モチベーションと良質な働き方

・・・本行動指針の署名者は、特に、オンライン・プラットフォーム上での作業環境を、利用しやすく、可能な限り直観的なものとし、かつ直接的なコンタクトの手段を通じてサポートを提供することを考慮する。さらに、モチベーションが湧き、満たされるような作業を行うことへのクラウドワーカーの希望を叶えるためのその他の措置を実施すべきである。たとえば、以下のものが考えられる。

・経験値、称号の付与
・表彰の実施
・Q&A 集の作成、フォーラムの開催
・継続的な訓練措置（e ラーニングなど）

5. 当事者を尊重した事業運営

プラットフォーム、発注者およびクラウドワーカー間の関係は、信頼、誠実、公正および相互間の信頼を基礎とする。発注者とクラウドワーカーの仲介者としてのプラットフォームは、その責任を自覚し、双方の利益に配慮しなければならない。・・・

6. タスクの明確な定義付けと十分な時間計画

クラウドワーカーのタスクは、明確かつ正確に定義付けられなければならない。クラウドワーカーは、プロジェクトに参加でき、かつこれを成功裏に終えるために充たすべき、全ての内容的かつ時間的基準に関する詳細な記述書（Beschreibung）を得る。この記述書は、遂行された作業の受領およびその後の支払いにとっての基礎となる。

仲介者としてのプラットフォーム事業者は、発注者による時間的な要望に配慮すると同時に、タスクが常に現実的なものとして予定されており、クラウドワーカーがタスクを処理するための十分な時間を有していることについても、配慮を行う。

7. 自由と柔軟性

クラウドワークは、任意に基づくものであり、高い柔軟性によって特徴付けられる。多くの場合、タスクは広範囲にわたり時間的・場所的に自由な形で処理され、プラットフォームによる労働者の長期にわたる義務付けや拘束は存在しない。タスクを引き受けるか否かは、記述書に基づいて、クラウドワーカーが自身で判断する。提示されたプロジェクトをクラウドワーカーが引き受けなかったとしても、それによってネガティブな結果が生じることはあってはならず、プラットフォームがクラウドワーカーに対して圧力をかけることはあってはならない。

8. 建設的なフィードバックと開かれたコミュニケーション

・・・本行動指針の署名者は、クラウドワーカーがタスクを最も良い形で処理できるよう、最大限の助言や技術的サポートを行い、現状に応じたフィードバックを提示し、かつ改善提案を行う義務を負う。そのための基礎となるのは、当事者間での開かれた、真摯なコミュニケーションである。・・・

9. ルールに則った受領のプロセスとリカバリー（Nacharbeit）

処理されたタスクの受領のプロセスは、書面によってルール化され、かつクラウドワーカーに対して、透明性をもって説明されなければならない。この場合、受領の期日は、事前にプラットフォームの側において意思疎通がなされていなければならない。受領の拒否は、理由が付されなければならず、記述書が基礎となっているのでなければならない。リカバリーの機会は、原則として与えられなければならない。ただし、・・・プロジェクトの特殊性がこれを許さない場合を除くが、このことはあらかじめ書面で定められていなければならない。加えて、各プラットフォームは、クラウドワーカーからの苦情処理のための公正かつ中立なプロセスを定める義務を負う。・・・

10. データ保護とプライバシー
・・・プラットフォーム事業者は、クラウドワーカーの個人データを、事前の書面による同意または優越する正当な利益がないにもかかわらず、第三者へ提供してはならない義務を負う。・・・

このように、上記の行動指針というのは、相当に広範にわたる項目について、クラウドワーカーの保護のためのルールを規定したものであることがわかる。もっとも、当初そこで定められたルールというのは、署名者である各プラットフォーム事業者に対して強制力を持つものではなく、あくまで自主規制に過ぎなかった。それゆえに、"牙のない虎(zahnloser Tiger)"と称されることもあったのであるが、2017年11月には行動指針のエンフォースメントを促進するための機関が設立されている。それが、クラウドワーク・プラットフォームに関する「オンブズマン(Ombusstelle)」である。

このオンブズマンは、フランクフルト労働裁判所の裁判官を中立の委員長として、プラットフォーム運営事業者(団体)の代表委員、クラウドワーカーの代表委員および金属産業労働組合からの代表委員によって構成されており、その主な役割は、上記の行動指針の遵守を監視するとともに、行動指針違反のトラブルが生じた場合について、あっせんを実施することにある。2019年には、オンブズマンに対し、14件のあっせんの申請があったとされる[54]。

かくして、ドイツにおいては、労働組合およびプラットフォーム事業者らによって、行動指針の策定という(協約政策とはまた異なる形での)クラウドワークの保護のための規範設定や、オンブズマンによるそのエンフォースメントのための取り組みが行われている状況にある。

3 小括

以上、本節では、現在のドイツにおいて、金属産業労働組合が関与して

54 Vgl. Jahresbericht über die Tätigkeiten der Ombudsstelle Code of Conduct für bezahltes Crowdworking für das Jahr 2019〔https://ombudsstelle.crowdwork-igmetall.de/pdf/Ombudsstelle_bezahltes_Crowdworking_Bericht_2019.pdf〕(最終アクセス:2022年1月21日).

行っているクラウドワークをめぐる2つの取り組みについて、検討を行ってきた。

金属産業労働組合では、組合規約の改正によって、2016年1月以降、クラウドワーカーを含む独立自営業者についても組合員資格が認められ、組合加入の途が開かれている。しかしながら、現在のところはまだ、金属産業労働組合がクラウドワーカーについて労働協約を締結するといったような取り組みはみられないようである。現状では、組合員となったクラウドワーカーに対し金属産業労働組合が提供しているのは、訴訟代理や法律相談などのリーガル・サービスや共済事業が主となっている。

思うに、この点については、労働組合に加入する独立自営業者としてのクラウドワーカーについて労働協約を締結することは、ドイツ競争制限禁止法が定めるカルテル規制への抵触といった問題を無視できないといった事情もあるのではなかろうか[55]。このことも併せて考えれば、本節で検討してきた、“Fair Crowd Work”による各プラットフォームに関する情報提供と、プラットフォーム事業者間での行動指針の策定およびそのエンフォースメントのためのオンブズマンの設置運営への関与といった取り組みは、金属産業労働組合として、現行法の枠組みの範囲内でなしうる可能な限りの保護のあり方を追求したものとみることができよう。

第五節　クラウドワークをめぐる立法政策の動向と展望

そしてさらに、ドイツの“労働4.0”をめぐる学説および労働行政における議論では、クラウドワーカーの保護に向けた立法政策のあり方についても検討がなされている。特に連邦労働社会省は、この問題について、労働4.0白書のほか、2019年9月のANPACKEN（←序章第二節1.(2)）のなかで具体的な構想を示しており、さらに2020年11月には「連邦労働社会省の骨子案：プラットフォームエコノミーにおける公正な労働」(以下、2020年骨子案)[56]を公表している。

55　クラウドワークとカルテル規制の関係について検討を行う最近の論稿として、*Bourazeri* (Fn.3), S.745ffがある。

本節では、学説および連邦労働社会省による各政府文書のなかで提案されているクラウドワーカーをめぐる各種保護政策について、それぞれみてゆくこととしよう（なお、クラウドワークについては、近時、労働行政においてはプラットフォームワーク〔Plattformtätigkeit〕との用語も用いられるが、以下では引き続き、クラウドワークという用語を用いる）。

1 誤分類の防止

このようなものとしてまず挙げられるのは、いわゆる“誤分類（英：misclassification、独：falschen Statuseinschätzung）”の防止を目的とした法政策である。すなわち、法的には本来は労働者として取り扱われるべきクラウドワーカーが独立自営業者として取り扱われてしまう事態を防ぐことを目的として、具体的には次の2つが提案されている。

(1) プラットフォーム型就労における証明責任の転換

まず一つ目は、労働者性に関する証明責任（Beweislast）のプラットフォーム事業者への転換である。これは、当初は労働4.0白書に対するドイツ労働総同盟の意見書[57]のなかでその必要性が指摘されていたものであるが、その後、2019年9月のANPACKENのなかで言及され、さらに2020年骨子案のなかにも盛り込まれることで、現在では連邦労働社会省によって正式に提案されている立法政策となっている。

この提案によれば、あるクラウドワーカーの労働者性が裁判上争われた場合、当該クラウドワーカーの側においてプラットフォーム事業者との間に労働関係が存在することについての“状況証拠（Indizien）”を示した場合には、その後の証明責任はプラットフォーム事業者の側に転嫁され、当該事業者の側において労働関係が存在しないことを証明しなければならない。この

56　BMAS, ECKPUNKTE DES BMAS – Fair Arbeit in der Plattformökonomie,2020〔https://www.bmas.de/SharedDocs/Downloads/DE/Pressemitteilungen/2020/eckpunkte-faire-plattformarbeit-kurzfassung.pdf?__blob=publicationFile&v=4〕（最終アクセス：2022年1月21日）.

57　DGB, Stellungnahme zum “Weißbuch Arbeiten 4.0” des Bundesminisiteriums, 2017〔https://www.dgb.de/themen/++co++8bb5e742-4066-11e7-84ed-525400e5a74a〕（最終アクセス：2022年1月21日）.

ような状況証拠として、ANPACKENのなかでは、タスクの内容、遂行方法、時間および場所についてプラットフォーム側が基準（Vorgabe）を設定しているといったことが、例として挙げられている[58]。クラウドワークにおいては通常、クラウドワーカーは自身の正確な法的地位の評価に当たり必要な情報を有さず、プラットフォーム事業者との間に情報格差（Informationsdefizit）が存在することが、このような証明責任の転換を正当化する根拠とされている。

⑵ 「就労者」性に関する地位確認手続の拡充

(i) 経緯

また、誤分類の防止を目的とした法政策の二つ目は、「就労者」性に関する地位確認手続の拡充である。これは、2018年3月の連立協定（**←序章第二節1.⑵**）のなかではじめて言及され、その後、ANPACKENのなかでより具体的な提案がなされていたものである。

この点、ドイツにおいては2010年6月以降、ある稼得活動（Erwerbstätigkeit）を行う者が、各種社会保険との関係で、自身の法的地位について、従属的な就労者（**←第三節4.**：社会法典第Ⅳ編7条）か、それとも自営業者かに疑義がある場合、社会法典第Ⅳ編7a条が定める地位確認手続（Statusfeststellungsverfahren）[59]を利用できることとなっている。この手続は、ドイツ年金保険機構（DRV）が設置するクレアリング機関（Clearingstelle）[60]への申請によって行われ、このクレアリング機関による当該申請者の地位に関する判断は、年金保険だけでなく、その他の社会保険を管轄する各機関（医療保険における疾病金庫〔Krankenkassen〕や、労災保険における職業協同組合など）をも拘束することになる。

そして、この地位確認手続にかかる申請書[61]によれば、申請者は、行って

---

58 BMAS, ANPACKEN: Zukunftsdialog - Ergebnisbericht, 2019,S.54f〔https://www.bmas.de/DE/Service/Publikationen/a894-zukunftsdialog-ergebnisbericht.html〕（最終アクセス：2022年1月21日）.

59 この地位確認手続については、鎌田ほか・前掲注（1）報告書31頁以下にも詳しい。

60 詳細については、クレアリング機関のHP〔http://www.clearingstelle.de/〕（最終アクセス：2022年1月21日）を参照。

いる職務の内容（3.1）、職務の遂行に対する相手方によるコントロールの程度、ないしは職務遂行の方法に関する相手方による基準設定の有無（3.2）、所定の就労時間を遵守しなければならないかどうか、および相手方から就労の時間について基準を設定されているかどうか（3.3）、職務を行う場所の詳細、および当該場所について相手方から制約を受けているかどうか（3.4）、相手方の事業組織へ組み入れられているか否か、またその程度（3.5）、申請者が事業主として行動しているか否か、またその程度（3.6）、申請者が自身で事業主としてのリスクを引き受けているか否か、またその程度（3.7）について、記述が求められている。この点からすると、「就労者」性にかかる地位確認手続において、クレアリング機関は**第三節 1.** ⑴でみた人的従属性を基本的なメルクマールとして、申請者につき就労者か自営業者かの判断を行うものと考えられよう。

そのうえで、上記の申請書の記載内容からもわかるように、この地位確認手続は従来、申請者が問題となっている職務を既に開始している場合に限り利用できるものとなっていた。しかし、クラウドワーカーのように、デジタル化のなかで新たな稼得活動（職務）を開始しようとする者にとっては、より早期の段階から法的地位を明確にし、誤分類を防ぐことへのニーズがあることから、ANPACKEN のなかでは、当該職務を開始する前の段階から上記の地位確認手続を利用し、クレアリング機関による審査を受けることができるようにすべきとの提案がなされていた[62]。

(ii)　バリアフリー強化法による社会法典第Ⅳ編 7a 条の改正

そして、この提案については、2021 年 7 月のバリアフリー強化法（Barrierefreiheitsstärkungsgesetz）に基づく社会法典第Ⅳ編 7a 条の改正によって、立法政策として既に現実のものとなっている。すなわち、同改正によって、7a 条へ新たに 4a 項が規定され、それによって「予測判断（Prognoseentscheidung）」と呼ばれる手続[63]が新たに導入された。そこでは、申請

61　この申請書は、以下の URL から閲覧可能である。
〔http://www.clearingstelle.de/downloads/C0031.pdf〕（最終アクセス：2022 年 1 月 21 日）
62　BMAS（Fn.58）, S.53f.

者は、ある職務について、それを開始する前の段階で、その法的地位が就労者であるのか自営業者であるのかについて、ドイツ年金保険機構（クレアリング機関）の判断を求めることができ、この場合にクレアリング機関は、当事者間での契約書面のほか、予測される職務の遂行に関する基準やその方法・態様などに照らして、当該職務を行うことが就労者に当たるか否かについて、予測判断を行う（1文・2文）[64]。また、この判断は当該職務開始前のものであることから、当該職務の開始後に、その実際が予測されたところとは異なっていた場合には、申請者は1ヶ月以内にクレアリング機関に通知しなければならない（3文）。これを受けたクレアリング機関は、予測判断の修正を要するか否かについて、判断を行うこととなる。

この新7a条は、2022年4月1日から2027年6月30日までの時限的な形で施行されることとなっており、この間に政策効果を評価したうえで、その後も継続するか否かが判断されることとなっている。

2 就業条件をめぐる法規制のあり方

このように、ドイツにおいては、まずは上記の各法政策により誤分類を防止しようとしているのであるが、それによっても従来の労働者概念（**←第三節1.** ⑴）には把握されない独立自営業者としてのクラウドワーカーは存在しうることから、その就業条件の保護のあり方についても議論がなされている。

もっとも、この問題について、ドイツにおいては、クラウドワーカーの保護のために労働者概念自体を拡張するといった方向性は、必ずしも議論の主流となっていないようである。この点、学説においては、クラウドワーカーの要保護性は労働者のそれ（人的従属性）とは異なることを理由に、クラウドワーカーを包括的に労働者として取り扱い、労働法の保護を全面的に及ぼすことに疑問を呈する見解[65]が主張されている。また、連邦労働社会省によ

63　同手続も含めて上記の社会法典第Ⅳ編7a条の改正について検討を行うものとして、*Zieglmeier*, Das neue（Erwerbs-）Statusfeststellungsverfahren, NZA 2021, S.977がある。

64　なお、バリアフリー強化法の法案にかかる理由書（BT-Drs. 19/29893, S.30f）によれば、予測される諸事情によっては就労者性の判断を行うことが困難である場合には、クレアリング機関は、地位確認にかかる申請を拒否できることとされている。

るANPACKENのなかでも、労働者概念に関する現在の民法典611a条の規定は、デジタル化のなかで新たに登場する就労形態にも対応しうる柔軟な規定であり、その見直しは不要である旨が述べられている[66]。そのため、これらの学説および労働行政においては、独立自営業者としてのクラウドワーカーの就業条件の保護をめぐっては、その要保護性に応じて、従来の法規制の一部を拡張する形での対応が検討されている状況にある。

このような対応としてまず挙げられるのは、家内労働法の活用である。すなわち、学説においては、今後、家内労働法の適用範囲にクラウドワークを含めること（いわゆる家内労働法の“現代化〔Modernisierung〕”）によって、特に労働時間規制、安全衛生規制あるいは報酬規制といった既存の保護のメカニズム[67]を、クラウドワーカーにも及ぼすべきことが指摘されている。また、労働4.0白書[68]およびそれに対するドイツ労働総同盟の意見書も、クラウドワークに関する法規制に際しては、従来の家内労働法の規制が参照に値することを指摘している。

一方、連邦労働社会省による2020年骨子案は、上記とはまた異なった就業条件規制のあり方を提示している。すなわち、同骨子案は、プラットフォーム事業者を、約款などを一方的に決定することでタスクの処理にかかる契約条件およびその履行に影響力を及ぼしているものとそうではないものとに区分し、前者に対しては、①プラットフォーム事業者からクラウドワーカーに対し当該プラットフォームの利用停止を通告する場面について、当該クラウドワーカーのこれまでの活動期間に応じて、最低限遵守すべき予告期間（Mindestkündigungsfrist）を定めること、②また上記の影響力に鑑みて、労働法上の主要な保護規制である、疾病時の賃金継続支払い、母性保護および休暇に関する規制を準用すること、③さらに公道上での食料品の運搬や輸送サービスといった災害リスクの高いクラウドワークについては、現在の労働保護法の適用対象に含めるべきことを、それぞれ提案している[69]。

65　*Krause*（Fn.4）, S.106. また、*Schubert*（Fn.3）, S.55は、労働者類似の者であるクラウドワーカーを対象として、家内労働法を拡張すべきとする。

66　BMAS（Fn.58）, S.55f.

67　詳細については、飯田・前掲注（40）報告書12頁以下を参照。

68　BMAS（Fn.6）, S.175.

また、これら①〜③のような労働法的規制のほかにも、2020年骨子案は、クラウドワークにおける契約条件は上記の通りプラットフォーム事業者の約款によって一方的に規律され、クラウドワーカーには交渉の余地がないのが通常であることから、今後、連邦労働社会省は、クラウドワーカーを一方的に不利に取り扱う無効な約款の条項[70]について裁判所が容易に判断できるよう、連邦司法・消費者保護省と共同で取り組みを行うとしている。

3 労働組合のデジタル立入権

ところで、仮にクラウドワークに対し家内労働法が適用されるようになると、クラウドワーカーは労働組合を通じて労働協約を締結することが認められ（17条1項)、それによっていわば“集団的な自助（kollektive Selbsthilfe)”という形で就業条件の改善を図ることが可能となる。また、現行法のもとにおいても、クラウドワーカーが労働組合に加入すること自体は可能であり、現に金属産業労働組合は（クラウドワーカーを含む）独立自営業者をも組織化の対象とし、その保護に向けた様々な取り組みを行っていることは、既に**第四節**でみた通りである。

もっとも、クラウドワークは、多くの場合インターネット空間においてのみ展開され、あるいは少なくとも通常の労働者のように工場・事業所のような一所の物理的空間に集まって就労するわけではないことから、労働組合による組織化（オルグ）活動は困難となりうる。そのため、連邦労働社会省のANPACKENにおいては、今後、労働組合に対して、プラットフォーム上において組織化のための活動を行いうる権利を付与すべきことが提案されている[71]。この点、ドイツにおいては従来から、労働組合は判例上、基本法9

69　またこのほか、2020年骨子案は、プラットフォーム・エコノミーに関するデータ収集のために、上記のような影響力を有しない事業者も含めて、全てのプラットフォーム事業者に対し報告義務を課すことをも、併せて提案している。

70　この点に関連して、プラットフォーム事業者の約款に対する約款規制（民法典305条以下）の適用可能性について検討するものとして、*Däubler/Klebe*（Fn.3), S.1037ff、*Walzer*（Fn.24), S.99ff。また、この問題について検討を行う最近の研究として、桑村裕美子「ドイツにおける非労働者と民法の契約内容規制―労働法が適用されない独立自営業者の法的地位を考える」『役務提供の多様性と法システムの課題』（労働問題リサーチセンター、2019年）66頁がある。

71　BMAS（Fn.58), S.29.

条３項が定める団結の自由（Koalitionsfreiheit）に基づいて、組合員の勧誘のために事業所へ立ち入る権利を認められており[72]、これにちなんで上記の提案は「デジタル立入権（digitales Zugangsrecht）」とも称されている[73]。またこのほか、学説では、組織化活動のために、プラットフォーム事業者に対しバーチャル掲示板（virtuelles schwarzes Brett）の設置を要求できる権利を、労働組合に付与すべきことを主張するもの[74]もみられる。

4　労災保険制度による保護の拡大

最後に、連邦労働社会省による2020年骨子案では、労災保険制度による保護の拡大についても言及がなされている。すなわち、同骨子案は、公道を利用して食料品の運搬や輸送サービスを行う場合のように、場所的な拘束のもとで行われるクラウドワークについては災害リスクが高いことを念頭に、「連邦労働社会省は、労災保険による保護を強化し、プラットフォーム事業者による労災保険の保険料負担という選択肢について検討を行うつもりである」と述べている。

この点、**第三節4.** でみたように、現在でも、「就労者」（社会法典第Ⅶ編２条１項１号、社会法典第Ⅳ編７条１項）に該当せず、強制的な保険対象者とはならないクラウドワーカーであっても、労災保険制度へ任意加入することは可能である（社会法典第Ⅶ編６条１項１号）。ただし、この場合の保険料については、現行法上は自己負担となっているのであるが、2020年骨子案は上記の通り、今後はこれををプラットフォーム事業者に負担させることを検討の方向性として示すものといえよう。

もっとも、このことは、クラウドワーカーをそもそも労災保険制度における強制的な保険対象者とすることを構想しているのか、あるいは労災保険制度へ任意加入するか否かの判断は引き続きクラウドワーカー自身に委ねつ

72　Vgl. etwa BAG Urt. v. 22.5.2012 - 1 ABR 11/11. また、*Müller-Glöge/Preis/Schmidt* (Hrsg.), (Fn.21), Art.9 GG Rn.41〔*Liesenmaier*〕、*Göpfert/Stöckert*, Digitaler Zugang der Gewerkschaft zum Betrieb?, NZA 2021,S.1210 も参照。

73　この点に関連して、2020年骨子案にも、「連邦労働社会省は、独立自営業者であるプラットフォームワーカーの集団法上の組織形成を可能とする方途を模索するつもりである」との記述がみられる。

74　*Krause* (Fn.4), S.107.

つ、任意加入を選択した場合の保険料負担をプラットフォーム事業者の側に課すことを想定しているのかは、判然としない。比較法的には、フランスのように後者の構成を採用している国もみられるところであり[75]、上記の提案が、今後ドイツにおいてどのように具体化されるかが注目される[76]。

第六節　本章での検討結果

以上、本章における検討の要点をまとめると、次の通りである。

①　第四次産業革命（デジタル化）の進展は、デジタル・プラットフォームを通じてタスクの受注・処理を行うクラウドワークという新たな就労形態を登場させる。このようなクラウドワークは、働き手（クラウドワーカー）に対し柔軟な稼得機会を新たに提供するものではあるが、受注（収入）の不安定性や社会的リスクへの脆弱性ゆえに、「新たな不安定就労形態」となることへの懸念も示されている。

②　このようなクラウドワークの現行法上の取り扱いについてみると、クラウドワークをめぐる事実関係は多様であり、たとえばタスクの処理についてコントロールを受けているなどの個別具体的な状況によっては、クラウドワーカーがプラットフォーム事業者または発注者との関係で人的従属性を認められ、従って労働者性（民法典611a条）を認められる場合もあり

75　詳細は、河野奈月「第二章 フランス法」『労働政策研究報告書No.205・労災補償保険制度の比較法的研究―ドイツ・フランス・アメリカ・イギリス法の現状からみた日本法の位置と課題』（労働政策研究・研修機構、2020年）85頁を参照。

76　なお、本書は第四次産業革命下における労働法政策のあり方をテーマとしている関係で、本文中では労働法との交錯領域である労災保険制度を中心に検討を行ったが、そのほかの社会保険の分野においても、独立自営業者としてのクラウドワーカーの保護をめぐり議論がなされている。特に、年金保険制度に関しては現行法上、独立自営業者は任意加入となっているところ、労働4.0白書は、今後は独立自営業者についても強制加入とすべきことを提案しており（BMAS (Fn.6), S.172f)、このことはその後のANPACKENや2020年骨子案のなかでも、繰り返し踏襲されている。一方、失業保険制度については、連邦労働社会省のANPACKENは、同制度はあくまで従属労働者のリスクを対象とするものであり、独立自営業者の“事業主としてのリスク(Unternehmerrisiko)”はここから区別されるべきであるとして、失業保険制度を無制限に独立自営業者に拡張することには、消極的な立場を示している（BMAS (Fn.58), S.57)。上記の問題をめぐる学説上の議論については、ライムント・ヴァルターマン（緒方桂子訳）「標準的労働関係との訣別？―新たな就業形態が拡大し、職歴の不連続性が増大するなかで、どのような労働法および社会保障の規定を提案するか？」労働法律旬報1817号（2014年）6頁も参照。

うる。実際に、連邦労働裁判所2020年12月1日判決は、マイクロタスクの処理に従事していたクラウドワーカーについて、プラットフォームにおける評価システムの存在をも考慮して、当該プラットフォーム事業者との関係で労働者性を肯定している。もっとも、直接型にせよ間接型にせよ、クラウドワークが理念型として行われている限りは、クラウドワーカーはタスクの処理について他者の指揮命令を受けることはなく、またそのための時間や場所も自身で自由に選択しうることから、労働者性（人的従属性）は通常認められない。従って、この場合には、当該クラウドワーカーは法的には独立自営業者と評価される。

③　一方、ドイツ労働法においては、独立自営業者であっても、「労働者類似の者」と認められる場合には労働法令の一部の適用を受けるとともに、家内労働者と認められる場合には家内労働法による保護を受けることができる。もっとも、これらのうち「労働者類似の者」と認められるためには、経済的従属性（労働協約法12a条）の要件を充たす必要がある。しかし、ドイツでは、クラウドワークは多くの場合副業として行われており、クラウドワーカーが特定のプラットフォームあるいは発注者にその収入を依存している（少なくとも全収入のうち50%以上を得ている）ことで経済的従属性＝「労働者類似の者」該当性を認められるケースは、通常は想定し難い。また、このような経済的従属性の要件は、判例によって家内労働者についてもその充足が求められていることから、上記と同様の理由によって、クラウドワーカーが家内労働法の適用を受けることも困難となっている。

④　このように、現行の労働法のなかでクラウドワーカーを保護することには一定の限界が存在するわけであるが、ドイツの労働組合のなかには、現行法上可能な範囲内においてクラウドワーカーの保護のための取り組みを行うものもみられる。特に、金属産業労働組合は、規約改正により独立自営業者にも組合員資格を認めることで、クラウドワーカーにも組合加入の途を開いている。また、同組合は、インターネットサイト“Fair Crowd Work”において各プラットフォームの評価を行い、クラウドワーカーに対して情報提供を行うとともに、プラットフォーム事業者間での行動指針

の策定や、そのエンフォースメントのためのオンブズマンの設置運営にも関与している。

⑤ そしてさらに、“労働 4.0” の文脈においては、クラウド（プラットフォーム）ワーカーの保護のための立法政策のあり方についても議論がなされ、特に連邦労働社会省による政府文書を中心に、現在までに複数の構想が示されるに至っている。具体的には、いわゆる誤分類の発生を防止するために、ⅰ）労働者性に関する法的紛争発生時における立証責任をプラットフォーム事業者側に転換すること、ⅱ）また現在の「就労者」性にかかる地位確認手続（社会法典第Ⅳ編 7a 条）を稼得活動開始前から利用できるようにすること、ⅲ）クラウドワーカーの就業条件保護のために、家内労働法を活用し、あるいは一部の労働法令の準用（もしくは労働法類似の規制の適用）を認めるとともに、約款規制による保護のあり方を明らかにすること、ⅳ）労働組合による組織化を困難とするクラウドワークの特殊性に鑑みて、組合にデジタル立入権を付与すること、ⅳ）労災保険制度についてプラットフォーム事業者による保険料負担について検討することが、それぞれ提案されている（そのうえで、上記のうちⅱ）については、既に現実の立法政策として 2022 年 4 月からの施行が予定されている）。

第四章　労働者個人情報保護法政策

第一節　問題の所在

序章第二節 3. ⑴でもみたように、第四次産業革命が進むなかでは、使用者がデジタル・テクノロジーを通じて労働者個々人に関わる情報やデータ（以下、労働者個人データ）に接する機会が、飛躍的に上昇する。そこでは、個々の労働者の採用時の情報や労働時間記録あるいは人事評価などといった人事管理に関わるデータは、今後はデジタルによって管理されることとなる。また、工場や事業所内におけるカメラやセンサーなどを通じて、あるいは労働者が特に PC、スマートフォン、スマートグラスなどを用いて就労している場合にはそれらをも通じて、個々の労働者の作業態様やコミュニケーション行動（E メールやインターネット検索など）といった性質のデータについても、収集が可能となってゆく[1]。さらには、RFID や GPS といったテクノロジーの活用は、使用者が常時労働者の位置を特定することを可能とする[2]。かくして、このようなテクノロジーの発展が進むなかでは、多数の労働者を起源とする極めて膨大かつ構造化されていない個人データが収集・蓄積されることで、いわゆる“ビッグデータ”が生み出されることとなる。

このようなテクノロジーによる労働者個人データの把握は、一方において、労働者に対してもメリットをもたらす。たとえば、労働 4.0 白書（**←序章第二節 1. ⑵**）においては、ロボットなどが労働者の能力や状態（たとえば障害）を把握することで、それに合わせて働き方をサポートするデジタル・アシスタント（チューター）システムの構築が可能となるといった点

1　BMAS, Weißbuch Arbeiten 4.0: Arbeit weiter denken, 2016, S.63ff〔https://www.bmas.de/DE/Service/Publikationen/a883-weissbuch.html〕（最終アクセス：2022 年 1 月 21 日）；*Krause*,Gutachten B zum 71.Deutschen Juristentag, Digitalisierung der Arbeitswelt -Herausforderungen und Regelungsbedarf, 2016, S.73ff.

2　BMAS（Fn.1）, S.64.

や、上記でみた位置情報システムは、労働者の移動や通勤の効率化に役立つといった点が指摘されている[3]。しかし他方で、白書のなかでは、前述した一連のテクノロジーにより、使用者の労働者に対する非常に広範囲にわたる監視が可能となることへの懸念[4]も示されている。

またこのほか、近年ドイツにおいても、AIなどにより、労働者に関わるビッグデータを分析し、その結果を人事労務管理へ活用する「ピープルアナリティクス（People Analytics）」の技術が注目を集めている。このような例として、採用手続における人選に役立てるために、ハイパフォーマーの従業員の情報を広範囲にわたり分析する、最適な作業チームの形成のために、各部署における個々の従業員のデータを分析する、あるいはいわゆる“リテンションマネジメント”のために、離職した従業員のデータを分析するといった取り組みが、既に行われているようである[5]。しかし、このようなAIによるビッグデータ分析は、個々の労働者（あるいは、採用手続における応募者）に関する評価や将来予測を可能とするところ、それによって当該者の性格や社会性といった私的な側面に関わる評価・予測が導かれうるといったリスク[6]や、誤った評価・予測が導かれるといったリスク[7]も存在する。

以上のことから、ドイツにおける“労働 4.0”をめぐる議論のなかでは、労働者個人データ保護（Beschäftigtendatenschutz）の問題は、重要テーマの一つとして取り上げられている[8]。そこで、本章では、特に第四次産業革命下における労働者個人情報（データ）保護をめぐるドイツの法政策について、検討を行うこととしたい。

3　BMAS (Fn.1), S.65.

4　BMAS (Fn.1), S.65ff.

5　*Arnold/Günter* (Hrsg.), Arbeitsrecht 4.0: Praxishandbuch zum Arbeits-, IP- und Datenschutzrecht in einer digitalisierten Arbeitswelt, 2018, S.237〔*Hamann*〕; *Götz*, Big Data im Personalmanagement - Datenschutzrecht und betriebliche Mitbestimmung, 2020, 37ff.

6　BMAS (Fn.1), S.65.

7　BMAS (Fn.1), S.65.

8　BMAS (Fn.1), S.142.

第二節　労働者個人データ保護法制の現状

1 概説

ドイツにおいては、個人データ保護の問題は、基本権保護（Grundrecht-schutz）の問題として捉えられている。すなわち、連邦憲法裁判所は、1983年の国勢調査判決[9]において、「情報に関する自己決定権（Recht auf informationelle Selbstbestimmung）」が一般的人格権（allgemeines Persönlichkeitsrecht）を定める基本法２条１項（および１条１項）による保護のコロラリーにあることを明らかにしており、またEU基本権憲章もその８条において、何人も自己に関係する個人情報の保護に関する権利を有することを認めている。そして、このような基本権保護の要請を受けて、ドイツでは国内法のレベルにおいて、連邦データ保護法が整備されている。なかでも、雇用関係（Beschäftigungsverhältnisses）に関しては従来、同法の32条において、労働者の個人データの収集・加工・利用は、雇用関係上の目的（＝雇用関係の開始またはその実施もしくは終了に関する判断）にとって必要である場合に限って許容される旨が規定されていた。

もっとも、このようなドイツにおける労働者個人データ保護法制は、2018年５月のEU一般データ保護規則（英：GDPR、独：DS-GVO）[10]の施行によって、現在では大きく変更されている。この一般データ保護規則は、EU加盟国に対して直接適用されるのが原則であり、各国の国内法による規制は、同規則によって許容されている限りにおいて認められる。これを受けて、上記のドイツ連邦データ保護法も、一般データ保護規則の施行に合わせる形で2018年５月に大幅に改正され、現在では同規則の補充的な規制として位置付けられるに至っている[11]。また、それと並んで、ドイツにおいては

9　BVerfG Urt. v. 15.12.1983 - 1 BvR 209/83. 同判決については、緒方桂子「ドイツにおける労働者の個人情報保護―労働法における『個人情報の保護に関する法律』（平成15.5.30法57）の位置付けのために」日本労働法学会誌106号（2005年）207頁を参照。

10　詳細については、宮下紘『EU一般データ保護規則』（勁草書房、2018年）を参照。

11　Vgl. *Müller-Glöge/Preis/Schmidt* (Hrsg.), Erfurter Kommentar zum Arbeitsrecht, 21.Aufl., 2021, S. §1 BDSG Rn.4〔*Franzen*〕.

集団的労使関係法上の規制として、事業所組織法87条1項6号の規定も、労働者の個人データないし人格権の保護のために重要な役割を果たしており、この点については一般データ保護規則施行による変更はない[12]。

そこで、以下では、EU一般データ保護規則施行後[13]のドイツにおける労働者個人データ保護法制の現状[14]について確認することとしよう。

2 EU一般データ保護規則

ここではまず、EU一般データ保護規則の概要についてみておきたい。

一般データ保護規則は、一方における個人データの保護と、他方における個人データの自由な流通という観点から、EU全体における統一的なルールを設定することを目的として定められたものである。従って、前述の通り、その内容は各国法への転換を待たずして直接的に適用されるのが原則であり、3. (1)でみるように一般データ保護規則自体が加盟国に対して各国法による規制の余地を認めている場合を除き、同規則とは異なる各国法の規制は、その適用を排除される[15]。このような一般データ保護規則が保護の対象としているのは「個人データ」であり、これは4条1号により「識別された、あるいは識別可能な自然人（データ主体）に関する全ての情報をいう」と広く定義されている。そして、使用者も、労働者に関するこのような個人データの処理[16]の目的や手段を決定する場合には、4条7号が定める「管理者（Verantwortlicher）」として、同規則の適用を受けることとなる。

これを踏まえ、具体的な規制内容についてみてゆくと、一般データ保護規則はまず、6条1項1文において「許容性の留保を伴ったデータ処理の禁止

---

12 *Krause* (Fn.1), S.79.

13 従前の法状況については、緒方・前掲注（9）論文210頁以下等を参照。

14 Vgl. auch *Specht/Mantz*, Handbuch Europäisches und deutsches Datenschutzrecht –Bereichsspezifischer Datenschutz in Privatwirtschaft und öffentlichem Sektor, 2019, S.279ff〔*Ströbel/Wybitul*〕.

15 *Arnold/Günter* (Hrsg.) (Fn.5), S.225〔*Hamman*〕.

16 個人データの「処理（Verarbeitung）」とは、一般データ保護規則4条2号により、「自動的手段であるかにかかわらず、収集、記録、構成、体系化、保存、適合、改変、復元、協議、利用、送信による開示、拡散ならびにその他の方法で利用できるようにすること、配列ならびに結合、制限、削除または破壊等により、個人データまたは個人データの集合に関する運用を行う業務または一連の業務をいう」と定義されている。

(Verbots der Datenverarbeitung mit Erlaubnisvorbehalt)」の原則を定めている。これにより、以下でみる「許容性要件（Erlaubnistatbestände)」のうちいずれかに該当する場合でなければ、管理者はそもそも個人データの処理を行うことはできない。このような個人データの処理を許容する要件としては、データ主体の同意（Einwilligung）がある場合（a 号)、データ主体との契約の履行などのために必要がある場合（b 号)、管理者の法的義務の履行のために必要である場合（c 号)、データ主体または他の自然人の重要な利益を保護するために必要である場合（d 号)、公共の利益または公権力の行使のための任務の遂行にとって必要な場合（e 号)、管理者または第三者の正当な利益（ただし、データ主体の利益または基本権・基本的自由に優先する場合に限る）の確保のために必要である場合（f 号)、が挙げられている。このうち、e 号または f 号に基づいて処理が行われる場合については、データ主体はいつでも異議（Widerspruch）を申し出る権利を有しており（21 条 1 項 1 文)、この異議申出があった場合には、管理者はやむをえない正当な根拠を証明しない限り、データ処理を停止しなければならない（同項 2 文)。また、6 条は 4 項において、当初収集された目的以外の目的のための個人データの処理が許容される場合について規定しているが、この点については**第三節 1.** (1)において改めて取り上げる。

次に、上記で挙げた許容性要件のいずれかを充たす場合であっても、管理者が実際に個人データを処理する際には、5 条 1 項において列挙されている原則を遵守しなければならない。このような原則として、個人データは、適法に、公平にかつ透明性のある方法で処理されなければならないという適法性・公平性・透明性の原則（a 号)、特定され、明確化されかつ正当な目的のためにのみ処理されなければならないという目的制限の原則（b 号)、データの処理は目的との関連で必要かつ相当な範囲内に限定されなければならないというデータ最少化（Datenminimierung）の原則（c 号)、不正確なデータは修正または削除されなければならないという正確性の原則（d 号)、データの保存は必要な期間と範囲内において認められるという保存制限の原則（e 号）が、それぞれ定められている。また、同条 2 項はいわゆる「説明責任（Accountability)」について規定しており、それによって管理者は、何時においてもこれらの原則を遵守していることを証明しうるのでなければならないこととなっている。

ところで、経済のデジタル化が進むなかでは、ビッグデータやモノのインターネット化のように、個人データ保護との関係ではリスクの高いテクノロジーが登場するが、一般データ保護規則は、いわゆる「テクノロジーに中立なアプローチ（technologieneutralen Ansatz）」を基本としており、個別具体的なテクノロジーに特殊な規制を行うことには抑制的な立場をとっている。すなわち、現代のテクノロジーの発展速度は極めて速いことから、同規則はそれとの“競争（Wettlauf）”を意図的に避ける形で、上記でみたような抽象的な規制を中心として構成されている[17]。

もっとも、このようなアプローチを基本としつつも、一般データ保護規則は同時に、いくつかのテクノロジーに関連した規制をも行っている[18]。このようなものとしてまず挙げられるのは、いわゆる「忘れられる権利（英：richt to forgotten、独：Recht auf Vergessenwerden）」であり、同規則の17条によれば、データ主体には、正当な目的との関係でもはや必要ではなくなった場合などにおいて、個人データを削除してもらう権利を認められている。この権利は元来、インターネットの検索エンジンを念頭に置いたものであるが[19]、労働者の個人データに関しても適用がある。

また、20条は「データポータビリティ（Datenportabilität）権」について規定しており、それによって管理者に個人データを提供したデータ主体は、当該管理者に対し、当該データを“構造化され、一般的に利用され、機械により読み取り可能な形式”によって、自身で受け取り、あるいは指定した別の管理者に対し送信することを求める権利を有する。このデータポータビリティ権は元来、ソーシャルネットワークに関して、サービス提供事業者を変更する場合に利用されることを念頭に置いたものであるが[20]、労働関係においても、特に転職の場面で、労働者が従来の使用者から新たな使用者に対し

17　Vgl. *Arnold/Günter*（Hrsg.）（Fn.5）, S.227f〔*Hamman*〕.
18　Vgl. *Arnold/Günter*（Hrsg.）（Fn.5）, S.225〔*Hamman*〕.
19　宮下・前掲注（10）書97頁以下。
20　宮下・前掲注（10）書113頁。

自身のデータを移転させるために、この権利を行使しうることが指摘されている[21]。なお、これらのほか、一般データ保護規則は、AIなどによるプロファイリングについても規制を行っているのであるが、この点の詳細については、**第三節2.** ⑴において改めて検討する。

以上でみた一連の規制に対して、（使用者を含む）管理者が違反した場合については、83条5項により、2,000万ユーロ（または、企業の場合には総売上高の4%）を上限とする制裁金が予定されている。

3 連邦データ保護法

⑴ 2018年改正の経緯

続いて、連邦データ保護法による規制についてみておきたい。先ほどみた一般データ保護規則に加えて、ドイツの国内法である連邦データ保護法は、2018年5月以降はその26条において、労働者の個人データ保護にフォーカスした規制を行っている。ここでは、差し当たり、現在の規制状況に至るまでの経緯について確認しておこう。

先ほど**1.** でも触れたように、連邦データ保護法は、従来から32条において、雇用関係上の目的（＝雇用関係の開始またはその実施もしくは終了に関する判断）にとって必要である場合を除き、使用者による労働者の個人データの収集・利用・加工を禁止していた。もっとも、同条は抽象度の高い規定であり、その解釈適用に当たっては判例に委ねられている部分も少なくなかった。また、このことに加え、当時の連邦データ保護法は4条1項において、本人の同意がある場合には、個人データの収集・利用・加工を認めていたところ、これが雇用関係に対してはどのように適用されるのかという問題についても、32条は明確なルールを設けてはいなかった。そのため、ドイツにおいては従来から、労使当事者にとっての法的明確性を確保するために、労働者個人データ保護に関する法改正の必要性が指摘され、2010年12月には連邦政府による改正案[22]も提出されていた。

また、その一方で、**2.** でみた一般データ保護規則は、88条1項において

21　*Arnold/Günter* (Hrsg.) (Fn.5), S.230〔*Hamman*〕.

いわゆる「開放条項（Öffnungsklausel）」[23]を置いており、これによって各加盟国は、雇用関係に関しては国内法により特別の規制を行う権限を認められていた。これを受けて、労働4.0白書[24]や学説[25]においては、この開放条項を利用することによって、従来の32条が定める水準を維持しつつ、労働者個人データ保護の問題についてより法的明確性に富んだ規制を行うべきことが指摘されていた。

このような経緯のなかで、2018年5月に連邦データ保護法は改正され（以下、2018年改正）、労働者個人データ保護の問題に関しては、新たに26条のなかで規定されることとなった。

(2) 改正後の規制状況

連邦データ保護法新26条は、本質的な内容としては旧32条から変更はない[26]が、旧法下において展開されていた判例法理を摂取することなどにより、労働者個人データ保護に関するルールの明確化を図るものとなっている[27]。

この点につき、まず新26条1項1文は、使用者が労働者の個人データの処理[28]を許容される目的について規定している。すなわち、そこでは、旧32条と同様、労働者の個人データは、雇用関係の開始またはその実施もしくは終了に関する判断にとって必要である場合に限り、これを処理することが許される旨が規定されている[29]。先ほど**2.** でみたように、一般データ保

22 Entwurf eines Gesetzes zur Regelung des Beschäftigtendatenschutzes（BT-Drs.17/4230）. 同改正案について紹介したものとして、渡邉斉志「海外法律情報ドイツ：被雇用者の個人データ保護のための法律案」ジュリスト1412号（2010年）79頁。

23 この開放条項の詳細については、*Düwell/Brink*, Beschäftigtendatenschutz nach der Umsetzung der Datenschutz - Grundverordnung: Viele Änderung und wenig Neues, NZA 2017, S.1081を参照。

24 BMAS（Fn.1）, S.148.

25 etwa *Krause*（Fn.1）, S.78.

26 *Körner*, Drei Jahre Beschäftigtendatenschutz unter der Datenschutzgrundverordnung, NZA 2021, S.1138.

27 *Müller-Glöge/Preis/Schmidt*（Hrsg.）（Fn.11）, §26 BDSG Rn.1〔*Franzen*〕.

28 なお、上記の通り、2018年改正前においては、使用者による労働者の個人データの取り扱いの形態として、収集・加工・利用が挙げられていたが、改正後においては、これらの取り扱いをより広く規制対象に置く趣旨で、「処理（Verarbeitung）」という概念に一元化されている。Vgl. *Müller-Glöge/Preis/Schmidt*（Hrsg.）（Fn.11）, §26 BDSG Rn.3〔*Franzen*〕.

護規則は6条1項1文b号において、データ主体との契約の履行などのために必要がある場合を許容性要件の一つとして掲げていたが、この連邦データ保護法新26条1項1文は、その特則として位置付けられるものである[30]。

また、条文上は明記されてはいないが、2018年改正にかかる法案段階での理由書（以下、法案理由書）[31]のなかでは、新26条1項1文で掲げられた目的との関係で労働者の個人データ処理が必要であるかという必要性（Erforderlichkeit）の判断は、いわゆる「比例性の原則（Verhältnismäßigkeit）」に従ってなされなければならないという連邦労働裁判所の判例法理[32]が、同条においても承継されることが明確にされている。従って、新規定のもとにおいても、使用者による労働者の個人データ処理は、引き続き、当該目的の実現にとって適切であり、かつ労働者の人格権にとって最も負担が少ない手段が選び取られなければならない[33]。

一方、2018年改正に際しては、使用者による個人データの処理と労働者の同意との関係についても、条文上の明確化が図られている。すなわち、新26条は、先ほどみた同条1項が定める場合以外の場面において、一般データ保護規則6条1項1文a号に基づき、使用者が労働者の同意に基づいて個人データを処理することを認めている。ただし、この場合については、連邦データ保護法の新26条2項において厳格な要件が設定されており、それによればまず、ここでの同意は、労働者の自由な意思に基づいてなされたのでなければならない（真意性〔Freiwilligkeit〕：1文）。この点は、従来の連邦労働裁判所の判例法理[34]を明文化したものであり、その判断は、当該状況に応じて個別に行われるが、その際には、処理の対象となるデータの性質、労働者の人格権に対する介入の程度（Eingriffstiefe）、同意がなされた時点

29　またこのほか、2018年改正により、労働者個人データの処理が許容される目的として、連邦データ保護法の新26条1項1文のなかへ「法律、労働協約または事業所協定に基づく、労働者の利益代表者の権利・義務の行使および履行のため」が追加されている。この点の詳細については、*Düwell/Brink*（Fn.23), S.1083を参照。

30　*Arnold/Günter*（Hrsg.）（Fn.5), S.232〔*Hamman*〕.

31　BT-Drs.18/11325, S.97.

32　etwa BAG, Urt. v. 20.6.2013 - 2 AZR 546/12.

33　Vgl. *Müller-Glöge/Preis/Schmidt*（Hrsg.）（Fn.11), §26 BDSG Rn.9ff〔*Franzen*〕.

34　BAG, Urt. v. 11.12.2014 - 8 AZR 1010/13.

（＝労働契約締結の前か後か）が、真意性の有無の判断にとって重要な考慮要素となる[35]。また、同項2文は、当該労働者にとって法的または経済的なメリットが存在する場合には、特に真意性は存在しうる旨を規定している。このような例として、法案理由書では、労働者の健康促進を目的として事業所へ健康マネジメントを導入する場合や、事業所のITシステムの私的利用を認める場合が挙げられている（ただし、高い賃金を支払うこと自体は、ここでいう経済的メリットにはなりえない[36]）。一方、同意を拒否した場合に何らかの不利益が生じることが懸念される状況下でなされた同意には、真意性は認められないと解されている[37]。

また、真意性の要件のほか、新26条2項では、同意には書面を要すること（3文)、および使用者が当該労働者に対しデータ処理の目的と一般データ保護規則7条3項に基づく同意の撤回権（Widerrufsrecht）について書面で説明すること（4文）といった要件を充足することも求められている。この点、一般データ保護規則自体も、個人データの処理がデータ主体の同意により行われる場合（6条1項1文a号）について、同意の定義（4条11号）および有効性要件（7条）について規定を置いているのであるが、ここでみた連邦データ保護法新26条2項の規定は、一般データ保護規則上の開放条項（88条1項）に基づいて、雇用関係の文脈において求められる同意を具体化したものとして位置付けられている[38]。

以上に加え、連邦データ保護法新26条3項は、一般データ保護規則9条1項が規定する人種や民族的出自、信仰、健康状態あるいは性的指向などのいわゆるセンシティブデータ（Sensible Daten）の雇用関係における処理に関して、労働法および社会保障法に基づく権利行使または法的義務の履行のために必要であり、処理を停止することに対する当該労働者の正当な利益が優越すると思料させる事由が存在しない場合にのみ許容される旨を規定している。2018年改正前の32条は、雇用関係におけるセンシティブデータの処

35 *Müller-Glöge/Preis/Schmidt* (Hrsg.) (Fn.11), §26 BDSG Rn.41〔*Franzen*〕.
36 *Müller-Glöge/Preis/Schmidt* (Hrsg.) (Fn.11), §26 BDSG Rn.42〔*Franzen*〕.
37 *Arnold/Günter* (Hrsg.) (Fn.5), S.242〔*Hamman*〕.
38 *Schaub/Koch/Linck/Treber/Vogelsang*, Arbeitsrecht-Handbuch, 18Aufl., 2019, S.1730〔*Linck*〕.

理については規定を置いていなかったが、新26条3項によって、この点に関してもルールの明確化が図られたことになる[39]。

4 事業所組織法上の規制

またこのほか、1. で触れたように、デジタル化が進むなかでの労働者の個人データ保護の問題に関しては、集団的労使関係法上の規制である事業所組織法の87条1項6号も重要な役割を果たしうる。

この点、事業所組織法87条1項[40]は、いわゆる社会的事項に関して事業所委員会の共同決定権を定める規定であるところ、その6号において、事業所への「労働者の行動および成果（Leistung）を監視するための技術的装置の導入」を掲げている。ここでの事業所委員会の共同決定権は、同意権としての性質（←詳細は**第五章第二節2.（1）**）を有するものであることから、事業所委員会が設置されている事業所においては、使用者はこのような技術的装置の導入を一方的に行うことはできず、事業所委員会の同意を得なければならないこととなっている。この規定の目的もまた、先ほどの連邦データ保護法と同様、労働者の人格権の保護にあるとされる[41]。

そのうえで、事業所組織法87条1項6号に基づき事業所委員会に共同決定権が認められるためには、使用者がもっぱら労働者の行動や成果を監視する目的で当該技術的装置を導入しようとしていることは要件ではなく、客観的にみて当該技術的装置がそのような監視に“適した（geeignet）”ものであれば足りると解されている[42]。これによって、使用者が労働者の行動や成果に関わるデータの処理を可能とするテクノロジーを職場へ導入しようとする際には、事業所組織法87条1項6号により、事業所委員会の同意が常に必要となる[43]。特に、“労働4.0”にかかる議論の文脈では、このような事業所委員会の共同決定権は、カメラや生体認証システム、スマートグラス、情

39　Vgl. *Düwell/Brink* (Fn.23), S.1084.

40　同条の邦語訳については、山本陽大＝井川志郎＝植村新＝榊原嘉明『現代ドイツ労働法令集』（労働政策研究・研修機構、2022年）225頁〔植村新〕を参照。

41　Vgl. *Fitting/Engels/Schmidt/Trebinger/Linsenmaier*, Betriebsverfassungsgesetz, 30.Aufl., 2020, §87 Rn.215.

42　*Fitting/Engels/Schmidt/Trebinger/Linsenmaier* (Fn.41), §87 Rn.226.

報通信システムといったハードウェアのほか、労働者の個人データの処理に関わるソフトウェアの導入（およびそのアップデート）に対しても広く及ぶと解されている[44]。

第三節　雇用社会のデジタル化と労働者個人データ保護

前節においては、労働者個人データ保護をめぐる法規制の現状について検討したが、このような法規制は、第四次産業革命（デジタル化）のなかで登場するテクノロジーとの関係では、労働者の個人データ（従ってまた、その人格権）の保護のために、どのように機能するのであろうか。

この点は、複数の場面で問題となりうるが、本節においては冒頭でみたAIなどによるビッグデータ分析に焦点を当て、使用者が、アルゴリズムの開発などのために労働者の個人データを処理ないし収集する場面と、これらのテクノロジーを用いて労働者（あるいは、採用の場面における応募者）の評価を行う場面とに区別して、労働者個人データ保護法制との関係について検討を行うこととしたい。

1　ビッグデータ分析のためのデータ収集

(1)　既存のデータを転用する場合

前者の場面においてまず問題となるのは、使用者が雇用関係の開始（＝採用）や実施などの目的のために既に収集していた労働者の個人データを、ビッグデータ分析のために転用することができるかという点である[45]。

このように、当初収集された目的とは別の目的のために個人データをさらに処理する場面（以下、追加処理〔Weiterverarbeitung〕）については、一般データ保護規則6条4項が規定を置いており、それによればこのような追

43　*Fitting/Engels/Schmidt/Trebinger/Linsenmaier*（Fn.41），§87 Rn.232; *Kramer*（Hrsg.），IT-Arbeitsrecht: Digitalisierte Unternehmen: Herausforderungen und Lösungen, 2.Aufl., 2019, S.421〔*Ralf*〕.

44　Vgl. BMAS（Fn.1），S.149; *Krause*（Fn.1），S.80f; *Lemke*, Datenschutz in der Betriebsratsarbeit: Datenschutzgrundsätze Informations- und Verarbeitungsrechte Datenschutz- Grundverordnung, 2018, S.6f; *Kramer*（Hrsg.）（Fn.43），S.421f〔*Ralf*〕.

45　Vgl. *Arnold/Günter*（Hrsg.）（Fn.5），S.238f〔*Hamman*〕.

加処理が許容されるためには、当初収集された目的と当該追加処理にかかる目的とが“整合的（vereinbar）”でなければならない。そして、同規定のなかでは、この整合性判断にとっての基準についても定められており、それによれば、当初の収集目的と追加処理にかかる目的との間の関連性（a 号）、データ収集の文脈、特にデータ主体と管理者との間の関係性（b 号）、個人データの性質、特に一般データ保護規則 9 条などが定めるセンシティブデータか否か（c 号）、追加処理によりデータ主体に生じうる影響（d 号）、暗号化や匿名化などのデータ保護のために適切な措置が講じられているか否か（e 号）を総合的に考慮して、整合性の有無が判断されることとなっている。

このことを、雇用関係における既存の労働者個人データのビッグデータ分析への転用（追加処理）に即してみると、一般データ保護規則 6 条 4 項が掲げる基準のうち、まず a 号との関係でいえば、ある労働者個人データにかかる当初の収集目的である雇用関係の開始や実施などと、ビッグデータ分析という追加処理の目的との間には関連性は乏しく、労働者もそのことを予期してはいないのが通常といえる。また、b 号との関係では、データ主体である労働者は管理者である使用者に対して従属的関係にあり、データ収集に対して異議を唱えづらい立場にある。これらのことを考慮すると、既存の労働者個人データをビッグデータ分析のために転用することについて、一般データ保護規則 6 条 4 項に基づき当初の収集目的との整合性を肯定することは、一般的には困難といえよう[46]。

もっとも、このような転用（追加処理）の許容性はアプリオリに否定されるわけではなく、使用者が労働者に対し、追加処理について、あらかじめ情報提供を行っていた場合（a 号との関係）や、労働者に異議申出の権利を認めているような場合（b 号との関係）、あるいは追加処理が他の第三者（たとえば、採用手続における応募者）に対するビッグデータ分析にとっての“ロゥデータ（Rohdata）”を提供するにとどまり、データ主体である労働者について分析や評価を行うわけではないといったような場合（d 号との関係）、さらには管理者たる使用者がデータの削除や匿名化を確保するような

46　Vgl. *Arnold/Günter* (Hrsg.) (Fn.5), S.238〔*Hamman*〕.

技術的・組織的措置を講じているような場合（e 号）には、ある労働者個人データにかかる当初の収集目的とビッグデータ分析という追加処理目的との間の整合性（一般データ保護規則 6 条 4 項）が認められうる[47]。

(2) 新たに収集する場合

一方、使用者が、アルゴリズムの開発などのために、新たに労働者の個人データを収集する場面についてはどうか。

この点について、**第二節 3.** (2)でみたように、現在のドイツ連邦データ保護法 26 条 1 項 1 文は、使用者が雇用関係上の目的のために労働者の個人データを収集（処理）することを認めているが、これは当該労働者との個別の雇用関係を開始・実施するという目的に基づく場合に限られる。これに対して、ビッグデータ分析のための労働者個人データの収集については、それが個別の雇用関係の実施を目的として行われることは通常想定できないことからすると、上記の場面において使用者は、連邦データ保護法 26 条を根拠に労働者個人データを収集（処理）することはできないと解される[48]。

そのため、このようなデータの収集は、管理者（使用者）の正当な利益の確保のために必要である場合に当たると認められる場合に限り、**第二節 2.** でみた一般データ保護規則 6 条 1 項 1 文 f 号に基づいて許容されることとなる。同号への該当性については、当事者間での利益衡量（Interessenabwägung）によって判断され、具体的には、収集されるデータの性質（当該労働者の職業資格や成果などの職務に関わるものか、それとも私的な領域に関わるものか）、データ処理に関する透明性（特に、当該労働者が一般データ保護規則 21 条 1 項が規定する異議申出権を適切に行使しうる状況にあること）、使用者が当該労働者の利益を保護するための適切な技術的・組織的措置（ロゥデータの匿名化など）を講じていることといった点が、利益衡量の際の要素となるものと解されている[49]。

一方、一般データ保護規則 6 条 1 項 1 文 f 号に基づくデータ収集が許容さ

47 Vgl. *Arnold/Günter* (Hrsg.) (Fn.5), S.238f〔*Hamman*〕.
48 *Arnold/Günter* (Hrsg.) (Fn.5), S.239〔*Hamman*〕.
49 *Arnold/Günter* (Hrsg.) (Fn.5), S.239〔*Hamman*〕.

れない場合には、使用者は当該労働者による同意（同a号）を得るほかはないが、**第二節3.** ⑵でみた通り、このような同意の有効性については、真意性をはじめ、連邦データ保護法26条2項により厳格な要件が設定されている。

2 ビッグデータ分析と労働者個人データ保護法制

続いて、使用者が、AIにより労働者にかかるビッグデータの分析を行い、採用や人事管理の場面で活用するために、特定の者についての評価や予測を行うことは、**第二節**でみた法規制との関係で、どのような問題が生じるであろうか[50]。

⑴ EU一般データ保護規則との関係—プロファイリング規制を中心に

この点につき、まず一般データ保護規則との関係で重要となるのは、いわゆるプロファイリング規制[51]である。すなわち、同規則は、その4条4号において「当該自然人の職務遂行、経済状態、健康、個人的嗜好、興味関心、行動、位置および移動に関する側面を分析または予測するための、個人データの利用によって構成される、個人データの自動処理の全ての形態」を「プロファイリング（Profiling）」と定義しており、上記のようにAIによりビッグデータ分析を行い、特定の者（労働者あるいは採用手続における応募者）について評価・予測を行うことは、ここでいうプロファイリングとして、一般データ保護規則が定める様々な規制の適用を受けることとなる[52]。

このようなプロファイリング規制として、まず第一に挙げられるのは、データ保護影響評価（英：data protection impact assessment、独：Datenschutzfolgenabschätzung）を定める35条である。これにより、特に新たなテクノロジーを活用した処理方法が、処理の性質、範囲、状況および目的ゆ

50　Vgl. *Joos*, Einsatz von künstlicher Intelligenz im Personalwesen unter Beachtung der DS-GVO und des BDSG, NZA 2020, S.1216; *Götz* (Fn.5), S.94ff. また、一般データ保護規則施行前のものではあるが、*Dzida*, Big Data und Arbeitsrecht, NZA 2017, S.541も参照。

51　邦語文献として、宮下・前掲注（10）書122頁以下のほか、松尾剛行『AI・HRテック対応・人事労務情報管理の法律実務』（弘文堂、2019年）60頁以下、竹地潔「人工知能による選別と翻弄される労働者—法は何をすべきか？」富山経済論集65巻2号（2019年）98頁以下も参照。

52　Vgl. *Joos* (Fn.50), S.1217.

えに、自然人の権利や自由に対して高いリスクを有することが予想される場合には、管理者は個人データの保護のために、事前に、予定されている処理プロセスの影響評価を実施しなければならず（1項）、プロファイリングを含む自動処理については、特にこのようなデータ保護影響評価が必要とされている（3項a号）。このような影響評価には、少なくとも、予定されている処理プロセスおよび処理の目的を体系的に記述すること、目的との関連で処理の必要性と比例性を評価すること、データ主体の権利と自由にとってのリスクを評価すること、リスクを除去するための措置を講じることを含まなければならない（7項）。

第二に、22条は、自らに対して法的効果を生じさせる、あるいはそれと同様に重大な影響をもたらす、プロファイリングを含む自動処理のみに基づく決定に服さない権利を、データ主体に保障している（1項）。ただし、これには例外があり、データ主体と管理者との間の契約の締結または履行のために必要である場合（2項a号）、あるいはデータ主体の明示の同意がある場合（同項c号）には、上記の1項は適用されないこととなっている。そのため、雇用関係において、使用者がこれらの例外規定によって、プロファイリングのみに基づき人事労務管理上の決定を行う余地は、必ずしも否定されるわけではない[53]。

もっとも、使用者が採用手続において、応募者に対してプロファイリングを実施し、それのみによって採否を決定することが可能かについては、プロファイリングのみに基づく採否の決定は、上記の例外規定のいずれも充たさず、許されないと解されている[54]。これは、22条2項a号該当性の判断に際しては、目的達成との関係で、データ主体のプライバシーにとってより影響の少ない他の有効な手段が存在する場合には、同号にいう必要性は否定されるところ[55]、採用時には面接やアセスメントセンターの実施といった他の有効な手段が存在すること、また同項c号にいう同意については真意に基づくものであることを要する（4条11号）ところ、採用時には応募者は使用者

53　Vgl. *Joos* (Fn.50), S.1221. また、竹地・前掲注（51）論文99頁も同旨。
54　Vgl. *Joos* (Fn.50), S.1217f.
55　宮下・前掲注（10）書128頁。

に対してプロファイリングの実施を甘受せざるをえない立場にあり、同意の真意性に欠けることが、その理由となっている。なお、仮に22条2項が定める例外に当たる場合であっても、同条3項により、管理者は、データ主体が、決定に対して異議を申し立てる権利、自身の見解を述べる権利および管理者の側で人間を関与させる権利を含む相当な措置[56]を講じなければならないこととなっている。

第三に、13条および15条は、データ主体の情報権（Informationsrecht）ないしアクセス権（Auskunftsrecht）を規定しており、それによってデータ主体は、プロファイリングを含む自動処理決定の存在、またそれが存在する場合には、その意義や想定される結果、関連する論理回路（ロジック）について、個人データが収集された際あるいはそれが処理された際に、管理者から情報を得ることが可能となっている（13条2項f号、15条1項h号）。このうち特に、15条が定めるアクセス権は、データ主体においてプロファイリングを含め個人データの処理の有無についての認識を可能とする点で、一般データ保護規則が保障するデータ主体の諸権利の行使にとっての基礎となる権利として位置付けられている[57]。

⑵　連邦データ保護法との関係

また、これに加えて、ビッグデータ分析による労働者あるいは応募者に関する評価や予測は、連邦データ保護法26条にいう個人データの処理に当たることから、同規定との関係についても検討を要する[58]。特に、同条1項1文は、使用者は、雇用関係上の目的（＝雇用関係の開始、またはその実施もしくは終了に関する判断）にとって必要である場合に限り、労働者の個人データの処理を許容していることから、このようなビッグデータ分析による評価ないし予測が、同規定によって許容されるかが問題となる。そして、この点については、**第二節3. ⑵**でみたように、連邦データ保護法26条1項

56　具体例については、松尾・前掲注（51）書64頁以下、竹地・前掲注（51）論文101頁以下を参照。
57　Vgl. *Joos* (Fn.50), S.1218.
58　Vgl. *Arnold/Günter* (Hrsg.) (Fn.5), S.240ff〔*Hamman*〕; *Joos* (Fn.50), S.1220.

1文にいう労働者個人データ処理の必要性の判断に際しては、旧32条から引き続き、比例性の原則に基づく審査が行われることとなっている。従って、ビッグデータ分析による評価・予測という労働者個人データの処理も、その都度の雇用関係上の目的の実現にとって適切なものであることが要請されるところ、具体的には次のように解されている。

この点については、まず、ビッグデータ分析に用いられるアルゴリズムは、一般平等取扱法[59]が定める差別的なメルクマール（1条：人種・民族的出自・性別・宗教・世界観・障害・年齢・性的アイデンティティ）を要素として含むものであってはならない[60]。これにより、たとえば採用手続の場面において、アルゴリズムが応募者の障害を認識し、これを消極的に評価し、選別から除外することは許されない[61]。

また、ビッグデータ分析により、職務への適性や能力あるいは負担への耐性などといった側面を対象として評価や予測を行うことは許容されるが、当該労働者ないし応募者の性格や社会性（たとえば、チームワークへの適性や同僚・顧客への友好性、犯罪傾向など）といった“パーソナルな側面(Persönlichkeitsaspekte)”について評価や予測を行うことは、連邦データ保護法26条1項1文によっては許容されないと解されている[62]。

なお、使用者は、労働者ないし応募者の同意を得ることにより、上記のようなビッグデータ分析に基づく評価ないし予測を行うことも考えられうるが、この場合には、連邦データ保護法26条2項1文により、当該同意は真意に基づくものでなければならない。そして、同意を拒否した場合に何らかの不利益が生じることが懸念される場合には、真意性は認められないと解されているところ（**←第二節3. (2)**）、同意を拒否することで、たとえば採用や昇進の機会が失われるといった場合には、真意性を欠くことが指摘されている[63]。

---

59 同法の邦語訳については、山本ほか、前掲注（40）書93頁〔井川志郎〕を参照。

60 *Arnold/Günter* (Hrsg.) (Fn.5), S.241〔*Hamman*〕.

61 *Dzida* (Fn.50), S.543.

62 *Dzida* (Fn.50), S.545; *Arnold/Günter* (Hrsg.) (Fn.5), S.241f〔*Hamman*〕; *Joos* (Fn.50), S.1220.

63 *Arnold/Günter* (Hrsg.) (Fn.5), S.242〔*Hamman*〕.

第四節　「労働者データ保護法」をめぐる動向

1 経緯

ところで、ドイツにおいては2020年6月に、連邦労働社会省のなかに、労働者データ保護の問題に関して学際的な観点からの検討を行う審議会（Beirat）が設置されている。同審議会の設置に当たっては、連邦労働社会省から次のようなニュースリリース[64]が公表されている。

【労働者データ保護に関する審議会】

・背景

連立協定は、EU一般データ保護規則88条が定める開放条項に基づいて、労働者データ保護に関して審議を行うべき旨を定めている。同条は、EU加盟国が、労働者データ保護に関する特別規制を自ら創出することを可能とするものである。ドイツにおいては従来、独立した労働者データ保護法は存在していない。にもかかわらず、このような法律を創設することは、政府レベルでも、また法学界のレベルでも、長きにわたって議論されてきた。雇用社会のデジタル化は、労働者個人データの広範囲にわたる処理をもたらす。このような背景からすれば、職場における労働者の人格権を保護し、かつ使用者にとっての法的安定性を保障する領域における明確な規制が必要である。

・目的

労働者データ保護に関する審議会は、独立した労働者データ保護法の必要性の問題に関してとるべき行動を示すものである。更に、場合によっては、同法に関する第一次的な内容上の提案について審議を行う。具体的な

64　BMAS, Faktenblatt - Beirat zum Beschäftigtendatenschutz, 2020（https://www.bmas.de/SharedDocs/Downloads/DE/Pressemitteilungen/2020/faktenblatt-beirat-zum-beschaeftigtendatenschutz.pdf?__blob=publicationFile&v=1）（最終アクセス：2022年1月21日）.

提案を伴った最終報告書を、2020年12月の最後の会議後に作成し、2021年の上旬に提示する。

第二節3. ⑴でみたように、ドイツにおいては2018年5月の一般データ保護規則の施行に伴い、労働者データ保護の問題については、差し当たりデータ保護に関する一般法である連邦データ保護法の一規定（26条）として規定されたのであるが、この審議会は、雇用社会のデジタル化を背景に、一般データ保護規則88条の開放条項を利用する形で、連邦データ保護法からは独立した特別法としての「労働者データ保護法（Beschäftigtendaten-schutzgesetz）」を制定することの適否およびその内容について検討を行うことを目的として設置されたものである。ニュースリリースのなかでも述べられているように、2018年3月の連立協定（**←序章第二節1.** ⑵）のなかでは、「職場における労働者の人格権を保護し、かつ使用者に対して法的安定性をもたらす、労働者データ保護に関する独立の法律の創設について検討を行う」旨が明記されており、上記の審議会は、このような要請を受けて設置されたものであった。

そして、当初2021年上旬に予定されていた同審議会による最終報告書の公表は、コロナ禍により若干の遅延があったものの[65]、2022年1月に連邦労働社会省から公表された。それが、「労働者データ保護に関する独立的かつ学際的審議会報告書（Bericht des unabhängigen, interdisziplinären Beirats zum Beschäftigtendatenschutz）」（以下、2022年報告書）[66]である。

2 労働者データ保護に関する独立的かつ学際的審議会報告書

この2022年報告書ではまず、冒頭部分において、審議会としての問題意識が整理されている。すなわち、そこでは、雇用社会のデジタル化が進むな

65 連邦労働社会省のHP（https://www.denkfabrik-bmas.de/schwerpunkte/beschaeftigtendatenschutz/beirat-zum-beschaeftigtendatenschutz）（最終アクセス：2022年1月21日）を参照。
66 以下のURLから閲覧が可能である。
〔https://www.bmas.de/SharedDocs/Downloads/DE/Arbeitsrecht/ergebnisse-beirat-beschaeftigtendatenschutz.pdf?__blob=publicationFile&v=3〕（最終アクセス：2022年1月21日）

かでは、情報通信技術の飛躍的発展により、労働者個人に関する膨大なデータが発生し、それによって労働者について、その行動などが丸裸にされ、あるいは監視されるリスク（“従業員のガラス化（Gläsernen Beschäftigten)”）が高まること、またアルゴリズムを用いた新たな判断システムが採用の場面や労働関係の展開過程で用いられることで、偏見に基づく判断や不透明な差別を惹起する危険があることが指摘されている。そして、このような変化が生じるなかでは、基本法上保護される労働者の利益（人格権、情報自己決定権）と労働者の個人データを処理することに対する使用者の利益とを適切な形で調整する必要があり、そのためには、雇用関係においてどのような労働者個人データの処理が許され、あるいは許されないのかを、明確性かつ法的安定性のある形で規律することを目的とした、連邦レベルでの統一的な労働者個人データ保護に関する法規制が必要であるとする。

このような観点に基づいて、2022 年報告書は、具体的な法規制のあり方について検討を行っている。そこでとり上げられている論点は多岐にわたり、一部については審議会における議論について両論併記となっているものあるが、以下では、今後の法規制の方向性について、審議会全体として立法者に対し提言を行っているものを中心にみておくこととしよう。

このようなものとして第一に挙げられるのは、現行の法規制のいっそうの具体化である。この点、**第二節 3.** ⑵でみたように、現在の連邦データ保護法は 26 条 1 項において、雇用関係の開始・実施・終了に関する判断にとって必要である場合に限り、使用者が労働者個人データを処理することを許容しているのであるが、2022 年報告書は、同条は一般条項的な規定であり、解釈の余地を残していることから、今後は、使用者によるデータ処理が問題となる典型的な場面（例えば採用手続におけるデータ収集）ごとに、連邦データ保護法 26 条 1 項が定める必要性判断について、これまで蓄積されてきた判断方法のリステイトメントを行う、あるいは必要性判断にとっての指標[67] を法律中に明記することによって、既存の規制の具体化を図るべきことを提案している。また、現在の連邦データ保護法 26 条 2 項は、使用者によ

67　2022 年報告書は、このような判断指標として、労働者個人データ処理の種類、規模、強度および状況を挙げている。

る個人データ処理に対する労働者の同意について真意性を要求しているが、例えば「採用手続においては、応募者の同意に真意性は通常認められない」といったように、具体的な場面ごとに、労働者の同意に基づくデータ処理の可否について規定することで、法的安定性を高めるべきことも併せて提案されている。

また第二に、2022年報告書は、雇用の文脈におけるAIの利用についても法律上の規制を設けるべきことも提案している。この点、ドイツでは、2019年のデータ保護カンファレンス（DSK）において決議された「AIに関するハンバッヒャー宣言（Hambacher Erklärung zur Künstlichen Intelligenz）」[68]のなかで、AIの利用に関するデータ保護法上の7つの要件（①AIは特定の個人を対象としてはならない、②AIは、憲法上正当な目的のために、また当該目的との関連において利用されなければならない、③AIは、透明性があり、跡付け可能で、かつ説明可能でなければならない、④AIは差別を回避しなければならない、⑤AIに対してデータ最少化の原則を適用する、⑥AIの利用は責任の自覚を必要とする、⑦AIは技術的および組織的基準を必要とする）を定式化しており、2022年報告書は、これが雇用の文脈におけるAI利用の規制にとっても重要な指針となるとしている。

第三に、**第三節2.**⑴でみたように、アクセス権をはじめとするデータ主体の権利は、現状EU一般データ保護規則において保障されているところ、雇用関係に対する適用のあり方については法的に不明確であることが指摘されていることから、2022年報告書は、今後、ドイツの国内法のなかで、雇用関係におけるデータ処理が問題となる典型的な場面ごとに、アクセス権などのデータ主体の権利を具体的に規定すべきことを提案している。

以上が、労働者個人データ保護をめぐる今後の法規制のあり方に関わるものであるが、その他にも2022年報告書は、現在のデータ保護監督機関（Aufsichtsbehörden：連邦データ保護法40条）の権限および人員体制を強化すべきことや、労働者個人データ保護の問題について継続的に検討を行うため

68　以下のURLから閲覧が可能である。
〔https://www.datenschutzkonferenz-online.de/media/en/20190405_hambacher_erklaerung.pdf〕（最終アクセス：2022年1月21日）

に連邦労働社会省などに新たな委員会（Gremien）を設置すべきことを提案するとともに、プラットフォームエコノミーのような新たな就労形態（**←第三章**）に関しても、立法者はデータ保護に関する特別の規制を創設し、これを実施することが求められると指摘している。

第五節　本章での検討結果

以上、本章における検討の要点をまとめると、次の通りである。

① 第四次産業革命が進むなかでは、様々なデジタル・テクノロジーを通じて、労働者の個人データにかかるビッグデータが生み出され、使用者の労働者に対する広範な監視が可能となるといったリスクが生じうる。また、使用者がAIなどを活用して、このようなビッグデータの分析を行う場合には、個々の労働者や採用手続における応募者について、その性格などのパーソナルな側面についても評価や予測が導かれうるといったリスクも存在する。

② 一方、ドイツにおいては個人データの保護は、人格権保護の問題として基本権レベルにおいて保障されているとともに、2018年5月以降はEU全体で一般データ保護規則が施行されている。また、ドイツの国内法のレベルでは、一般データ保護規則が定める開放条項（88条1項）を利用する形で、連邦データ保護法の26条において労働者個人データの保護にフォーカスした規制が行われており、これによって、雇用関係上の目的のための労働者個人データの処理や、労働者の同意に基づく個人データ処理などについて、ルールの明確化が図られている（そのうえで現在、新たな「労働者データ保護法」の立法化の動きもみられる）。さらに、集団的労使関係法上の規制として、事業所組織法87条1項6号は、使用者が事業所へ労働者の行動や成果に関わるデータの処理を可能とするテクノロジーを導入しようとする場面についても、事業所委員会に対し共同決定権を付与している。

③ そして、このような労働者個人データ保護にかかる法規制は、AIなどによるビッグデータ分析に関しても、労働者の個人データ（従ってまた、

その人格権）保護のために機能しうるものとなっている。すなわち、ここでの分析に用いられるアルゴリズムを開発するための労働者個人データの転用・収集に際しては、いずれも一般データ保護規則6条（労働者の同意に基づく場合には、それに加えて連邦データ保護法26条2項）を充足しなければならないとともに、特定の労働者・応募者に対してビッグデータ分析を実施する場合には、一般データ保護規則が定める各種のプロファイリング規制を遵守しなければならない。また、ドイツにおいては、ビッグデータ分析によって、当該者の性格や社会性などといったパーソナルな側面について評価や予測を行うことは、連邦データ保護法26条1項1文により許されないとの解釈も、学説上示されている。

第五章 集団的労使関係法政策

第一節　問題の所在―第四次産業革命と集団的労使関係

日本でもよく知られているように、ドイツにおける集団的労使関係[1]は、いわゆる二元的労使関係システムとして構成されている。すなわち、ドイツにおいてはまず、産業レベルにおいて労使関係が存在しており、ここでは労働者側の代表である労働組合と使用者側の代表である使用者団体との間で団体交渉（ドイツでは協約交渉〔Tarifverhandlung〕という）が行われ、労働協約が締結される（以下、労働協約システム）。また、これと並んで、ドイツでは、各企業の事業所レベルでも労使関係が存在しており、ここでは各事業所における全従業員による選挙を通じて選ばれた事業所委員会が労働者側の代表となって、事業主たる使用者と当該事業所内の労働条件などについて、共同決定（Mitbestimmung）を行う（以下、従業員代表システム）。このように、ドイツにおいては、産業と事業所という２つのレベルにおいて労働者利益代表の担い手が存在しており、使用者側との協約交渉や共同決定という形で労働条件などの決定プロセスに参加しうるシステムとなっている。

そして、このドイツにおける集団的労使関係システムは、第四次産業革命（デジタル化）により生じる雇用社会の変化に対応するため、現在でも既に一定の役割を果たしていること、また、このような変化への対応のために必要なものとして議論ないし実施されている労働法政策のなかには、労働組合および事業所委員会を重要なアクターとして位置付けるものがみられることは、これまで**第一章～第四章**において検討してきた通りである。

すなわち、まず第一に、職業教育訓練法政策との関係でいえば、事業所委

1　ドイツにおける集団的労使関係システムの全体像については、差し当たり、山本陽大『労働政策研究報告書 No.193・ドイツにおける集団的労使関係システムの現代的展開―その法的構造と規範設定の実態に関する調査研究』（労働政策研究・研修機構、2017 年）を参照。

員会には、職場への新たなテクノロジーの導入によって労働者の職業資格に不足が生じる場合における職業訓練措置の実施に関して、共同決定権（事業所組織法97条2項）が認められている（←**第一章第二節2.⑴**）。また、労働組合の一部には、労働者が継続的職業訓練を通じて新たな職業資格を獲得することを促進することを目的として、使用者団体との間で労働協約を締結する取り組みを行う動きもみられる（←**第一章第二節2.⑵**）。さらに、2020年の社会法典第Ⅲ編の改正によって、継続的職業訓練に関する事業所協定または労働協約が締結されている場合には、継続的職業訓練費用助成制度における使用者の負担割合が引き下げられることとなっている（82条4項1文）。

第二に、「柔軟な働き方」をめぐる法政策との関係でみると、情報通信技術の進展に伴い生じる常時アクセス可能性の問題に関して、事業所委員会は事業所組織法87条1項2号が定める共同決定権に基づいて、労働者の保護のためのルールメイキングを行うことが可能となっている（←**第二章第二節1.⑶**）。また、労働4.0白書（←**序章第二節1.⑵**）は、労働者の柔軟な働き方（時間主権）の実現をも目的として、現行の労働時間規制からの逸脱を可能とする労働時間選択法の整備を提案していたところ、そこでは労働組合と使用者側との間での労働協約の締結および事業所委員会と使用者との間での事業所協定の締結を、このような逸脱のためのツールとすることが構想されている（←**第二章第三節2.⑵**）。

第三に、「雇用によらない働き方」をめぐる法政策との関係では、既に金属産業労働組合が、2016年以降クラウドワーカーを組織化の対象とするとともに、その保護に向けた種々の取り組みを行っている（←**第三章第四節**）。加えて、“労働4.0”をめぐる議論の文脈においては、プラットフォーム上におけるクラウドワーカーの組織化活動を容易にするために、労働組合に対してデジタル立入権を付与することも提案されている（←**第三章第五節3.**）。

第四に、労働者個人情報保護政策の関係では、使用者が労働者の行動や成果に関わるデータの処理を可能とするテクノロジーを職場へ導入しようとする場合について、事業所組織法87条1項6号は、労働者の人格権保護を目的として、事業所委員会に対し共同決定権を付与している（←**第四章第二節**

4.）。

以上のことから、これまでに検討した各政策領域にも横断的に関わる集団的労使関係システムは、雇用社会がデジタル化するなかにおいて、労使が共同でディーセント・ワークを実現するために不可欠のインフラとして理解されている。たとえば、労働 4.0 白書のなかでは、「いかなる現代的展開があろうと、適切な解決と柔軟な歩み寄りを交渉を通じて取り決めることを可能とする協約自治および共同決定は、デジタル経済においても重要な社会制度（Institution）であり続ける」との指摘[2]がなされているのである。しかし、そうであるにもかかわらず、詳細については**第二節 3.** で検討するように、現在のドイツの集団的労使関係システムには弱体化の傾向がみられることから、その強化に向けた法政策のあり方は、“労働 4.0”の議論においても主要なテーマの一つとして取り上げられている[3]。そこで、本章においては、第四次産業革命下における集団的労使関係法政策をめぐる議論動向について検討を行うこととしたい[4]。

第二節　二元的労使関係システムの構造と現状

本節では、差し当たり、ドイツにおける集団的（二元的）労使関係システムを支える法的基盤について概観するとともに、同システムをめぐる現状と課題を明らかにすることとしよう。

2　BMAS, Weißbuch Arbeiten 4.0: Arbeit weiter denken, 2016, S.190〔https://www.bmas.de/DE/Service/Publikationen/a883-weissbuch.html〕（最終アクセス：2022 年 1 月 21 日）.

3　Vgl. BMAS（Fn.2）, S.152ff.

4　なお、本書においては第四次産業革命（デジタル化）を契機とした既存の集団的労使関係システムの強化のための法政策のあり方を主な検討の対象としているが、デジタル化は同時に、集団的労使関係の動態それ自体に対しても変容を生じさせるものでもある。この点に関して、たとえば *Giesen/Kersten*, Der Arbeitskampf in der Digitalisierten Arbeitswelt, NZA 2018 S.1 は、デジタル化が労働組合による争議行為およびそれをめぐる法領域に及ぼす影響について検討を行っている。同論文の紹介については、植村新「《論文 Today》デジタル化された労働世界における争議行為」日本労働研究雑誌 699 号（2018 年）90 頁を参照。

1 労働協約システム

(1) 労働協約法制

ドイツにおいては、労働協約システムにおけるアクターである労働組合の存立および活動は、団結の自由（団結権）を保障する基本法9条3項によって、憲法レベルで保障されている[5]。とりわけ、労働組合が使用者（団体）と労働協約を締結し労働条件を規整するという意味での協約自治（Tarifautonomie）については、この基本法9条3項によって保護される活動のなかでも最も中核的なものとして位置付けられていることから、国家は協約自治が実効的に機能するよう、労働協約システムを整備すべき義務を負うと解されている。このような憲法上の要請に基づいて定められているのが、労働協約法[6]である。

同法の内容について簡単にみておくと、ドイツの労働協約法は、まず2条1項において労働協約の締結当事者（協約当事者）として、労働組合、個別使用者および使用者団体を挙げている。従って、ドイツでは労働協約は、労働組合―個別使用者間もしくは労働組合―使用者団体間において締結されうる。ただし、このうち労働組合側に関しては、労働協約を締結するためには、いわゆる「協約締結能力（Tariffähigkeit）」[7]を備える必要があると解されている。これは、労働協約が労働協約法上も労働関係の内容などを定める法規範（Rechtsnormen）とされていることから（1条1項）、その内容の正当性（Richtigkeit）を担保するために、判例上形成されてきたルールである。具体的には、労働組合は、①民主的組織であること、②社会的実力（soziale Mächtigkeit）を備えていること、③協約締結意思を有していること、④現行の労働協約制度を承認していることという、4つの要件を充たさなけ

5　基本法9条3項の意義について、詳しくは、榊原嘉明「ドイツは協約自治を放棄したのか？―ドイツにおける協約自治保障の憲法的基礎と2014年協約自治強化法の中間的評価」『毛塚勝利先生古稀記念論集・労働法理論変革への模索』（信山社、2015年）719頁、山本・前掲注（1）報告書10頁以下を参照。

6　同法の邦語訳については、山本陽大＝井川志郎＝植村新＝榊原嘉明『現代ドイツ労働法令集』（労働政策研究・研修機構、2022年）217頁〔山本陽大〕を参照。

7　協約締結能力をめぐる議論の詳細については、桑村裕美子『労働保護法の基礎と構造―法規制の柔軟化を契機とした日独仏比較法研究』（有斐閣、2017年）59頁以下、植村新「労働協約の法的規律に関する一考察(1)～（3・完）」季刊労働法265号202頁、同266号189頁、同267号186頁（2019年）を参照。

ればならない。なかでも、②社会的実力の要件は、労働組合に対し、協約交渉において使用者側へ圧力を行使することができ、かつ締結された労働協約を実施するために十分な資金力や人的・物的設備を備えていることを要求するものである。これによって、ドイツにおいては、たとえば組織規模が小さく交渉力が脆弱な労働組合には、そもそも協約締結権限は認められないこととなっている。

次に、労働協約の締結交渉（協約交渉）についてみると、ドイツでは協約自治（基本法９条３項）の尊重という観点から、協約交渉に関する法規制は存在しない。連邦労働裁判所も、相手方に対して協約交渉の開始・継続を義務付けるという意味での交渉請求権を否定している[8]。そのため、ドイツにおける協約交渉の形態は、もっぱら協約当事者間での自治に委ねられている[9]。

このような協約交渉を経て、労働協約が締結された場合には、３条１項および４条１項により、当該協約を締結した労働組合に加入している組合員のみが、その直接的な適用を受けることとなる（また、使用者側の協約当事者が使用者団体である場合には、当該使用者団体に加盟している企業のみが、労働協約の適用を受ける）。従って、ドイツにおいては、非組合員（あるいは、使用者団体に加盟していない企業）に対する関係では、労働協約は直ちには適用されない。ただし、ある労働協約が、一定の要件（←詳細は**第三節 1.(5)**）を充たす場合には、労・使それぞれのナショナルセンターからの代表者３名で構成される協約委員会（Tarifausschuss）の同意を得て、連邦労働社会省が一般的拘束力宣言（Allgemeineverbindlicherklärung）を行うことで、当該協約はその適用範囲内における非組合員（および、当該協約を締結した使用者団体に加盟していない企業）に対しても、直接的に適用されることとなる（５条）。

なお、ドイツにおいては、労働協約法上、いわゆる有利原則（4条３項：Günstigkeitsprinzip）が認められていることから、労働協約の適用を受けて

8　BAG Urt. v. 2.8.1963, AP Nr.5 zu §9 TVG = DB 1961, 1089.

9　ドイツ最大の産別組合である金属産業労働組合の協約交渉の概要について、山本・前掲注（1）報告書 27―28 頁を参照。

いても、個別の労働契約によって労働協約が定める水準よりも有利な労働条件を合意することが可能となっている。また、いわゆる余後効（同条５項：Nachwirkung）についても明文をもって規定されており、これによって、労働協約の有効期間満了後も新たな労働協約などによって代替されるまでは、従前の労働協約が引き続き適用されることとなる。

(2) 産業別労働協約システムの形成と機能

このような法的枠組みを前提に、ドイツにおいては伝統的に、産業別に組織された労働組合および使用者団体が、労働協約システムにおいて中核的な役割を果たしてきた。これは、労働組合のナショナルセンターであるドイツ労働総同盟が、戦後、労働組合の再建に当たって、いわゆる「産業別組織原則（Industrieverbandsprinzip）」に従い、１つの産業を管轄する労働組合を１つに限ることで組合組織力の強化を図り、またこれに対応する形で、使用者団体も産業別に組織されていったという歴史的経緯[10]によるものである。現在でも、ドイツ労働総同盟に加盟している８の産業別労働組合、および使用者団体のナショナルセンターであるドイツ使用者団体連合に加盟している62の地域別・業種別使用者団体が、ドイツの労働協約システムにおける主要なアクターとなっている。

そして、このために、ドイツにおいては協約交渉も、産別組合―使用者団体間で産業ごとに全国または一定地域を締結単位として行われ、従ってまた、労働協約も産業別労働協約[11]として締結されてきた。この産別協約は、締結単位内において企業横断的に適用される広域協約（Flächentarifvertrag）であることに加え、前述の通り労働協約法が有利原則を認めていることと相まって、当該産業において広く最低労働条件を定立する機能を果たしてきた（労働協約の保護機能）。このことは、使用者の側にしてみれば、市場における労働条件の引下げを通じた競争が排除され、競争条件が同一化されることをも意味するものであったといえる（労働協約の

10　この点については、山本・前掲注（1）報告書６頁以下、名古道功『ドイツ労働法の変容』（日本評論社、2018年）15頁を参照。

11　ドイツにおける産別協約の実態については、山本・前掲注（1）報告書44頁以下を参照。

秩序〔カルテル〕機能）。

2 従業員代表システム

(1) 事業所組織法制

一方、従業員代表システム[12]についてみると、ここでのアクターは、従業員代表機関たる事業所委員会と使用者であり、このような労使関係の運営は、事業所組織法[13]によって網羅的に規律されている。

この点につき、まず事業所委員会は、常時5名以上の選挙権を有する労働者（＝18歳以上の全ての労働者）を雇用し、そのうちの3名が被選挙権を有している労働者（＝勤続6ヶ月以上である全ての労働者）である事業所において、選挙手続を実施することで設置される（1条、7条1文、8条1項1文）。事業所委員会は、当該事業所に適用される法令や労働協約などのモニタリング（80条1項1号）、労働者からの苦情処理（85条）など、幅広い任務を負っているが、その活動のなかで最も重要なのは、当該事業所内の労働条件などについて、使用者と共同決定を行い、事業所協定（Betriebsvereinbarung）を締結することである。事業所委員会との共同決定の対象となる労働条件については**【表5-2-1】**を参照されたいが、なかでも87条1項が定める労働条件（いわゆる社会的事項：懲戒処分制度、始業・終業時刻、賃金支払方法、計画年休など）に関しては、事業所委員会には同意権としての共同決定権が付与されており、それによって、これらの社会的事項については使用者側が一方的に決定することはできないこととなっている。すなわち、これらの労働条件の決定に当たっては、まずは事業所委員会との合意が必要であり、合意（共同決定）に至った場合には、事業所協定が締結される。一方、合意に至らなかった場合には、使用者または事業所委員会の申立てに基づいて、仲裁委員会（76条：その委員は使用者と事業所委員会により任命される）が設置され、この仲裁委員会が下す裁定が、両当事者の合意に代替することとなっている（87条2項）。そのうえで、締結された事業所

12　ドイツにおける従業員代表システムについては、藤内和公『ドイツの従業員代表制と法』（法律文化社、2009年）による詳細な研究がある。

13　同法の邦語訳については、山本ほか・前掲注（6）書225頁〔植村新〕を参照。

【表 5-2-1】 事業所委員会との共同決定事項

事　項	関　与　権	共　同　決　定　権
人事計画	人事計画などについて情報提供と協議義務（92条1項） 計画導入の提案（92条2項） 優先的社内募集の要求権（93条）	
採用	管理職の採用についての予告義務（105条）	応募書類・質問事項・評価基準の作成（94条、同意権） 人事選考指針（95条1項、同意権） 労働者の採用（99条、同意拒否権）
配置転換		対象者選考基準（95条2項、同意権） 個別配置転換（99条、同意拒否権）
賃金		支払時期、算定原則など、能率給（87条1項、同意権）
格付け・査定	情報提供義務（99条）	一般的評価原則策定（94条2項、同意権） 選考基準（95条1項、同意権） 格付け（99条、同意拒否権）
労働時間		始業・終業時刻、週日への労働時間配分、時間外労働、年休計画、年休時期調整（87条1項、同意権）
職場規律・安全衛生		懲戒処分制度、労働者の行動および成果を監視するための技術的装置の導入と利用、労働災害と職業疾病の防止のためまたは法令もしくは災害防止規則に基づく健康保持のための規定の作成（87条1項、同意権）
福利厚生		福利施設の形態など、社宅割当（87条1項、同意権）
解雇	意見聴取義務（102条1項） 異議申立権（102条3項） 解雇確定までの継続雇用義務（102条5項） 任意的事業所協定による同意条項可（102条6項）	解雇の一般的選考基準の作成（95条1項、同意権）
職業教育訓練	訓練の必要性につき協議義務（96条1項） 訓練施設・提供につき協議義務（97条1項）	職務変更に伴う訓練（97条2項、同意権） 職業訓練措置の実施（98条1項） 職業訓練措置への参加（98条3項）
雇用調整・促進	促進の提案（92a条1項）	操業短縮（87条1項、同意権）

職場等編成	職場等編成について情報提供と協議義務（90条）	特別な負荷を除去する措置についての修正的共同決定権（91条）
事業所変更	事業所閉鎖・縮小・統合などの場合の情報権と協議権（111条） 経済委員会を通じての情報権（106条）	事業所変更の際の社会計画（112条、同意権）

出典：久本憲夫「ドイツにおける従業員代表制の現状と課題」日本労働研究雑誌703号（2009年）39頁をもとに、一部筆者加工

協定には規範的効力が認められるため、それらのなかで定められた労働条件は、当該事業所における全ての労働者に対して、直接的に適用されることとなる（77条4項1文）。

なお、以上のような事業所委員会の一連の活動について、それにかかる費用を全て負担するのは使用者であり、事業所委員会がその活動のために労働者から分担金を徴収することは禁止されている（40条1項、41条）。また、使用者は、事業所委員会の会議や日常的業務などの遂行のために必要な範囲内で、部屋、物品、情報・通信機器などを提供しなければならないこととなっている（40条2項）。さらに、事業所委員会はその任務を遂行するために、適時かつ包括的に使用者から情報提供を受けることができ、必要な限りにおいて、事業所内外の専門家の協力を得ることもできる（80条2項・3項）。なお、事業所委員会の活動に対する妨害行為や不利益取り扱いは、刑罰をもって禁止されている（119条1項）。

⑵　労働組合との関係

このように、ドイツの二元的労使関係システムのもとでは、労働組合と事業所委員会という2つの労働者利益代表が存在するが、両者は法的にはその性格を峻別されている。

すなわち、労働組合は労働者個々人が自発的な加入意思に基づいて結成する団結体であるのに対して、事業所委員会は、このような労働者の加入意思を問題とせず、当該事業所内における民主的選挙によって設置され、それによって当該事業所に所属している労働者全体を自動的に代表する従業員代表機関である。そして、両者の関係性については、ドイツでは基本法9条3項

によって、労働組合こそが憲法上の労働者利益代表として位置付けられていることから、事業所委員会が労働組合の地位を侵食することのないよう、事業所組織法上も労働組合の優位性が担保されている。このようなものとして最も重要であるのが、同法77条3項1文が定める協約優位原則（Tarifvorrangsprinzip）であり、これによって、労働協約のなかで規定されている（あるいは、規定されるのが通常である）労働条件について事業所協定を締結することは、当該協約自体がそのことを認める規定（開放条項）を置いていない限り許されないこととなっている。

またこのほか、当該事業所において1人以上の組合員を擁している労働組合（代表的組合という）には、事業所委員会の設置や活動について、様々な形で支援や監督を行う権限が認められている。たとえば、代表的組合には、それまで事業所委員会が存在していなかった事業所に新たにこれを設置する場面において、選挙手続を主導する権限が認められている（事業所組織法17条3項など）。

このようにみると、ドイツの従業員代表システムは、労働協約システムの優位性を前提に、その支援や監督を受けつつ展開されることが法制度上期待されているといえよう。実際にも、事業所委員会委員の約7割は産別組合の組合員であり、ドイツにおける事業所委員会は、機能的には産別組合の企業別組合支部としての役割を果たしているのがその実態となっている[14]。

3 二元的労使関係システムの現状と課題

もっとも、冒頭でも指摘した通り、このようなドイツの二元的労使関係システムには、特に1990年代以降、弱体化の傾向がみられる[15]。

(1) 労働協約システムについて

ドイツにおいて、戦後、産別協約を中核に据えた労働協約システムが形成

14　この点については、山本・前掲注（1）報告書95頁以下を参照。
15　この問題については、橋本陽子「第2次シュレーダー政権の労働法・社会保障法改革の動向―ハルツ立法、改正解雇制限法、及び集団的労働法の最近の展開」学習院法学雑誌40巻2号(2005年）227頁以下、岩佐卓也『現代ドイツの労働協約』（法律文化社、2015年）17頁以下、名古・前掲注（10）書78頁以下にも詳しい。

【表 5-2-2】　産別協約のカバー率（従業員比）の推移（2002 年～2020 年）　単位：%

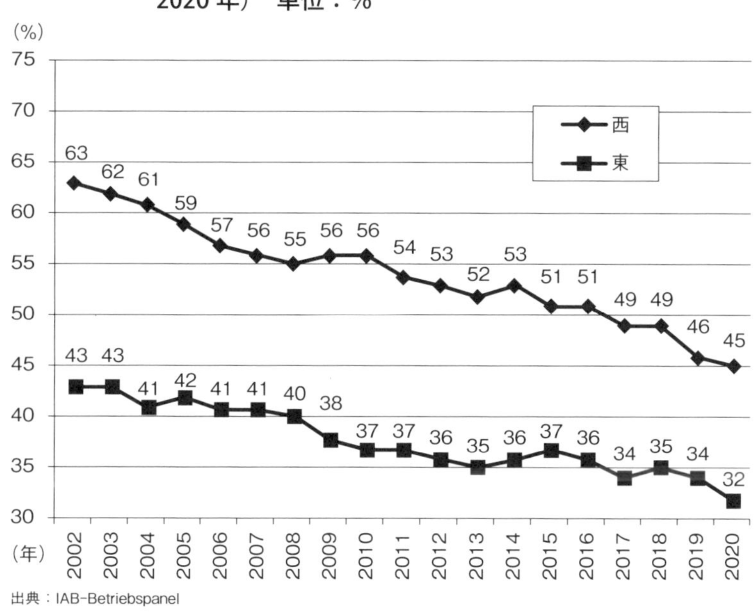

出典：IAB-Betriebspanel

されてきた様相については、先ほど 1. (2)でみた通りであるが、同システムのもと従来のドイツでは、労働組合および使用者団体ともに比較的高い組織率を保持しており、また、法定の要件のもとで非組合員ないし使用者団体非加盟企業に対しても労働協約の拡張適用を可能とする一般的拘束力宣言制度（労働協約法 5 条）も一定程度利用されてきたことから、ドイツの産別協約は伝統的に高いカバー率を誇っていた。

しかしながら、このような産別協約のカバー率は、1990 年代に入って以降、年々低下している。この点につき、統計によれば、旧西ドイツ地域において産別協約によってカバーされている労働者の割合は、1996 年時点ではいまだ全体の 69% を維持していたのが、2020 年には 45% にまで落ち込んでいる。また、旧東ドイツ地域はより顕著であって、1996 年時点では 56% あったカバー率が、2020 年には 32% にまで落ち込んでいるのである（**【表 5-2-2】**も参照）。

その理由としてまず挙げられるのは、労働組合の側における組織率の低下である。組合組織率の低下は日本を含めてドイツ以外においてもみられる現象であるが、とりわけドイツは、1990年代における東西ドイツ統一後の旧東ドイツ地域での景気低迷と雇用減少、EU統合による周辺諸国からの外国人労働力の流入、2000年代前半における労働市場改革（いわゆるハルツ改革）による非正規雇用労働者の増加といった固有の要因を抱えていた。それによって、ドイツ労働総同盟傘下の産別組合だけでいえば、1991年の時点で1,000万人を超えていた組合員数は、2019年には約600万人弱にまで減少している（**【表5-2-3】**も参照）。

また、その一方で、使用者団体側においても、産別協約の適用を受けることを嫌って使用者団体から脱退したり、あるいは使用者団体には加盟するものの「協約に拘束されないメンバー資格（OTメンバー資格）」を選択する企業が増加しているという意味での「協約からの逃避（Tarifflucht）」現象が生じており、このことも協約カバー率の低下に拍車をかけた。

さらに、使用者団体側の協約カバー率が低下した結果、一般的拘束力宣言の要件が充たせなくなり、一般的拘束力宣言を受ける労働協約数が減少していることもまた、見逃されてはならない。連邦労働社会省の統計によれば、一般的拘束力宣言を受けている労働協約数は、1990年代には600件を超えていたのが、2017年には443件にまで減少している（**【表5-2-4】**も参照）。

この点については、従来、ある労働協約に対し一般的拘束力宣言が行われるためには、「当該協約に拘束される使用者が、当該協約の適用範囲内にある労働者の50%以上を雇用していること」という実体的要件（いわゆる50%定数〔50-Prozent-Quorums〕要件）が課され、これによって使用者側の協約カバー率が指標とされていたわけであるが、上記のように協約から逃避する企業が増えるなかでは、この50%定数要件を充たすことができない場面が生じるようになったのである[16]。

かくして、1990年以降のドイツでは、産別協約のカバー率が年々低下の一途をたどったことによって、協約による保護を受けず、低賃金で就労する

---

16 Vgl. *Jöris*, Die Allgemeinverbindlicherklärung von Tarifverträgen nach dem neuen § 5 TVG, NZA 2014, S.1314.

【表 5-2-3】 産業別労働組合の組合員数の推移（2001 年～2020 年）単位：人

年	建設・農業・環境産業労働組合（IG BAU）	鉱業・化学・エネルギー産業労働組合（IG BCE）	教育学術労働組合（GEW）	金属産業労働組合（IG Metal）	食品・飲料・旅館業労働組合（NGG）	警察官労働組合（GdP）	鉄道交通労働組合（EVG）	統一サービス産業労働組合（ver.di）	合 計
2001	509,690	862,364	268,012	2,710,226	250,839	185,380	306,002	2,806,496	7,899,009
2002	489,802	833,693	264,684	2,643,973	245,350	184,907	297,371	2,740,123	7,699,903
2003	461,162	800,762	260,842	2,525,348	236,507	181,100	283,332	2,614,094	7,363,147
2004	424,808	770,582	254,673	2,425,005	225,328	177,910	270,221	2,464,510	7,013,037
2005	391,546	748,852	251,586	2,376,225	216,157	174,716	259,955	2,359,392	6,778,429
2006	368,768	728,702	249,462	2,332,720	211,573	170,835	248,983	2,274,731	6,585,774
2007	351,723	713,253	248,793	2,306,283	207,947	168,433	239,468	2,205,145	6,441,045
2008	336,322	701,053	251,900	2,300,563	205,795	167,923	227,690	2,180,229	6,371,475
2009	325,421	687,111	258,119	2,263,020	204,670	169,140	219,242	2,138,200	6,264,923
2010	314,568	675,606	260,297	2,239,588	205,646	170,607	232,485	2,094,455	6,193,252
2011	305,775	672,195	263,129	2,245,760	205,637	171,709	220,704	2,070,990	6,155,899
2012	297,763	668,982	266,542	2,263,707	206,203	173,223	213,566	2,061,198	6,151,184
2013	288,423	663,756	270,073	2,265,859	206,930	174,102	209,036	2,064,541	6,142,720
2014	280,926	657,752	272,309	2,269,281	205,908	174,869	203,875	2,039,931	6,104,851
2015	273,392	651,181	280,678	2,273,743	203,857	176,930	197,094	2,038,638	6,095,513
2016	263,818	644,944	278,306	2,274,033	201,623	180,022	192,802	2,011,950	6,047,503
2017	254,525	637,623	278,243	2,262,661	199,921	185,153	189,975	1,987,336	5,995,437
2018	247,182	632,389	279,389	2,270,595	198,026	190,931	187,396	1,969,043	5,974,951
2019	240,146	618,321	280,343	2,262,571	197,791	194,926	185,793	1,955,080	5,934,971
2020	231,663	606,348	280,452	2,214,662	194,145	197,736	184,090	1,941,071	5,850,167

出典：ドイツ労働総同盟の HP〔http://www.dgb.de/uber-uns/dgb-heute/mitgliederzahlen〕（最終アクセス：2022 年 1 月 21 日）

労働者層が拡大する事態が生じていた。

⑵ 従業員代表システムについて

一方、ドイツにおいては、従業員代表システムについても弱体化がみられるようになっている。とりわけ重要であるのは、事業所委員会の設置率が低下し、事業所委員会が存在しない事業所が拡大しているという問題である。

【表 5-2-4】 一般的拘束力宣言を受けている労働協約数（2001 年〜2017 年）

2001 年	534
2002 年	542
2003 年	480
2004 年	476
2005 年	475
2006 年	446
2007 年	454
2008 年	463
2009 年	476
2010 年	490
2011 年	488
2012 年	502
2013 年	498
2014 年	496
2015 年	491
2016 年	444
2017 年	443

出典：BMAS, Verzeichnis der für allgemeinverbindlich erklärten Tarifverträge（Stand:1. Januar 2017）, S.7

この点、統計をみると、旧西ドイツ地域において事業所委員会が設置されている事業所で就労する労働者の割合は、1993 年の時点では全体の 51％ であったのが、2003 年以降になると 50％ を下回るようになり、2020 年には 40％ にまで低下していることがわかる。旧東ドイツ地域だと、この割合は 2020 年で 36％ と、いっそう低い値となっている（**【表 5-2-5】** も参照）。

また、事業所規模別でみると、2020 年時点で、事業所委員会が設置されている事業所で就労する労働者の割合は、従業員数 501 人以上の大規模事業所だと 9 割を超えるのに対し、従業員 100 名〜51 名の事業所だと 34％ にまで低下し、さらに従業員 50 人以下の小規模事業所においてはわずか 9％ にとどまっている（いずれも旧西ドイツ地域）。これは、産業分野でいえば、自動車・金属・化学のような大規模事業所が多い産業においては高い設置率が維持されている一方で、小売や建設などのように中・小規模の企業が多い

【表 5-2-5】 事業所委員会設置率（従業員比）の推移
（1996 年～2020 年） 単位：%

	旧西ドイツ地域	旧東ドイツ地域
1996 年	50	42
2000 年	50	41
2004 年	47	40
2008 年	45	37
2012 年	43	36
2014 年	43	33
2016 年	43	34
2018 年	42	35
2019 年	41	36
2020 年	40	36

出典：IAB-Betriebspanel をもとに一部筆者加工

産業においては、設置率は相当に低いことを示している。

このように、事業所委員会の設置率が低下している背景の一つには、これまで事業所委員会が設置されていなかった事業所へこれを新たに設置することが困難となりつつあるという事情があり、特にこのことには、先ほどみた労働組合組織率の低下が影響を及ぼしている。すなわち、ドイツでは、事業所組織法上、事業所へ事業所委員会を新たに設置する場合には、代表的組合に対して選挙手続を主導する権利が認められているところ（←2. (2)）、組合組織率が年々低下するなかでは、それに伴って、この主導権にとっての要件となる事業所内での代表性を獲得（すなわち、当該事業所における１名以上の組合員の組織化）できる場面も年々減少してしまっており、これが事業所委員会設置率低下の一因となっているのである。

またこのほか、従業員数が少ない小規模事業所においては、事業所組織法による禁止にもかかわらず、使用者が事業所委員会選挙のための活動を行おうとする労働者に対して解雇をほのめかすなどの妨害行為を行うことで、事業所委員会の新設が困難となる例も散見されるようである[17]。

第三節　集団的労使関係の強化に向けた法政策

第二節 3. でみた現状を踏まえ、ドイツの“労働 4.0”の文脈においては、労働協約システムおよび従業員代表システム双方の強化に向けた法政策のあり方について議論されており、特に連邦労働社会省がこの間に公表しているいくつかの政府文書は、具体的な立法政策上の提案を複数示している点で注目すべきものとなっている[18]。なかでも従業員代表システムを規律する事業所組織法については、これらの提案をも具体化すべく、2021 年 6 月の「事業所委員会現代化法（Betriebsrätemodernisierungsgesetz)」によって大幅な改正が行われている。

そこで、以下では、このような労働行政レベルでの提案および立法動向を中心に検討することとしよう。

1　労働協約システムの強化

このうちまず、労働協約システムに関しては、できる限り多くの労働者および使用者が、労働組合ないし使用者団体に加入し、労働協約によってカバーされている状況を創出することを目的とした法政策として、以下のものが提示されている。

⑴　組合費の税制上の優遇

まず、第一に挙げられるのは、組合費の税制上の優遇である。すなわち、2019 年 9 月に連邦労働社会省が公表した ANPACKEN（**←序章第二節 1.⑵**）のなかでは、労働組合に加入した場合に組合員が支払う組合費（Mitgliedsbeitrag）について、所得税法上の優遇措置をとることにより、労働者

17　Vgl. *Behrens/Dribbusch*, Arbeitsgebermaßnahmen gegen Betriebsräte: Angriffe auf die betriebliche Mitbestimmung, WSI-Mitteilungen 02/2014, S.140. また、久本憲夫「ドイツにおける従業員代表制の現状と課題」日本労働研究雑誌 703 号（2009 年）48 頁も参照。

18　このうち、労働 4.0 白書における集団的労使関係をめぐる法政策上の提案について検討を行う邦語文献として、山本陽大「ドイツ―第三次メルケル政権下における集団的労使関係法政策」『JILPT 第 3 期プロジェクト研究シリーズ・現代先進諸国の労働協約システム』（労働政策研究・研修機構、2017 年）61 頁以下、丸山亜子「『労働 4.0』の世界における集団的労使関係の限界と新たな可能性」宮崎大学教育学部紀要 92 号（2019 年）53 頁以下がある。

の金銭的負担の軽減を図り、労働者にとって組合加入をより魅力的なものとすることが提案されている[19]。より具体的には、ドイツにおいては所得税の算出に当たり、保険料や寄付金、児童の養育費などを特別支出（Sonderausgaben）として控除対象とすることが認められているところ、将来的には組合費も、このような特別支出の対象に含めることが構想されている[20]。

(2) 労働組合のデジタル立入権

また、第二に挙げられるのは、労働組合に対するデジタル立入権の付与である。この点、**第三章第五節 3.** でみたように、ドイツにおいては ANPACKEN において既に、クラウド（プラットフォーム）ワーカーの組織化の問題を念頭に、労働組合に対してこのような権利を認めるべきことが提案されていた。しかし、その後の 2021 年 3 月に連邦労働社会省が連邦財務省との連名で公表した「最低賃金の継続的発展および協約拘束性の強化に関する骨子案」（以下、2021 年骨子案）[21] のなかでは、クラウドワークの場面に限らず、より射程の広い権利としてのデジタル立入権を労働組合に付与すべきことが提案されている[22]。すなわち、この 2021 年骨子案は、労働協約法のなかで、労働組合に対して事業所内における電子的コミュニケーションシステムの利用（＝デジタルでの立ち入り）を可能とする権利を認めるべきことを提案している。この場合、使用者は原則としてその利用を甘受しなければならず、正当な利益が認められる場合に限り、労働組合のデジタルでの立ち入りを必要な範囲に制限することができる。

なお、上記の 2021 年骨子案では、このデジタル立入権のほか、従来判例

19　BMAS, ANPACKEN: Zukunftsdialog - Ergebnisbericht, 2019,S.28f〔https://www.bmas.de/DE/Service/Publikationen/a894-zukunftsdialog-ergebnisbericht.html〕（最終アクセス：2022 年 1 月 21 日）. なお、APNPACEN では、「第二次協約自治強化法（Zweites Gesetz zur Stärkung der Tarifautonomie）」によって、組合費の税制優遇と後述のデジタル立入権を法政策として実施することが提案されている（vgl. BMAS (Fn.19), S.29）。

20　BMAS (Fn.19), S.29.

21　BMAS, Eckpunkte zur Weiterentwicklung des Mindestlohns und Stärkung der Tarifbindung, 2021〔https://www.bmas.de/SharedDocs/Downloads/DE/Arbeitsrecht/fairer-mindestlohn.pdf?__blob=publicationFile&v=3〕（最終アクセス：2022 年 1 月 21 日）.

22　この点について検討を行うものとして、*Göpfert/Stöckert,* Digitaler Zugang der Gewerkschaft zum Betrieb?, NZA 2021,S.1209 がある。

によって基本法９条３項に基づいて労働組合に認められてきた物理的な形での事業所へ立入権についても、今後明文化すべきことが併せて提案されている。

⑶ 証明書法の改正

ところで、第一および第二の点は、いずれも労働者の労働組合への加入を促進するための法政策と評価できるが、一方、この間に公表されたいくつかの政府文書のなかでは、使用者に対して使用者団体へ加盟し、労働協約によってカバーされることへのインセンティブを喚起する法政策も複数示されている。

このようなものとして第三に挙げられるのは、証明書法の改正である。この点、ドイツにおいては証明書法[23]により、使用者は労働者を雇い入れてから１ヶ月以内に、基本的な労働条件を記した書面を労働者に交付すべき義務（労働条件明示義務）を負っている（２条１項１文）。ただし、現行法では、一定の労働条件（賃金〔同項２文６号〕、労働時間〔同７号〕、休暇〔同８号〕、解雇予告期間〔同９号〕）については、使用者は当該労働関係に適用される労働協約を摘示することで、上記義務に代えることが可能となっている（２条３項１文）。そのうえで、先ほどもみた2021年骨子案では、今後、労働協約の摘示によって労働条件明示義務を代替できる使用者の範囲を、使用者団体に加盟していることで労働協約によってカバーされている（労働協約法３条１項）使用者に限定し、使用者団体に加盟していない使用者、あるいは加盟していても**第二節３.** ⑴でみたOTメンバー資格を選択しており協約によってカバーされない使用者については、労働者との間の労働条件について、労働協約が定める労働条件を適用する場合には、当該協約の摘示では足りず、それを印刷したもの（コピー）を交付しなければならないこととすることが提案されている。これは、労働条件明示に伴う負担の程度にグラデーションを設けることで、使用者に対して、使用者団体へ加盟し、労働協約によってカバーされることを促す法政策といえよう。

23　同法の邦語訳については、山本ほか・前掲注（6）書17頁〔井川志郎〕を参照。

(4) 協約逸脱規定の活用と対象の限定

第四に挙げられるのは、協約逸脱規定（協約に開かれた法規〔tarifdispositives Recht〕）[24]の活用である。これは、労働4.0白書において提案されているものであるが、ドイツの労働法においては、個別の法令のなかで、このような協約逸脱規定が置かれている場合には、労働協約によって当該法令が定めているのとは異なるルールや労働条件を柔軟に定めることが可能となっている。最近の例でいえば、ドイツでは2016年10月の労働者派遣法（AÜG）改正[25]により、労働者派遣の上限期間が18ヶ月に制限されることとなったが（1条1b項1文）、同時に協約逸脱規定が設けられ、派遣労働者が就労する産業分野の協約当事者は、労働協約により上記とは異なる上限期間を定めることが可能となっている（同項3文）。そして、このような協約逸脱規定に基づいて労働組合と使用者団体間において法規制の柔軟化のための労働協約が締結されている場合には、当該協約にカバーされる使用者は、柔軟化による利益（上記の労働者派遣法の例でいえば、18ヶ月を超える派遣労働者の利用）を享受できるようになる。労働4.0白書は、この点に着目し、特に使用者が使用者団体に加盟し、労働協約によりカバーされようとすることへのインセンティブとなることを期待して、今後も協約逸脱規定をいっそう活用することを提案している[26]。

もっとも、（上記の労働者派遣法の例も含め）現在の協約逸脱規定には、使用者団体へ加盟しておらず、労働協約によってカバーされていない使用者であっても、当該協約の適用範囲内にいる場合には、事業所協定や個別の労働契約のなかで、当該協約を援用することにより、そのなかで定められている協約逸脱規定による柔軟化の利益を享受することを可能とするものが少な

24　ドイツにおける「協約に開かれた法規（範）」の詳細については、桑村・前掲注（7）書65頁以下を参照。

25　同改正については、山本陽大＝山本志郎「ドイツにおける労働者派遣法および請負契約の濫用規制をめぐる新たな動向」労働法律旬報1872号（2016年）36-37頁、「JILPT海外労働情報・労働者派遣等改正法－4月から実施へ」（2017年1月）〔https://www.jil.go.jp/foreign/jihou/2017/01/germany_01.html〕（最終アクセス：2022年1月21日）を参照。なお、上記規定も含めて、労働者派遣法の邦語訳については、山本ほか・前掲注（6）書293頁〔井川志郎〕を参照。

26　BMAS (Fn.2), S.157. このような協約逸脱規定は、**第二章第四節2.** ⑴(ii)でみたモバイルワーク法第二次草案においても活用されている（同草案が提案する営業法新111条7項）。

からずみられる。そのため、(2)でみた2020年骨子案は、今後、労働協約が定める協約逸脱規定により法規制の柔軟化の利益を享受できる対象を、使用者団体へ加盟しており当該協約にカバーされている使用者に限定し、そうではない使用者もこれを享受できるという現行法における“いいとこどり(Rosinenpickerei)”は廃止すべきことを提案している。これにより、使用者団体に加盟し労働協約にカバーされようとすることに関する使用者に対するインセンティブを、さらに強化することが狙われているといえよう。

(5) 一般的拘束力宣言制度の再検討

第五に挙げられるのは、一般的拘束力宣言制度の再検討である。**第二節1.** (1)でみたように、ドイツでは、ある労働協約に対して労働協約法5条が定める一般的拘束力宣言が行われた場合、当該協約の効力は拡張され、その適用範囲内にいる非組合員である労働者も、当該協約による保護を受けることが可能となっている。もっとも、使用者側の「協約からの逃避」現象に起因して、いわゆる50%定数要件をクリアできないために、ドイツにおいて従来、一般的拘束力宣言を受けている労働協約数は年々減少傾向にあったことは、**第二節3.** (1)で前述した通りである。そのため、2010年代のドイツにおいては、協約カバー率の低下に歯止めをかけ労働協約システムを安定化させるための手段としての一般的拘束力宣言制度の改革が論じられ[27]、2014年8月には「協約自治強化法(Tarifautonomiestärkungsgesetz)」によって、同制度について定める労働協約法5条が改正されるに至っている[28]。すなわち、この改正によって、従来の50%定数要件は廃止され、連邦労働社会省は単に「公共の利益によって必要であると思料される場合」[29]であれば、

27 詳細については、ラインハルト・ビスピンク=トアステン・シュルテン(榊原嘉明訳)「ドイツ労働協約システムの安定化と一般的拘束力宣言制度改革」比較法雑誌47巻4号(2014年)153頁を参照。

28 この点については、山本・前掲注(18)論文46頁も参照。

29 この「公共の利益」要件自体は以前から存在していたものであるが、2014年改正では同要件が通常認められる場合として、「労働協約がその適用範囲内において、労働条件の形成にとって優越的な意義を獲得している場合」(改正後労働協約法5条1項2文1号)および「誤った経済的発展に対する協約上の規範設定の有効性を確保するために、一般的拘束力宣言が必要とされる場合」(同2号)が挙げられている。これらの解釈については、*Jöris* (Fn.16), S.1315ff を参照。

一般的拘束力宣言を行うことが可能となった。この2014年改正は、一般的拘束力宣言制度の要件緩和を図ったものとして位置付けられている[30]。

しかし、このような要件緩和の試みは、ドイツにおいてその後、必ずしも効を奏してはいないようである。例えば、2019年9月のANPACKENのなかでは、2014年改正以降も一般的拘束力宣言を受けている労働協約数は増加していない旨の明確な記述がみられる[31]。そのため、ANPACKENにおいては、連邦労働社会省は今後、どのようにすれば公共の利益が存在する場合において当該協約を締結している協約当事者によって一般的拘束力宣言制度が効果的に利用されうるかについて、労・使団体とともに検討を行うことが提案されている[32]。

2 従業員代表システムの強化―2021年事業所委員会現代化法

一方、“労働4.0”の議論のなかでは、従業員代表システムの強化に関しても、連邦労働社会省などから法政策上の提案が示されていたところ、この点については前述の通り、2021年6月の事業所委員会現代化法によって、事業所組織法をはじめとする従業員代表システムをめぐる関連法令の改正が行われている。同改正の内容は多岐にわたるが、大きく分けて、事業所委員会の設置をいっそう促進すること（量的強化）を目的としたもの（←(1)）と、デジタル化が進展するなかで事業所委員会の権利や活動をより実効的なものとすること（質的強化）を目的としたもの（←(2)）によって構成されている。そして、前者はさらに、事業所委員会の設置に関して、①小規模事業所

30　Vgl. etwa *Müller-Glöge/Preis/Schmidt* (Hrsg.), Erfurter Kommentar zum Arbeitsrecht, 21.Aufl., 2021, §5 TVG Rn.11〔*Franzen*〕. また、山本・前掲注（1）報告書65頁も参照。

31　BMAS (Fn.19), S.30. なお、連邦労働社会省は2018年以降しばらくの間、一般的拘束力宣言を受けている労働協約数を公表していなかったが、2021年10月から再びこれを公表するようになっており、それによれば、2021年1月1日時点で一般的拘束力宣言を受けている労働協約の数は210となっている。Vgl. BMAS, Verzeichnis der für allgemeinverbindlich erklärten Tarifverträge (Stand: 1. Oktober 2021)〔https://www.bmas.de/SharedDocs/Downloads/DE/Arbeitsrecht/ave-verzeichnis.pdf?__blob=publicationFile&v=2〕（最終アクセス：2022年1月21日）. ただし、2021年以降は従前とは異なる集計方法が用いられており、上記の数には、労働者送出法（AEntG）7条・7a条および労働者派遣法3a条に基づき法規命令によって拡張適用が行われている労働協約も含まれている点には、注意を要する。

32　BMAS (Fn.19), S.30.

における選挙手続を簡易化するものと、②設置プロセスにおける解雇からの労働者の保護を拡大するものとに区分でき、また後者はさらに、③雇用社会のデジタル化が進むなかで労働者の利益を実効的に保護するために、事業所委員会の権利（特に共同決定権）を強化するもの[33]と、④事業所委員会の活動に際してのデジタル技術の利活用についてルールを設けるものとに区分することができる[34]。

以下では、これら①～④について、事業所委員会現代化法の法案段階での理由書[35]（以下、法案理由書）も適宜参照しつつ、改正内容をみてゆくこととしよう。

(1) 量的強化

(i) 選挙手続の簡易化

事業所委員会の量的強化に関わる改正のうち、①の小規模事業所における選挙手続の簡易化についてみると、ここではまず現行の事業所組織法 14a 条の適用範囲が拡大されている。

この点、**第二節 2. (1)**でみたように、従業員代表システムにおける労働者側のアクターである事業所委員会は、当該事業所の労働者による選挙を通じて設置されるのであるが、事業所組織法 14a 条は、小規模事業所においては

---

33 なお、デジタル化に対応するための事業所委員会の権利の強化に関しては、2018 年 11 月に連邦政府が公表した『AI 戦略』（Strategie Künstliche Intelligenz der Bundesregierung（Stand:11.2018）〔https://www.bundesregierung.de/breg-de/service/publikationen/strategie-kuenstliche-intelligenz-der-bundesregierung-fortschreibung-2020-1824642〕（最終アクセス：2022 年 1 月 21 日））のなかでも、複数の提案が示されていた。

34 本文中での検討は省略したが、事業所委員会現代化法による事業所組織法の改正は、ここで挙げたほかにも、事業所委員会選挙結果の法的安定性の確保を目的とした選挙取消事由の制限（事業所組織法新 19 条 3 項）や、事業所委員会がその活動の一環として個人データを処理する場面における、データ保護法上の責任の所在の明確化、および使用者と事業所委員会相互の協力義務（同法新 79a 条）についても、その内容に含んでいる。

35 この法案段階での事業所委員会現代化法について検討したものとして、*Winzer/Baeck/Hilgers*, Das Betriebsrätemodernisierungsgesetz - Der Regierungsentwurf als Update für das BetrVG?, NZA 2021, S.620 がある。なお、法案理由書については、以下の URL から閲覧が可能である。
〔https://www.bmas.de/SharedDocs/Downloads/DE/Gesetze/Regierungsentwuerfe/reg-betriebsraetemodernisierungsgesetz.pdf?__blob=publicationFile&v=1〕（最終アクセス：2022 年 1 月 21 日）

簡易版選挙手続（vereinfachte Wahlverfahren）によって事業所委員会選挙を行うことを認めている。これは2001年の事業所組織法改正によって導入されたものであるが、通常の選挙手続[36]におけるのとは異なり、この簡易版選挙手続のもとでは、わずか2回の手続[37]によって事業所委員会を容易に設置することが可能となっている。もっとも、従来、簡易版選挙手続を利用できるのは、従業員数常時100名以下の事業所に限られ、またそのなかでも従業員数常時5名〜50名の事業所においては無条件で簡易版選挙手続を利用できるが（改正前事業所組織法14a条1項1文）、従業員数51名〜100名の事業所においては選挙管理委員会が使用者との合意を得なければ、この手続は利用できないこととなっていた（同条5項）。しかし他方で、（法案理由書中でも引用されている）事業所委員会選挙をめぐる調査[38]によれば、従業員数51名〜100名の事業所においてはおよそ半数が使用者との合意を得て簡易版選挙手続を利用していること、また簡易版選挙手続のほうが、通常の選挙手続に比して、労働者の投票率が平均的に高いことが明らかとなっていた。

そこで、事業所委員会現代化法により事業所組織法14a条が改正され、1項1文が定める、無条件に簡易版選挙手続を利用できる事業所規模の上限が、従業員数常時50名から100名へ引き上げられるとともに、5項が定める、使用者との合意に基づいて同手続を利用しうる事業所の規模が、従業員数101人から200人へと引き上げられた。このような立法政策は既に、労働4.0白書[39]および2018年3月の連立協定[40]（**←序章第二節1.⑵**）において提案されていたが、これにより、まずは簡易版選挙手続の適用対象となる事

36　通常の事業所委員会選挙手続については、藤内・前掲注（12）書42頁以下を参照。

37　この簡易版選挙手続のもとでは、1回目の選挙集会において選挙管理委員会が選出され（事業所組織法14a条1項2文）、2回目の選挙集会において事業所委員会が選出される（同項3文）。

38　*Demir/Funder/Greifenstein/Kißler*, Trendreport Betriebsratswahlen 2018, Mitbestimmungsreport No.60, 2020〔https://www.boeckler.de/de/faust-detail.htm?sync_id=8942〕（最終アクセス：2022年1月21日）.

39　BMAS (Fn.2), S.158.

40　CDU/CSU=SPD, Koalitionsvertrag – Ein neuer Aurbruch für Europa, Eine neue Dynamik für Deutschland, Ein neuer Zusammenhalt für unser Land, 2018, S.51〔https://www.bundesregierung.de/breg-de/bundesregierung/koalitionsvertrag-vom-12-maerz-2018-975210〕（最終アクセス：2022年1月21日）.

業所の範囲を拡大し、より多くの事業所において事業所委員会を容易に設置しうるようになることで、その量的な増加が期待されているといえよう。

またこのほかにも、事業所委員会現代化法による事業所組織法14条4項の改正も、上記①に属するものといえる。すなわち、同規定によれば、従来、事業所委員会選挙における候補者提案（Wahlvorschlag）には、従業員数常時20名以下の事業所においては2人以上の選挙権を有する労働者（以下、有権者）の署名が、また従業員数常時21名以上の事業所においては有権者の20分の1以上の数の署名が必要とされていた。この規定の趣旨は、事業所委員会選挙において立候補者の濫立を防止するために、一定数の有権者の署名による支持を求めることとした点にある。

もっとも、このような趣旨は小規模事業所においてはあまり意味を持たず、それよりもむしろ、小規模事業所においては前述の通り選挙手続をできるだけ簡易なものとすることで事業所委員会の量的な増加を促進すべきとの観点から、事業所組織法14条4項は改正され、今後、従業員数常時20名以下の事業所においては候補者提案への有権者の署名は不要とし（1文）、また従業員数常時21名～100名の事業所においては有権者2人以上の署名があれば足りる（2文）というように、要件が緩和されることとなった。

(ii) 事業所委員会設置プロセスにおける解雇からの保護の拡大

続いて、②についてみると、事業所委員会現代化法は、事業所委員会の設置プロセスにおける解雇からの労働者の保護を拡大するために、以下の2つの点で解雇制限法[41]の改正をその内容に含んでいる。法案理由書にも示されているように、このような提案がなされる背景には、**第二節 3.** (2)でみた通り、ドイツにおいて従来、事業所委員会選挙のための活動を行おうとする労働者に対し使用者が解雇をほのめかすなどの妨害行為を行う例[42]がみられ、これが事業所委員会設置率低下の一因となっていたことが挙げられる[43]。

そこで、事業所委員会現代化法により、まず解雇制限法の15条3a項が改

41　同法の邦語訳については、山本ほか・前掲注（6）書35頁〔山本陽大〕を参照。

42　Vgl. *Behrens/Dribbusch*, Behinderung und Vermeidung von Mitbestimmung in Deutschland, WSI-Herbstforum 2019, S.19.

正されている。この点、ドイツにおいて、これまで事業所委員会が存在しなかった事業所に事業所委員会を新設するプロセスは、3人以上の有権者たる労働者が、事業所委員会選挙の選挙管理委員会を選任するために、職場集会を招集することに始まる（事業所組織法17条3項）。そして、これに対応する形で、解雇制限法（改正前）の上記規定は、使用者に対し、選挙結果の公表までは上記招集を行った3人の労働者を解雇することを原則として禁止している[44]。また、事業所組織法16条1項は、選挙管理委員会は3人の有権者から構成される旨を定めているところ、法案理由書によれば、職場集会の招集を行った労働者らがそのまま選挙管理委員会の委員に就任する例が、実務上は多いとされる。

しかし、このような従来の規制のもとでは、当初職場集会を招集した3人の労働者のうち、一人でも、たとえば疾病に罹患したり、あるいは使用者による妨害行為に屈して事業所委員会の設置プロセスを断念した場合には、必要な選挙管理委員会委員数（3人）を確保することができず、同プロセスが頓挫してしまう結果をもたらしうる。そこで、事業所委員会現代化法により解雇制限法15条3a項が改正され、同規定に基づいて解雇から保護される労働者の人数が3人から6人へと引き上げられた。このような改正の趣旨は、使用者による解雇の脅威に晒されることなく、選挙管理委員会の委員への就任などの事業所委員会設置プロセスに積極的に関与しうる労働者数をまずは増やすことで、同プロセスの安定的な実施の確保を図る点にあるといえる。

もっとも、解雇制限法15条3a項による解雇規制は、あくまで職場集会の招集時点以降について及ぶものであり、従って、それ以前の段階での準備行為（たとえば、事業所委員会の設置に関する他の労働者の意向調査や労働組合への相談など）を行う労働者に対しては、同規定による保護は及ばない。そのため、従来の規制のもとでは、このような準備行為を行う労働者はな

43　なお、労働4.0白書では、このような妨害行為に対する制裁の厳罰化の要否についても検討を行うことが提案されていたが（BMAS（Fn.2), S.158)、今般の事業所委員会現代化法ではそのような立法政策は採用されなかった。

44　例外として、使用者が重大な事由により解雇予告期間を遵守することなく解雇を行うことを正当化する事実が存在する場合には、解雇（即時解雇〔民法典626条〕）は可能である（解雇制限法15条3a項1文但書)。

お、解雇の示唆などの使用者による妨害行為に晒されうる。

そこで、事業所委員会現代化法に基づいて解雇制限法15条へ新たに3b項が追加され、それによって、労働者が、上記のような準備行為を企図しており、また事業所委員会設置の意図（Absicht）を有していることについて公の認証（民法典129条）を得ている場合には、当該労働者に対する関係でも解雇は原則として禁止されることとなった[45]。これにより、先ほどの解雇制限法15条3a項と相まって、事業所委員会の設置プロセスに積極的に関与する労働者について、準備行為の段階から事業所委員会選挙の結果公表の時点までという幅広い時間的スパンにわたる特別の解雇規制が完成したことになる。

⑵ 質的強化

(i) 雇用社会のデジタル化と共同決定権

一方、事業所委員会の質的強化に関わるもののうち、まず③についてみると、今般の事業所委員会現代化法による事業所組織法改正においては、第四次産業革命により新たなデジタル技術の利活用が職場においても進むことに伴って生じうる問題について、事業所委員会が実効的に関与しうるよう、その権利について強化ないし明確化することを目的としたものが複数含まれている。

このようなものとして第一に挙げられるのは、職場におけるAIの導入に関するものである[46]。すなわち、デジタル化が進むなかでは、AIが、職場における作業方法や作業工程に導入されうるとともに、採用や配置転換、格付けの変更、解雇の際の人事選考の指針策定に当たっても活用されうる。この点、従来より既に、事業所委員会は、作業方法・作業工程に関しては、改正前事業所組織法90条1項3号により、その計画段階で使用者に対し情報

45　ただし、解雇制限法15条3a項に基づく解雇規制とは異なり、この新3b項に基づく解雇規制は、労働者の一身上の事情または行動を理由とする解雇に対して及ぶものであり、経営上の理由に基づく解雇に対しては及ばない。なお、新3b項に基づく解雇規制が及ぶ場合であっても即時解雇は可能である点は、従来の3a項と同様である。

46　この点について特に検討を行うものとして、*Frank/Heine*, Künstliche Intelligenz im Betriebsverfassungsrecht, NZA 2021, S.1448がある。

提供や協議を求める権利を有するとともに、人事選考の指針については、同法95条により共同決定権を認められ、使用者は事業所委員会の同意を得なければこれを策定できないこととなっていた。そのうえで、これらの規制を前提に、作業方法や作業工程にかかるAIの導入計画およびAIを活用した人事選考の基準策定についても、上記でみた事業所委員会の諸権利の対象となる旨が明確となるよう、事業所委員会現代化法によって、事業所組織法90条1項3号が改正され、また95条には新たに2a項が追加された。

また、これらの改正とも関連して、事業所委員会がAIの導入ないし活用について上記の諸権利を実効的に行使しうるためには、その前提として当該AIに関して、場合によっては外部の専門家を招聘することにより、適切な情報や知見を得ておく必要がある。この点、改正前事業所組織法80条3項1文は、一定の場合について事業所委員会が専門家を招聘しうる旨を定めているが、そこでは従来、「事業所委員会の任務の適正な遂行に必要である場合」に当たることが要件の一つとなっていた（必要性要件）。

そこで、事業所委員会現代化法により、上記規定に新たに2文として「事業所委員会がその任務の遂行に関して、AIの導入または利用について判断しなければならない場合には、その限りで専門家の招聘は必要であるとみなす」との規定が追加され、AIの導入・利用をめぐって専門家を招聘する場面に限っては、上記の必要性要件は常に充足されることとなった。これは労働4.0白書[47]やANPACKEN[48]のなかでも提案されていた立法政策であるが、今回の改正によって、事業所委員会は今後、上記の場面に関しては、従来よりも容易に外部専門家を招聘することが可能となったといえる[49]。

また、第二に挙げられるのは、職業訓練（Berufsbildung）に関するものである。既に**第一章第一節**で検討した通り、第四次産業革命下においては、AIをはじめとする新たなデジタル技術の職場への導入によって人間（労働者）の役割が変化することから、いきおいこのような変化に対応しうるため

47　BMAS (Fn.2), S.159f.

48　BMAS (Fn.19), S.32.

49　ただし、事業所組織法80条3項へ新2文を導入した後も、1文により従来と同様、外部専門家の招聘には事業所委員会と使用者との合意が必要となる。この点に関して、法案理由書は、当該合意のなかで招聘に要する費用や専門家の人選について定められるべきことを指摘している。

の職業訓練（および、それによる新たな職業資格の獲得）が重要となる。この点、改正前事業所組織法は96条1項において、事業所委員会に対し当該事業所の労働者の職業訓練に関する問題について使用者と協議を行う権利を認めており（2文）、この協議を通じて、具体的な訓練措置について両者間で合意がなされることが期待されていた。

もっとも、事業所委員会と使用者間で常にこのような合意に至るとは限らないことから、事業所委員会現代化法によって、事業所組織法96条に新たに1a項として、「1項に基づく協議によっては職業訓練措置に関して合意に至らなかった場合には、事業所委員会または使用者は、仲裁委員会に対してあっせんを申請することができる」との規定が追加されることとなった。これは、事業所内の紛争解決機関である仲裁委員会[50]に合意勧試の役割を担わせ、職業訓練措置に関する合意を促進することを目的としたものといえる。

さらに、第三に挙げられるのは、モバイルワークに関するものである。この点、現在のドイツにおける（在宅でのテレワークを含めた）モバイルワークの促進を目的とした政策動向については、既に**第二章第四節2.⑴**で検討した通りである。一方、今般の事業所委員会現代化法では、モバイルワークの導入が決定された後の場面を念頭に、これを具体的にどのようなものとして構成するかについて、事業所委員会に新たに共同決定権を付与するための事業所組織法の改正が行われている。それによれば、事業所組織法87条1項に新たに14号が追加され、「情報通信技術を用いて行われるモバイルワークの構成」が新たに共同決定権の対象事項となった。法案理由書によれば、具体的には、モバイルワーク時における、日々の始業・終業時刻や就業場所、事業所施設への出勤義務、アクセス可能な時間帯、作業用具の利用あるいは安全衛生などが、「モバイルワークの構成」の内容として想定されており、上記改正によって、今後これらについて使用者がルールメイキングを行おうとする場合には、事業所委員会との共同決定を経なければならないこととなる。

50　仲裁委員会の詳細については、藤内・前掲注（12）書198頁以下を参照。

(ii) 事業所委員会の活動とデジタル化

最後に、④についてみると、第四次産業革命が進展するなかでは、事業所委員会自体が新たなデジタル技術を活用しつつその日々の活動を行う場面が増加しうるところ、事業所委員会現代化法は、このような場面についてもいくつかの点でルールの明確化を図っている。

第一に挙げられるのが、事業所委員会会議のビデオ会議あるいは電話会議（以下、単にビデオ会議）による実施についてである。この点、事業所委員会の会議をビデオ会議により実施しうるかについては、事業所組織法30条1項4文が非公開の原則を定めていることとの関係で従来は議論があったが[51]、労働4.0白書のなかではこれを認めるべき旨の提案[52]がなされ、またこれまでにも同法の129条によって、一定の条件のもとで許容されてきた。

もっとも、同条はあくまでコロナ・パンデミックを契機とした特則として位置付けられていたことから、事業所委員会現代化法により、恒久的措置としての、ビデオ会議による事業所委員会会議の実施に関するルールが設けられることとなった。すなわち、同法によって、事業所組織法30条1項へ新たに5文が追加され、事業所委員会会議は対面会議（Präsenzsitzung）として行われるべきことが、まずは明確にされている（対面原則）。しかし他方で、ビデオ会議にはメリット[53]もあることから、同条へ新たに2項が追加され、それによって、ビデオ会議へ参加するための要件が事業所委員会の運営規則（Geschäftsordnung）[54]のなかで定められていること（1号）、ビデオ会議の利用について事業所委員会委員の4分の1以上による反対がないこと

51　ビデオカンファレンスによる事業所委員会決議は従来から許容されていたと主張する見解として、*Fündling/Sorber*, Arbeitswelt 4.0 – Benötigt das BetrVG ein Update in Sachen digitalisierte Arbeitsweise des Betriebsrats?, NZA 2017, S.556。ただし、この見解も、立法によるルールの明確化の必要性については賛成している。

52　BMAS (Fn.2), S.160f. また、同旨の提案を行う学説として、*Krause*, Gutachten B zum 71.Deutschen Juristentag, Digitalisierung der Arbeitswelt–Herausforderungen und Regelungsbedarf, 2016, S.97も参照。

53　このようなメリットとして、法案理由書は、会議参加のための移動が不要となることで、障害者などのの移動に制約のある労働者や、育児や介護に従事する労働者も、事業所委員会委員を引き受けやすくなることを挙げている。

54　事業所委員会は、事業所組織法36条により、委員会の運営についての規則を書面で定めることとなっている。

(2号)、第三者が会議の内容を知りえないことが確保されていること（3号）という、3つの要件を充たす場合には、上記の対面原則から逸脱し、ビデオ会議により事業所委員会会議を実施することが可能となった[55]。

またこのほか、事業所委員会が事業所内の労働条件などについて使用者と合意（共同決定）に至った場合には、事業所協定が締結されることとなるが、同協定については、内容の明確性の担保のため、事業所組織法77条2項により、書面化（1文）および両当事者による署名が必要となっている(2文)。そのうえで、この規定に関しても、事業所委員会現代化法によって、新たに3文が追加され、事業所協定は電子的形式によっても締結することができ、その場合、事業所委員会および使用者は認証を受けた電子署名により署名を行う旨が規定されることとなった。従来は、事業所組織法77条2項（および民法典126条）により、事業所協定を電子的形式で締結・署名することは認められていなかったが[56]、デジタル化が進展するなかで事業所委員会の負担を軽減する観点から、これが解禁されたことになる。

第四節　本章での検討結果

以上、本章での検討の要点をまとめると次の通りである。

① ドイツの産業レベルおよび事業所レベルにおける集団的（二元的）労使関係システムは、第四次産業革命（デジタル化）による雇用社会の変化への対応にとって、既に一定の役割を果たしうる（あるいは、現実に果たしている）ものであるとともに、現在議論ないし実施されている新たな労働法政策においても、同システムを組み込む形で制度設計を行うものが少なからずみられる。そのため、集団的労使関係システムは、雇用社会がデジタル化するなかにおいて、労使が共同でディーセント・ワークを実現する

55　なお、ここでみた事業所組織法30条新2項のルールは、事業所委員会会議をもっぱらビデオ会議により実施する場合のほか、会議自体は対面で実施しつつ、個々の委員についてオンラインによる参加を認める場合にも適用される。

56　事業所協定に関するものではないが、連邦労働裁判所2010年10月5日決定（BAG Beschl.v. 5.10.2010 - 1 ABR 31/09）は、事業所組織法77条2項と同様に、同法76条3項4文により書面化および署名を要する仲裁委員会の裁定（Spruch）が電子的形式によって行われた事案において、同規定違反によりかかる裁定を無効と判示している。

ために不可欠のインフラとして理解されている。

② もっとも、このようなドイツの二元的労使関係システムには、1990年以降弱体化の傾向がみられる。すなわち、まず労働協約システムにおいては、組合組織率の低下、使用者団体組織率の低下（あるいはOTメンバーの増加)、一般的拘束力宣言（労働協約法5条）を受けた労働協約数の減少といった要因により、協約カバー率が年々低下しており、協約による保護を受けない労働者層が拡大している。このうち、一般的拘束力宣言制度については、2014年の協約自治強化法によって要件の緩和が行われたが、それによって同宣言を受けた労働協約数が増加に転じているわけではないようである。また、従業員代表システムについても、労働組合が事業所内で代表性を有する場面の減少や、使用者による事業所委員会選挙の妨害といった要因により、事業所委員会の設置率が年々低下している。

③ そのため、“労働4.0”の議論においては、特に労働行政のレベルにおいて、集団的労使関係システムの強化に向けた法政策上の提案が複数示され、あるいは既に立法措置が講じられている。すなわち、労働協約システムに関しては、できる限り多くの労働者および使用者が、労働組合ないし使用者団体に加入し、労働協約によってカバーされている状況を創出することを目的とした法政策が提案されている。一方、従業員代表システムに関しては、特に2021年6月の事業所委員会現代化法によって事業所組織法が改正されており、それによって、事業所委員会の設置をいっそう促進すること（量的強化）を目的とした法政策と、デジタル化が進展するなかで事業所委員会の権利や活動をより実効的なものとすること（質的強化）を目的とした法政策が、既に施行されている。

終章　総括

第一節　ドイツにおける議論・立法動向の整理とその特徴

本書では、**第一章～第五章**において、"労働 4.0"(あるいは雇用社会のデジタル化)のタイトルのもと、第四次産業革命下により生じる雇用社会の変化と、それに伴い新たに必要とされる労働法政策をめぐるドイツ法の議論および立法動向について、分析・検討を行ってきた。ここでは改めて、このような労働法政策について、政策領域ごとに整理しておくこととしよう(なお、以下のうち、本書執筆時点〔2022 年 1 月〕において、既に立法措置が講じられているものについては◎印を、また、その段階には至っていないものの法案の形に取りまとめられ公表されているものについては○印を、それぞれ付している)。

【職業教育訓練】

①雇用エージェンシーに対する継続的職業訓練に関する相談権(社会法典第Ⅲ編 29 条 1 項)◎

②継続的職業訓練費用助成制度の適用範囲拡大(社会法典第Ⅲ編 82 条)◎

③労働賃金助成金制度の適用範囲拡大(社会法典第Ⅲ編 82 条)◎

【柔軟な働き方】

≪柔軟化の促進に関するもの≫

④労働時間の長さ・配置に関する協議権(パート・有期法 7 条 2 項)◎

⑤期限付き労働時間短縮請求権(パート・有期法 9a 条)◎

⑥モバイルワークに関する協議権(モバイルワーク法第二次草案〔営業法新 111 条〕)○

※なお、コロナ禍での在宅テレワークについては、感染症予防法28b条7項により別途規制されている。

⑦労働時間選択法による労働時間規制の適用除外（労働4.0白書）

≪柔軟化からの保護に関するもの≫

⑧モバイルワーク時における使用者の労働時間記録義務（モバイルワーク法第二次草案〔営業法新112条〕）○

⑨モバイルワーカーに対する労災保険制度による保護の拡大（社会法典第Ⅶ編新8条1項3文、2項2a号）◎

【雇用によらない働き方】

≪誤分類の防止≫

⑩クラウドワーカーの労働者性（民法典611a条）に関する証明責任のプラットフォーム事業者への転換（ANPACKEN、2020年骨子案）

⑪「就労者」性に関する地位確認手続の拡充（社会法典第Ⅳ編7a条4a項）◎

≪就業条件保護≫

⑫家内労働法に準じた規制（労働4.0白書）

⑬一部のプラットフォーム事業者に対する解雇予告期間類似の規制の導入、労働法令の一部の準用ないし適用（2020年骨子案）

⑭一部のプラットフォーム事業者による労災保険の保険料負担（2020年骨子案）

≪集団的な保護≫

⑮労働組合に対するデジタル立入権の付与（ANPACKEN）

【労働者個人情報保護】

⑯EU一般データ保護規則が定める開放条項（88条1項）に基づく、ドイツ国内法による労働者個人データ保護に関する規制の明確化（連邦データ保護法26条）◎

※なお、ドイツでは、一般データ保護規則も、労働者個人データ保護の問題に関して直接適用される。

※また現在、特別法としての「労働者データ保護法」について、検討が行われている。

【集団的労使関係】

≪労働協約システムに関するもの≫

⑰組合費の税制上の優遇（ANPACKEN）

⑱労働組合に対する（デジタル）立入権の付与（明文化）（2021年骨子案）

⑲証明書法の改正（2021年骨子案）

⑳協約逸脱規定の活用と対象の限定（労働4.0白書、2021年骨子案）

㉑一般的拘束力宣言制度の再検討（ANPACKEN）

≪従業員代表システムに関するもの≫

[量的強化に関するもの]

㉒簡易版事業所委員会選挙手続の適用範囲拡大（事業所組織法14a条1項1文、5項）◎

㉓小規模事業所における事業所委員会選挙の際の候補者提案への署名要件の廃止または基準引下げ（事業所組織法14条4項）◎

㉔事業所委員会設置プロセスにおける解雇からの保護の拡大（解雇制限法15条3a項、3b項）◎

[質的強化に関するもの]

㉕職場へのAI導入時における事業所委員会の共同決定権の明確化（事業所組織法90条1項3号、95条2a項）◎

㉖ AIの導入・利用時における事業所委員会による外部専門家の招聘（事業所組織法80条3項2文）◎

㉗職業訓練に関する協議不調時における仲裁委員会によるあっせん（事業所組織法96条1a項）◎

㉘モバイルワークの構成に関する共同決定権（事業所組織法87条1項14号）◎

㉙事業所委員会会議にかかる対面原則の明確化とビデオ会議の許容性（事業所組織法30条1項5文、2項）◎

⑳電子的形式による事業所協定の許容性（事業所組織法77条2項3文）
◎

このようにみてゆくと、ドイツにおいて、第四次産業革命への対応に向けて新たに必要なものとして議論ないし実施されている法政策のなかには、確かに、クラウド（プラットフォーム）ワークの場面におけるプラットフォーム事業者に対する、⑩労働者性に関する証明責任の転換や、⑭労災保険料負担の転嫁のように、これまでにはみられなかった新たな発想に基づくものもみられる。もっとも、これらはクラウドワークという従来のドイツ労働法が必ずしも想定してこなかった新たな就労形態の保護に関わるものであるから、当然といえば当然かもしれない。

これに対して、前記で挙げた一連の法政策の大多数は、いずれもドイツの労働法（⑨・⑪については社会保障法、また⑰については租税法としての側面を含む）が従来から有していた法制度を前提に、その適用対象の拡大（①、②、③、⑧、⑨、⑪、⑰、㉒、㉔、㉘）や（一定の要件のもとでの）縮小（⑦）あるいは明確化（㉕）、規制緩和（㉑、㉓、㉖、㉙、㉚）または強化（⑲、⑳、㉗）、もしくは既存の制度のさらなる活用（⑳）または準用（⑫、⑬）といった手法によるものとして構成されていることがわかる。また、このほか、⑯連邦データ保護法26条による規制や⑮・⑱労働組合の（デジタル）立入権は、従来明文規定としては存在していなかった内容を含んではいるものの、いずれもこれまでの判例法理の明文化ないし応用であることからすると、全く新たな法政策とはいえないであろう。⑤期限付き労働時間短縮請求権（パート・有期法9a条）も、内容としては新規性を含むものであるが、その具体的な条文構成に際しては、多くの点で、従来から存在した無期限での労働時間短縮請求権を定めるパート・有期法8条の規定が準用されている。さらに、このパート・有期法8条が定める労働時間短縮請求権の行使に際しては、まずは当該労働者と使用者との間で希望する労働時間の短縮についての協議を行わなければならないとされていたことからすると、④労働時間の長さ・配置に関する協議権（パート・有期法7条2項）および⑥モバイルワークに関する協議権（モバイルワーク法第二次草案による営業法新 111 条）についても、労働者の権利としての強度は劣るものの、やはり従来の法制度との連続性を見出すことができよう。

以上のような分析からすると、ドイツの労働法制は、第四次産業革命ないしデジタル化という新たな変化に対しても比較的柔軟に対応しうるという意味において、適応力（adaptability）の高い構造を従来から有していたものとみて差し支えないように思われる。

第二節 「働き方の未来」をめぐる日・独比較法的考察

それでは最後に、本書の**第一章**〜**第五章**において取り上げた政策領域ごとに、ドイツ法の検討から得られた知見と日本法の現状とを対比させたうえで、第四次産業革命下におけるわが国の労働法政策をめぐる比較法的な観点からの評価と今後の課題を提示することとしたい。

1 職業教育訓練

まず、職業教育訓練をめぐる法政策についてみると、**第一章**で検討した通り、ドイツの“労働 4.0”の議論においては、職場における AI やロボットのような新たなテクノロジーのいっそうの活用によって、IT スキルが重要となるなど、人間に求められる役割が変化することから、在職労働者が自発的に企業外での継続的職業訓練を受けることで新たな職業資格を獲得し、それによってエンプロイアビリティを維持・拡充することが重要となるとの問題意識が形成されている。特に立法政策上の観点からは、①労働者がこのような訓練を受けようとする場合に伴う金銭的負担の軽減と、②このような訓練に要する時間的な余裕の創出という、2 つの側面についての法的支援のあり方が課題とされてきた。そして、労働 4.0 白書（**←序章第 2 節 1.（2）**）が掲げる「失業保険から就労のための保険へ」との標語のもと、2018 年 11 月の職業資格付与機会強化法および 2020 年 5 月の“明日からの労働”法により、ドイツにおける失業保険制度を定める社会法典第Ⅲ編が改正され、特に同法 82 条が定める継続的職業訓練費用助成金制度および労働賃金助成金制度の適用対象が、テクノロジーによる代替可能性がある職業に従事している労働者が継続的職業訓練に参加する場面一般に拡大されることで、これら2つの課題についての対応が図られたことは、**第一章第四節**においてみた通りである。

一方、日本でも、ドイツにおけるのとほぼ同様の問題意識が形成されているものとみて差し支えないように思われる。たとえば、2019年9月の労働政策審議会・労働政策基本部会報告書（以下、2019年基本部会報告書）では、「AI等の活用が進む時代においては、各職種におけるタスクの変化や、自分のスキル・適性と各職種に必要なスキルのギャップに気付き、自発的にスキルアップ・キャリアチェンジを目指すことが求められる」[1]との指摘がなされている。また、技術革新が極めて速いスピードで発達する第四次産業革命下では、従来型の企業内訓練（OJT）はなされなくなるとの予測[2]も示されており、このような状況下ではますます企業外での職業教育訓練が重要となってこよう[3]。そして、前記2つの政策課題については、わが国においても既に一定の政策的対応が図られている状況にある。

すなわち、日本では2018年以降、民間事業者が社会人向けに提供している高度IT技術の習得を目的とした講座のうち、経済産業省の認定を受けた「第四次産業革命スキル習得講座（Reスキル講座）」を労働者が受講した場合、その受講費用（教育訓練経費）のうち一定割合（最大で70%）について、雇用保険制度における専門実践教育訓練給付金（雇用保険法60条の2など）から助成を受けることが可能となっている[4]。これはまさに、第四次

1　厚生労働省「労働政策審議会労働政策基本部会報告書～働く人がAI等の新技術を主体的に活かし、豊かな将来を実現するために～」（2019年）7-8頁〔https://www.mhlw.go.jp/content/12602000/000546611.pdf〕（最終アクセス：2022年1月21日）。また、この2019年基本部会報告書は、上記に続けて、「労働者にこうした気付きを促すためには、職業、スキル、教育訓練等の情報を広く見える化することが必要であるため、政府が、そうした基盤となる情報システムの整備等に取り組んでいくことが求められる」としている。この点、ドイツにおいては、2018年の社会法典第Ⅲ編29条1項の改正により、雇用エージェンシーによる相談サービスに継続的職業訓練に関する相談を含めたことで（←**第一章第四節2.⑴**）、早期の段階での労働者のスキルギャップへの気付きを促す法政策が採用されたものと評価しうる。

2　大内伸哉『AI時代の働き方と法―2035年の労働法を考える』（弘文堂、2017年）47頁。

3　非正規雇用労働者を念頭に同旨の指摘を行うものとして、高橋賢司「デジタル化とAIの労働市場と労働法への影響」労働法律旬報1895号（2017年）8頁。

4　2021年12月時点では、116の講座が上記の認定を受けている（https://www.meti.go.jp/policy/economy/jinzai/reskillprograms/pdf/kouzaichiran.pdf）（最終アクセス：2022年1月21日）。

産業革命に対応するための教育訓練に伴い労働者に生じる金銭的負担を軽減しようとするものであり、先ほどみたうち①の課題に対応する法政策といえよう。

また、これに加えて、日本では、上記の専門実践教育訓練としての第四次産業革命スキル習得講座を受講する労働者に対し賃金を支払う事業主は、雇用保険制度に基づく人材開発支援助成金・特定訓練コース（雇用保険法63条など）により、賃金助成（労働者1人につき1時間当たり760円〔中小企業以外は380円〕）を受給できることとなっている。これは、新たなスキルを獲得しようとする労働者に対し賃金を保障しつつ、訓練を受講する時間的余裕を与えようとする使用者へのインセンティブとして機能するものであり、先ほどみたうち②の課題に対応する法政策といいうる[5]。

このようにみると、第四次産業革命下における職業教育訓練政策として、企業外での（継続的）職業教育訓練を通じてエンプロイアビリティを維持・拡大しようとする労働者（および、その使用者）を、雇用（失業）保険制度の枠組みのなかで支援（助成）しようとする発想において、日本とドイツは全く軌を一にしているものと評価することができよう。むしろ、労働者が自らの判断のみによって助成を受けうるという意味では、日本法はドイツ法に比して、職業教育訓練への参加にかかる労働者の自発性をより強く保護しているとの評価も可能であるように思われる。というのは、**第一章第四節2.⑵**で検討した通り、ドイツにおいては、いわゆる「使用者責任原則」によって、訓練費用の一部負担という使用者側の関与がなければ、労働者は継続的職業訓練の助成（社会法典第Ⅲ編82条）を受けることはできないこととされているのに対し、上記でみた日本の専門実践教育訓練給付金制度においては、このような使用者側の関与は不要となっているからである。

もっとも、ドイツ法と比較すると、日本法にはなお課題もあるように思わ

5　また、日本では2019年以降、労働者の自発的な教育訓練の受講を支援する目的で、有給による長期の訓練休暇（1年間で120日以上）を与えようとする事業主（使用者）は、雇用保険制度に基づく人材開発支援助成金・教育訓練休暇付与コース・長期教育訓練休暇制度（雇用保険法63条など）によって、その間労働者に支払う賃金の一部（1人当たり1日6,000円が上限）について助成を受けることができることとなっており、これも②の課題に対応する法政策と評価しうる。

れる。特に指摘しておくべきは、日本で、労働者が専門実践教育訓練給付金による助成を受けることができるのは、現在のところ、雇用保険の被保険者期間が3年以上である場合に限定されている（支給要件期間）とともに、このような労働者の専門実践教育訓練の受講を支援する使用者が人材開発支援助成金・特定訓練コースから賃金助成を受けることができるのは、現在のところ1,600時間が限度とされている点であろう。これに対して、ドイツの継続的職業訓練費用助成制度および労働賃金助成制度は、前述の通り、テクノロジーによる代替可能性がある職業に従事している労働者が継続的職業訓練に参加する場面を対象とするものとなっており、ここでは日本におけるような支給要件期間や賃金助成の上限は定められていない。このようなドイツ法には、いわば技術的失業のリスクの高い労働者（および、その使用者）を重点的に保護（助成）しようとする姿勢を看取することができ[6]、この点は日本にとっても参考となりうるように思われる。すなわち、わが国においても、第四次産業革命（デジタル化）による技術的失業のリスクの高い職業に現在就いている労働者[7]が、企業外での職業教育訓練を自発的に受講し、また使用者もそれを支援しようとする場面に関しては、雇用保険制度に基づく既存の制度よりも手厚い保護（助成）を認める政策が考えられてよいであろう。

2 柔軟な働き方

次に、「柔軟な働き方」をめぐる法政策についてみると、**第二章**で検討した通り、第四次産業革命下では、情報通信技術の飛躍的な発展に伴い、労働者は特定の時間や場所にとらわれない柔軟な働き方が可能となる。このような問題意識のもと、ドイツでは、一方において、①労働時間の配置（始業・

6　また、このようなドイツ法の姿勢は、社会法典第Ⅲ編82条に基づく継続的職業訓練費用助成制度および労働賃金助成金制度は、小規模事業所であればあるほど、また当該事業所において現在の職業上のスキルをもってしては今後の変化に対応できない労働者が多いほど（2割以上）、雇用エージェンシーからの助成率が高くなる点（**←第一章第四節2.（2）**）にも顕れているといえよう。

7　この点、2019年基本部会報告書3頁では、「2020年代後半以降、AIの活用やロボットによる自動化で生産職が、またRPAやAI-OCR、チャットボッド等による事務効率化により事務職が過剰となる」との推計が紹介されている。

終業時刻の決定）に関する柔軟性、②労働時間の長さ（所定労働時間の延長および短縮）に関する柔軟性、③労働場所の決定に関する柔軟性という３つの観点から、柔軟な働き方（労働者の時間主権）を促進するための法政策のあり方が論じられるとともに、他方において、このような働き方のもとでの労働者の健康や安全に対するリスクからの保護のあり方が論じられてきた。そのうえで、上記諸課題の一部については、たとえば2018年12月のパート・有期法改正や2021年６月の社会法典第Ⅶ編改正のように、既に立法政策として実施され、あるいはモバイルワーク法第二次草案のように、具体的な法案も示されている。

一方、わが国においては、上記と同様の問題意識が2016年８月の「『働き方の未来』2035」報告書[8]において指摘され、その後の2017年３月の「働き方改革実行計画」[9]以降は、「柔軟な働き方」として（雇用関係を前提としたものに関しては）主としてテレワークを念頭に、議論や政策が展開されている[10]。そのため、日本では、上記の諸課題はいずれも、テレワークの文脈のなかで生じる問題として位置付けられている状況にある。

⑴　促進をめぐる法政策

それではまず、「柔軟な働き方」としてのテレワークの促進をめぐる法政策からみてゆきたい（上記③の柔軟性）。

ドイツと同様、日本においても、テレワークで就労する労働者の数は、従来は必ずしも多くはなかったものの[11]、新型コロナウイルスの感染拡大以降は急速に増加しており、いまや働き方の“New Normal”となりつつある。

8　厚生労働省「『働き方の未来2035』～一人ひとりが輝くために」報告書（2016年）8頁〔https://www.mhlw.go.jp/stf/seisakunitsuite/bunya/0000133454.html〕（最終アクセス：2022年1月21日）。

9　以下のURLから閲覧が可能である。〔https://www.kantei.go.jp/jp/headline/pdf/20170328/01.pdf〕（最終アクセス：2022年1月21日）

10　日本における（雇用型を含む）テレワークに関する基本文献として、大内伸哉『誰のためのテレワーク？―近未来社会の働き方と法』（明石書店、2021年）を参照。

11　たとえば、国土交通省による2020年度の「テレワーク人口実態調査結果」〔https://www.mlit.go.jp/report/press/toshi03_hh_000055.html〕（最終アクセス：2022年1月21日）によれば、雇用型就業者に占めるテレワーカーの割合は9.8％にとどまっていた。

たとえば、労働政策研究・研修機構（JILPT）の調査[12]によれば、2020年5月には約5割の企業が在宅勤務としてのテレワークを実施するようになっている。もっとも、同調査によれば、在宅勤務の実施率には、産業・地域・企業規模によりなおバラつきがみられることからすれば、テレワークの導入・実施を促進するための法政策のあり方は、引き続き重要な課題となろう。

この点、現在の日本法のもとでは、テレワークを実施するか否かは、各企業ごとの判断（労使自治）に委ねられ、現時点での促進策としては、国や自治体のレベルで、新たにテレワークを導入しようとする中小企業の事業主に対し、必要経費について助成金を支給する取り組みが中心となっている[13]。特にコロナ禍においては、このような助成金制度は以前よりも拡充されてきた[14]。

一方、ドイツにおいては、**第二章第二節2.** ⑴でみたように、現行法上は日本と同様、テレワークの実施は労使の自主的判断に委ねられるのが原則となっているが、2020年11月に公表されたモバイルワーク法第二次草案（営業法新111条）では、協議モデルに基づくモバイルワークの権利（**←第二章第四節2.** ⑴(ii)）が構想されている点が注目される。これは、使用者に対し、（在宅テレワークを含む）モバイルワークを希望する労働者との間での協議と、それを拒否する場面における理由説明という形での手続の履践を義務付けるものであり、テレワークの導入・実施に関する使用者の再考と労働者との合意形成を促す法的仕組みとして理解することができよう。

これを踏まえると、日本でも、（コロナ禍以前のものであるが）労働政策研究・研修機構の調査[15]によれば、テレワークを実施していない企業の約70％がその理由について「適した職種がない」と回答していたことからす

12　労働政策研究・研修機構「新型コロナウイルス感染症が企業経営に及ぼす影響に関する調査」（一次集計）結果〔https://www.jil.go.jp/press/documents/20200716.pdf〕（最終アクセス：2022年1月21日）。

13　たとえば、人材確保等支援助成金（テレワークコース）〔https://www.mhlw.go.jp/stf/seisakunitsuite/bunya/telework_zyosei_R3.html〕（最終アクセス：2022年1月21日）など。

14　たとえば、働き方改革推進支援助成金（新型コロナウイルス感染症対策のためのテレワークコース）〔https://www.mhlw.go.jp/stf/seisakunitsuite/bunya/koyou_roudou/roudoukijun/jikan/syokubaisikitelework.html〕（最終アクセス：2022年1月21日）など。

15　労働政策研究・研修機構『調査シリーズNo.140・情報通信機器を利用した多様な働き方の実態に関する調査結果（企業調査結果・従業員調査結果）』（2015年）24-25頁。

ると、労使間での協議を通じて、先ほどみた各種助成金制度の活用可能性も含めて、使用者にとってテレワーク導入・実施の可能性を再考する契機となる仕組みを導入することは、テレワークの促進に向けて十分考慮に値する立法政策であるように思われる[16]。2020年12月に厚生労働省の「これからのテレワークでの働き方に関する検討会」が公表した報告書[17]（以下、テレワーク検討会報告書）も、「『テレワークに適さない業種なのでテレワークは行わない』と安易に結論付けるのではなく、経営者側の意識を変えることや、業務の見直しを検討することが望ましい」と指摘しているが、上記の法政策はまさにこのような検討にとっての一助となることが期待される。ただし、その際、ドイツのモバイルワーク法第二次草案が提案しているような、協議ないし理由説明にかかる手続違反に対してモバイルワーク（テレワーク）の同意擬制という強い法律効果を認めるべきかについては、慎重な検討を要しよう[18]。

⑵ 保護をめぐる法政策

一方、テレワークが導入・実施された後の場面についてみると、テレワークにおいては、特に長時間労働や不規則な労働のように、労働者の健康に対するリスクも伏在していることから、その保護をめぐる法政策のあり方も同時に問題となる。

この点について、まず第一に、労働時間規制との関係についてみると、ドイツにおいてはテレワーカーも労働者である以上、労働時間法に基づく労働

---

16 石崎由希子「『新しい日常』としてのテレワーク：仕事と生活の混在と分離」ジュリスト1548号（2020年）48頁、水町勇一郎「コロナ危機と労働法」中央労働時報1264号（2020年）27頁、大内・前掲注（10）書83-84頁も同旨。

17 以下のURLから閲覧が可能である。
〔https://www.mhlw.go.jp/stf/newpage_15768.html〕（最終アクセス：2022年1月21日）

18 フランスにおいても、使用者は一定の場合には、労働者からのテレワークの申請を拒否する場合には理由説明が義務付けられる（労働法典L.1222-9条Ⅲ）が、使用者が当該義務に違反したとしても、テレワークによる勤務が認められるわけではないとされる。フランス法の詳細については、河野奈月「テレワークと労働者の私生活の保護」法律時報92巻12号（2020年）81頁、同「フランスのテレワーク法制の現状」季刊労働法274号（2021年）40頁、同「第二章 フランス法」『労働政策研究報告書No.219・諸外国における雇用型テレワークに関する法制度等の調査研究』（労働政策研究・研修機構、2021年）〔近刊〕を参照。

時間規制は当然に適用されつつ、同時に信頼労働時間制度が許容されていることによって、労働時間規制が定める範囲内において、労働時間の配置（始業・終業時刻）の決定（前記①の柔軟性）を労働者に委ねることが認められている（**←第二章第二節 2.** ⑵）。一方、日本においても、労働者であるテレワーカーに対しては労働基準法上の労働時間規制が適用されるが、フレックスタイム制（32 条の 3）が導入されている場合には、当該労働者は始業・終業時刻を自ら決定しうるとともに、事業場外労働のみなし制（38 条の 2）[19] あるいは専門業務型・企画業務型裁量労働制（38 条の 3・38 条の 4）の適用対象となっている場合には、労働時間の長さ自体の決定（前記②の柔軟性）についても、当該労働者本人に委ねることが可能となっている。その点では、日本法はドイツ法よりも、（テレワーカーを含めた）労働者の“時間主権”を実現するための法的オプションをより多く備えているものと評価しうるが、しかしそれだけにいっそう、長時間労働による過労のリスクを孕んでいるとみることもできよう。

もっとも、日本では、「働き方改革」に伴う 2019 年 4 月の労働安全衛生法改正によって、現在では、上記の各制度が適用されている場合であっても、使用者には、（テレワーカーを含む）全ての労働者について、客観的な方法により労働時間の状況を把握すべき義務が課されるに至っている（66 条の 8 の 3）。そして、**第二章第四節 2.** ⑵でみたように、現在ドイツにおいては、2019 年 5 月の CCOO 事件欧州司法裁判所判決を契機として、今後、モバイルワークに従事する労働者の全労働時間の記録義務を使用者に課す旨の提案（モバイルワーク法第二次草案における営業法新 112 条）がなされている段階にある。かくして、テレワーク（モバイルワーク）時における長時間労働のリスクに鑑みて、労働者の健康確保の観点から、実労働時間の把握（記録）義務を使用者に課すという政策的方向性においては、むしろ日本法がド

19　ただし、後掲の「テレワークの適切な導入及び実施の推進のためのガイドライン」では、「情報通信機器が、使用者の指示により常時通信可能な状態におくこととされていないこと」が、テレワークに対する事業場外みなし労働時間制適用のための要件とされている。この点に関して、大内・前掲注（2）書 116 頁は、今日のテレワークでは、企業が WEB 上で業務の進行状況を随時把握することが技術的に可能であることから、事業場外みなし労働時間制の適用が認められる場面は極めて限られていることを指摘する。石崎・前掲注（16）論文 51 頁（脚注 15）も同旨。

イツ法に先行しているものと評価することができよう[20]。

これに対して、ドイツの労働4.0白書においては、労働時間の長さ自体に関する労働者の自律的な決定を認める観点（前記②の柔軟性）から、一定の要件のもとで、労働時間規制からの逸脱（適用除外）を可能とする労働時間選択法が構想されていたが（←**第二章第三節2.⑵**）、現在では、この構想はトーンダウンしてしまっている。このことは、労働時間規制そのものの適用除外という効果を発生させる立法政策[21]を進めてゆくことの難しさを示しているように思われる。

また第二に、テレワーク時における長時間労働や不規則な労働は、第四次産業革命下では、情報通信技術を通じた常時アクセス可能性によっても生じうるという特有の問題があることから、ドイツを含む欧州においては、「つながらない権利」をめぐっても立法政策上の議論がなされている。この点、日本においては、「テレワークの適切な導入及び実施の推進のためのガイドライン」[22]（以下、雇用型テレワークガイドライン）のなかで、使用者が、役職者に対し時間外、休日・深夜に業務メールを送付することの自粛を命じることや、企業の社内システムに深夜や休日は外部のパソコンからアクセスできないように設定することなどが、長時間労働の防止に有効な手法として挙げられているが、学説においては「つながらない権利」を法律上保障すべきことを指摘する見解[23]もみられる。

もっとも、テレワークの導入実態は多様であり、いかなる技術的・組織的

20　ただし、日本の労安衛法66条の8の3は、使用者に対し（高度プロフェッショナル制度の適用対象者を除く）全労働者にかかる労働時間把握義務を課しつつ、同義務違反について罰則は予定されていない一方、ドイツにおいて提案されている使用者の労働時間記録義務（モバイルワーク法第二次草案による営業法新112条）は、モバイルワークに従事する労働者のみを対象としつつ、その違反に対して過料による制裁を予定しているという違いはある。

21　これに対して、第四次産業革命下において知的創造性の高い仕事に従事する労働者については、自由な働き方を確保する観点から、ホワイトカラー・エグゼンプションを導入すべきことを主張するものとして、大内・前掲注（2）書154頁以下。また、この点に関連して大内・前掲注（10）書134頁以下は、「健康（ヘルス）テック」を活用した労働者自身による健康管理が、テレワークには適していると指摘する。

22　以下のURLから閲覧が可能である。
〔https://www.mhlw.go.jp/content/000759469.pdf〕（最終アクセス：2022年1月21日）

23　高橋・前掲注（3）論文10頁、水町・前掲注（16）論文27頁、和田肇〔編著〕『コロナ禍に立ち向かう働き方と法』（日本評論社、2021年）100頁〔山川和義〕、大内・前掲注（10）書74頁。

な措置を用いて労働者が使用者や上司・顧客などからアクセスを受けない状況を確保するかは、優れて個々の企業ごとに判断されるべき事柄といえよう。**第二章第三節 1.** ⑶でみたように、ドイツにおける労働 4.0 の議論では、まさにこのような観点から「つながらない権利」に関して、法律による一律の規制を及ぼすことに消極的な姿勢が示されている[24]。その点では、日本でも今後、「つながらない権利」をめぐる法政策を考えるに当たっては、その実現のための具体的な措置を法律中で一律に規制することは必ずしも適切とはいえないであろう。むしろ、雇用型テレワークガイドラインで例として挙げられているものも含め、いかなる具体的措置をもってテレワーカーが時間外や深夜・休日に外部からアクセスを受けない状態を創出できるかについて、（先ほどのテレワーク実施の場面におけるのと同様に）労使間での協議を促す仕組みとして構想することが望ましいように思われる[25]。この点、ドイツにおいては、2021 年 6 月の事業所組織法改正によって、新たに「モバイルワークの構成」について事業所委員会に共同決定権が付与され（87 条 1 項 14 号）、それにより「アクセス可能な時間帯」が共同決定の対象となったことも、上記のような仕組みの必要性を裏付けるものといえよう。

第三に、テレワーカーの保護をめぐる法政策は、労災保険制度との関係でも今後問題となりうる。このことは、ドイツにおいては特に、自宅で就労するテレワーカーが子供を保育園に預けるために通行する道の途上で災害が生じた場面において、従来は労災保険制度（通勤災害制度）による保護が及ばないとされていたことが問題視され、2021 年 6 月の社会法典第Ⅶ編の改正（8 条への新 2 項 2a 号の追加）によって、このような場面にも労災保険による保護を及ぼすための立法措置が既に講じられている。

一方、わが国の労災保険制度においては、行政解釈（昭和 44.11.22 基発 644 号など）上、労働者が保育園への子供の送迎のために通行する経路は、

24　なお、「つながらない権利」について法制化がなされているフランスにおいても、「つながらない権利」自体を直接に保障するものではなく、同権利の行使に関して企業レベルでの労使交渉を義務付けることをその内容とするものとなっている。この点については、**第二章第三節 1.** ⑶を参照。

25　石崎・前掲注（16）論文 53 頁も同旨。なお、テレワーク検討会報告書も、テレワーク時における時間外・休日・深夜の業務連絡のあり方について、労使で話し合い、一定のルールを設けることの有効性を指摘している。

労働者災害補償保険法7条2項が定める「住居と就業の場所との間の往復」（1号）にかかる「合理的な経路」として認められ、その途上での災害は通勤災害として認められうる[26]。しかし、ここでは、あくまで住居（自宅）と就業の場所（職場）が異なる場所にあることが前提となっているものと解されることからすると、自宅で就労するテレワーカーが子供を保育園へ送迎するために通行する道の途上で災害が生じた場面については、現在の日本法のもとにおいては、労災保険制度による保護の対象とすることは困難であろう。今後、日本でもテレワークの増加に伴い、必然的にこのような場面が増加することが予想されることからすると、その際の労災保険制度による保護のあり方は、わが国でも避けて通ることのできない立法政策上の課題となるものと考えられる[27]。

3 雇用によらない働き方

続いて、「雇用によらない働き方」をめぐる法政策についてみると、**第三章**で検討した通り、ドイツでは、第四次産業革命下において登場する新たな就労形態であるクラウドワークの問題を中心に、議論や立法政策上の検討がなされている。すなわち、そこでは、クラウドワーカーが「労働者」（民法典611a条）として労働法による保護を受けるか、あるいは労働者ではない（＝〔独立〕自営業者である）としても、労働法令の一部の適用を受ける「労働者類似の者」に該当するか、あるいは家内労働法が適用される「家内労働者」に該当するかについて、学説・判例上議論が展開されている。また、労働行政のレベルにおいては、連邦労働社会省がこの間公表した複数の政府文書（特に2019年9月のANPACKENおよび2020年骨子案）のなかで、クラウド（プラットフォーム）ワーカーの法的保護のための提案が数多く示され、あるいは2021年6月の社会法典第Ⅳ編改正による「就労者」性

26　西村健一郎＝朝生万里子『労災補償とメンタルヘルス』（信山社、2014年）147頁も参照。
27　また、このほか、テレワーク中の傷病などについては、特にそれが自宅内で生じた場合には業務災害該当性（労災保険法7条1項1号）の判断が難しい場面が生じることから、従来のあるいは今後の認定例の蓄積を踏まえ、判断基準の明確化と周知を図ることも、重要な課題となろう。この点については、山本陽大「終章 総括」『労働政策研究報告書No.205・労災補償保険制度の比較法的研究―ドイツ・フランス・アメリカ・イギリス法の現状からみた日本法の位置と課題』（労働政策研究・研修機構、2020年）162-163頁も参照。

に関する地位確認手続の拡充（予測判断手続の導入：7a 条 4a 項）のように、既に一定の立法措置も講じられる状況となっていた。

一方、わが国においても、「働き方改革実行計画」のなかで、クラウドワークを含めた、「雇用契約によらない働き方（非雇用型テレワーク）による仕事の機会が増加している」旨が指摘され、それに基づいてこの間、厚生労働省では「雇用類似の働き方」に関する保護のあり方をテーマに検討が進められている[28]。特に、2018 年 2 月には「柔軟な働き方検討会」での検討を受けて、「自営型テレワークの適切な実施のためのガイドライン」[29]（以下、自営型テレワークガイドライン）が策定され、契約条件の明示や報酬の支払い方法などについて、発注者やプラットフォームのような仲介業者が遵守すべき事項が示されるに至っている。しかし、これはあくまでガイドラインであり、法的拘束力を有するものではないことから、「雇用類似の働き方」の**法的な**保護のあり方に関しては、厚生労働省の「雇用類似の働き方に係る論点整理等に関する検討会」（以下、論点整理検討会）などにおいて、引き続き検討がなされている状況にある。

思うに、このような新たな就労形態の登場という現象に直面して、ドイツ法から示唆される政策的対応としてまず重要となるのは、いわゆる誤分類の発生、すなわち本来労働者として取り扱われるべき者が、非労働者（独立自営業者〔個人事業主〕、フリーランスなど）として取り扱われる事態を防止することであろう。たとえクラウドワーカーであっても、就労の実態次第では労働者性（民法典 611a 条）が肯定されうることは、ドイツにおける連邦労働裁判所 2020 年 12 月 1 日判決（**←第三章第三節 1. ⑵(ii)**）が示している通りである。そのため、ドイツの ANPACKEN や 2020 年骨子案においては、プラットフォーム型就労の場面における労働者性に関する証明責任のプラットフォーム事業者への転換や、就労者性にかかる地位確認手続（社会法

28　一方、クラウドワーカーの法的保護をめぐる労働法学における検討については、差し当たり、毛塚勝利「クラウドワークの労働法学上の検討課題」季刊労働法 259 号（2017 年）53 頁、同「個人就業者をめぐる議論に必要な視野と視座とは－『雇用類似の働き方に係る論点整理等に関する検討会中間整理』を読みつつ」季刊労働法 267 号（2019 年）58 頁を参照。

29　以下の URL から閲覧が可能である。
〔https://www.mhlw.go.jp/file/06-Seisakujouhou-11900000-Koyoukintoujidoukateikyoku/0000198641_1.pdf〕（最終アクセス：2022 年 1 月 21 日）

典第Ⅳ編7a条）の拡充のように、誤分類の防止を目的とした法政策が提案され（**←第三章第五節1.**）、後者については前述の通り、既に法改正が実現している。

この点について、日本においては、2020年7月の「成長戦略実行計画」[30]のなかで、フリーランスとして業務を行っていても、就労実態からして、現行法上「雇用」に該当する場合には、契約形態にかかわらず、労働関係法令が適用されることを明確化する旨が明記され、これを受けて、2021年3月に内閣官房、公正取引委員会、中小企業庁および厚生労働省の連名で、「フリーランスとして安心して働ける環境を整備するためのガイドライン」[31]が公表されている。このガイドラインは、労働基準法（9条）および労働組合法（3条）が定める「労働者」性についての判断基準を、従来の厚生労働省における研究会報告書[32]の内容に基づき、改めて一覧性のある形で提示するものとなっている。このようにみると、（具体的な手法は異なるものの）日本もドイツと同様、誤分類の発生防止に向けた政策的対応に既に着手していると評価することができよう[33]。

また、これと並んで、現行法上は「労働者」とは認められない独立自営業者（フリーランス）について、どのような範囲の者に対し、いかなる法的保護を及ぼすべきかについても重要な課題といえる[34]。この点、ドイツ法においてまず注目されるのは、クラウドワークという新たな就労形態の登場に直面しても、「労働者」概念自体を拡張することは、学説や労働行政において、

30　以下のURLから閲覧が可能である。
〔https://www.kantei.go.jp/jp/singi/keizaisaisei/pdf/ap2020.pdf〕（最終アクセス：2022年1月21日）

31　以下のURLから閲覧が可能である。
〔https://www.meti.go.jp/press/2020/03/20210326005/20210326005-1.pdf〕（最終アクセス：2022年1月21日）

32　厚生労働省「労働基準法研究会報告・労働基準法上の『労働者』の判断基準について」（1985年）〔https://www.mhlw.go.jp/stf/shingi/2r9852000000xgbw-att/2r9852000000xgi8.pdf〕（最終アクセス：2022年1月21日）、厚生労働省「労使関係法研究会報告・労働組合法上の労働者性の判断基準について」（2011年）〔https://www.mhlw.go.jp/stf/houdou/2r9852000001juuf-att/2r9852000001jx2l.pdf〕（最終アクセス：2022年1月21日）。

33　この点、水町・前掲注（16）論文28頁（脚注9）も、フリーランスについて実態と形式が乖離する要因の一つには、「労働者」の判断基準が曖昧で当事者に分かりにくい点にあることから、「『労働者』性の判断を当事者にわかりやすいものとし周知させることも重要な課題である」と指摘する。

必ずしも必要とはされていない点であろう。すなわち、ドイツにおいては、クラウドワーカーの要保護性は労働者のそれ（人的従属性）とは異なることを前提に、その保護にとって必要な限りにおいて、従来の労働法規制の一部あるいはそれと類似の規制を及ぼそうとする議論が主流となっている。このような発想は、とりわけ2020年骨子案（**←第三章第五節 2.** および **4.**）において顕著であり、そこでは、クラウドワークのなかでも、特にプラットフォーム事業者によって契約条件などを一方的に決定されている場合には、その点に要保護性を見出し、労働法規制の一部（賃金継続支払い、母性保護、休暇）を準用するとともに、労働法類似の規制（プラットフォーム利用停止の際の予告期間）を及ぼすことが提案されている。また、同じく2020年骨子案は、公道上で食料品の運搬や輸送サービスを行うクラウドワークについては、場所的拘束に伴う災害リスクの高さに要保護性を見出し、労働保護法の適用対象に含めることや、プラットフォーム事業者に労災保険料を負担させることも提案している[35]。

このように、雇用によらない（雇用類似の）働き方について、まずはその要保護性を探求し、それが認められる場合には必要な限りでの規制ないし保護を及ぼそうとするドイツ法のアプローチは、日本でも十分採りうるものといえよう[36]。2019年6月に論点整理検討会が公表した「中間整理」[37]も、基

34　この点について、大内・前掲注（2）書185頁以下、水町・前掲注（16）論文23頁以下も参照。また、岸田政権のもと新たに設置されている「新しい資本主義実現会議」が2020年11月に公表した「緊急提言（案）～未来を切り拓く『新しい資本主義』とその実現に向けて」13頁〔https://www.cas.go.jp/jp/seisaku/atarashii_sihonsyugi/kaigi/dai2/shiryou2.pdf〕（最終アクセス：2022年1月21日）でも、「新たなフリーランス保護法制の立法」が、取り組むべき施策として掲げられている。

35　後掲の論点整理検討会の中間整理では、労働者性が認められない者について労働政策上の保護のあり方を検討する場合の検討の視点として、①労働者性を拡張して保護を及ぼす方法、②自営業者のうち保護が必要な対象者を、労働者と自営業者との中間的な概念として定義し、労働関係法令の一部を適用する方法、③自営業者のうち一定の保護が必要な人に、保護の内容を考慮して別途必要な措置を講じる方法の3つを挙げている。このような視点からすると、ドイツにおける2020年骨子案は②を基本としつつ、部分的に③の方法を採るものと評価できよう。

36　この点については、荒木尚志「変化する市場・働き方・企業と労働法の任務」経営法曹創立50周年記念特別号（2020年）35頁以下も参照。同論文では、上記のアプローチは、制度対処アプローチ（あるいは特別規制アプローチ）と称されている。

37　以下のURLから閲覧が可能である。
〔https://www.mhlw.go.jp/content/11911500/000523635.pdf〕（最終アクセス：2022年1月21日）

本的にこのようなアプローチを志向するものと評価しうるが、同アプローチのもとでは、多様でありうる雇用によらない（雇用類似の）働き方のなかで、どのような層あるいはどのような場面において要保護性が認められるのかを、ドイツ法をはじめ諸外国の動向をも参考にしつつ、引き続き探求することが求められよう。また、それが認められる場合に必要な保護を提供する手段については、日本では、経済法（特に下請法）や民法のような労働法以外の規制との関係[38]にも留意しつつ、検討を進める必要がある[39]。この点に関連して、ドイツの2020年骨子案では、民法上の約款規制によるクラウドワークの契約内容の適正化についても言及がなされており、今後の動向が注目されよう[40]。

38　この点につき、フリーランスの保護の問題について、労働法に加え、経済法と民法の観点からも検討を行う近時の研究として、橋本陽子「フリーランスの契約規制―労働法、民法および経済法による保護と課題」法律時報92巻12号（2020年）68頁がある。

39　なお、このようなアプローチに基づく雇用によらない（雇用類似の）働き方の保護を検討する際、ドイツ法との比較からみると、日本では特に労災保険制度における特別加入制度の見直しは急務といえよう。すなわち、ドイツにおいては、そもそもクラウドワーカーを含む独立自営業者（事業主）は労災保険制度へ任意加入（社会法典第Ⅶ編6条1項1号）しうるのであり、それを前提に、たとえば2020年骨子案はその際の保険料をプラットフォーム事業者へ負担させることを提案している。これに対して、わが国の労災保険制度のもとでは、独立自営業者は特別加入制度によって労災保険制度への任意加入（労災保険法33条3号など）をなしうるが、そこでは対象業種が限定されている。そのために、日本では従来、たとえばウーバーイーツを例にとると、食品などの貨物輸送を原動機付自転車を使用して行う場合には特別加入（労災保険法施行規則46条の17第1号）をなしうるのに対し、原動機付きではない自転車を使用して行う場合には特別加入をなしえないという不合理ともいえる状況も生じていた。従って、雇用によらない（雇用類似の）働き方の保護政策としては、特別加入制度の適用範囲の拡大が検討されるべきであろう。

もっとも、日本でも2021年9月以降は、特別加入対象者の範囲（労災保険法33条3号、労災保険法施行規則46条の17第1号）に「自転車を使用して行う貨物の運送の事業」が追加されているため、先ほどのウーバーイーツの例についても、現在では特別加入が可能となっている。上記で述べたところに照らせば、妥当な立法政策と評価できよう。またこのほか、最近では、柔道整復師（労災保険法施行規則46条の17第8号）、創業支援措置（高年齢者雇用安定法10条の2第2項）に基づいて事業を行う高齢者（同9号）、芸能関係作業従事者（労災保険法33条5号、労災保険法施行規則46条の18第6号）、アニメーション制作作業従事者（同7号）およびITフリーランス（同8号）に対して、特別加入制度の適用範囲が拡大されている。なお、わが国の特別加入制度について検討を行った最近の研究として、地神亮佑「労災保険における特別加入について―個人事業主と労災保険との関係」日本労働研究雑誌726号（2021年）24頁も参照。

40　この点、日本においても、雇用によらない自営的就労に対する民法上の定型約款規制（548条の2以下）による法的保護の可能性について検討を行うものとして、土田道夫「労働法の規律のあり方について―隣接企業法との交錯テーマに即して」『労働法制の改革と展望』（日本評論社、2020年）267頁がある。

4 労働者個人情報保護

さらに、労働者個人情報（データ）の保護をめぐる法政策の領域についてみると、**第四章**で検討したように、ドイツの労働4.0の議論においては、第四次産業革命下における労働者個人情報のビッグデータ化がもたらす問題、なかでも労働者（あるいは採用手続における応募者）に関して評価や予測を可能とするAIを用いたビッグデータ分析（プロファイリング）については、労働者に対し諸々の不利益をもたらしうることが指摘されている。そのうえで、ドイツにおいては2018年5月以降、労働者個人データ保護の問題に関しては、EU一般データ保護規則と、その施行に伴って改正された連邦データ保護法（特に26条）とが重畳的に適用される状況にあり、上記のビッグデータ分析の問題についても、これらの規制との関係が学説を中心に議論されている。

一方、日本においても、問題意識としてはドイツと同様のものが共有されているといえよう。たとえば、2018年9月の労働政策審議会・労働政策基本部会報告書[41]では、AIによって人事データの解析を行い、採用や配属などに活用する動き（HR Tech）に関して、「幅広いデータを活用して効率的な人事管理を実施できるという期待がある一方、AIに用いられるアルゴリズムによって個人が不当に差別される可能性や、個人データの保護といった問題もある」との指摘がなされている[42]。

しかしながら、わが国においては現在のところ、第四次産業革命下におけ

41　厚生労働省『労働政策審議会労働政策基本部会報告書～働く人がAI等の新技術を主体的に活かし、豊かな将来を実現するために～』（2019年）7頁〔https://www.mhlw.go.jp/content/12602000/000522738.pdf〕（最終アクセス：2022年1月21日）。

42　なお、実際の事件として、労働組合であるJMITU日本アイビーエム支部は2020年4月に、日本IBMが賃金査定のために導入したAIに学習させたデータの開示などに関する団体交渉を拒否したことについて、東京都労働委員会に対し不当労働行為の救済申立てを行っている。同事件については、穂積匡史「AIによる賃金査定にどう向き合うか―日本IBM事件（不当労働行為救済申立）の報告」季刊・労働者の権利338号（2020年）101頁を参照。また、2019年8月には、就職情報サイト「リクナビ」を運営するリクルートキャリア社が、就活生の内定辞退率を、本人から同意を得ずにAIをもって予測し、企業に提供するというサービスを行っていたことが問題となり、本人同意を得ない個人データの第三者提供を禁止する個人情報保護法23条1項違反を理由に、個人情報保護委員会から是正勧告がなされている。この問題については、差し当たり、竹地潔「リクナビ内定辞退率販売事件―現行法の対応と今後の課題」法学教室472号（2020年）57頁を参照。

る労働者個人情報（データ）保護に向けた立法政策上の動きはみられない[43]。また、日本では、使用者による労働者の個人情報の取り扱いについても個人情報保護法が適用されるが、同法による規律について、特にAIによるビッグデータ分析の問題に関してドイツ法の状況と比較すると、以下の点での相違を指摘できる。

すなわち、**第四章第三節2.** ⑴でみたように、一般データ保護規則はいわゆるプロファイリング規制を内包しており、これはAIなどによるビッグデータ分析に対しても適用される。それによって、労働者にも「自動処理のみに基づく決定に服さない権利」（22条）や情報権（13条）、アクセス権（15条）などが認められることとなる。これに対して、日本の個人情報保護法は、プロファイリングそのものに対する規制を有していない[44]。また、ドイツにおいては学説上、使用者がビッグデータ分析により労働者に関して評価や予測を得ることについても、連邦データ保護法26条にいう個人データの「処理」に当たり、同条の適用（特に比例原則による審査）に服するとの解釈が示されている。このような解釈によれば、たとえば労働者本人の犯罪傾向などといったパーソナルな側面について、評価や予測を行うことは許されないこととなる。一方、日本では、ビッグデータ分析により得られた評価や予測は、個人情報保護法による規制の対象とはなっていない[45]。そのため、日本では、本来その取得に際しては労働者本人の同意を得なければならない要配慮個人情報（17条2項）に関しても、ビッグデータ分析によって推知されるリスクが存在することになる[46]。

またこのほか、ドイツにおいては、使用者がアルゴリズムの開発のため

---

43 ただし、厚生労働省「労働市場における雇用仲介の在り方に関する研究会」報告書（2021年）〔https://www.mhlw.go.jp/content/11600000/000805361.pdf〕（最終アクセス：2022年1月21日）は、雇用仲介サービスにおいてマッチング機能向上のためにAIを利用している例があることを踏まえて、求職者の個人情報などの保護の問題について一定の検討を行っている。

44 竹地潔「ビッグデータ時代におけるプロファイリングと労働者への脅威」富山経済論集63巻1号（2017年）8頁。

45 倉重公太朗〔編〕『HRテクノロジーで人事が変わる—AI時代における人事のデータ分析・活用と法的リスク』（労務行政、2018年）118-119頁〔板倉陽一郎執筆部分〕、竹地潔「人工知能による選別と翻弄される労働者—法は何をすべきか？」富山経済論集65巻2号（2019年）98頁。

46 大内伸哉『デジタル変革後の「労働」と「法」—真の働き方改革とは何か？』（日本法令、2020年）316-317頁も参照。

に、労働者の個人データを収集する場面についても比較的厳格な規制が行われている。すなわち、ドイツにおいては、一般データ保護規則により使用者（管理者）の正当な利益の確保のために必要である場合（6条1項1文f号）か、労働者本人による同意がある場合（同a号：ただし、それは連邦データ保護法26条2項により真意性を要する）でなければ、このような収集は認められない。一方、日本の個人情報保護法によれば、確かに、使用者は利用目的をできる限り特定しなければならず（15条1項）、特定された利用目的の達成に必要な範囲を超えて個人情報を取り扱ってはならないこととなっている（16条1項）。しかし、このような日本法のもとでは、使用者は労働者の個人情報を取得する際に、利用目的を本人へ通知しまたは公表することが求められるけれども（18条1項）、（要配慮個人情報を取得する場面を除くと）本人の同意は不要であり、また利用目的自体について個人情報保護法は特段の規制を行っていない[47]。そのため、日本では、利用目的（たとえば人事労務管理上の目的）をあらかじめ特定し、労働者本人へ通知ないし公表している限り、ビッグデータ分析の“原材料”となる労働者の個人情報を広く収集することが可能となっている。

このようにみてゆくと、AIを用いたビッグデータ分析によって生じうる不利益からの労働者の保護という観点からは、日本の個人情報保護法制は脆弱と評価せざるをえないように思われる。従って、ドイツをはじめ諸外国の規制状況をも参考にしつつ、プロファイリング規制を含めたビッグデータ時代における労働者個人情報保護のあり方を検討することは、今後の重要な課題となろう[48]。この点に関連して、日本では、2019年3月に内閣官房（統合イノベーション戦略推進会議）から「人間中心のAI社会原則」[49]が公表されており、そこで挙げられている「人間中心の原則」、「プライバシー確保の原則」あるいは「公平性、説明責任及び透明性の原則」には、EUの一般

47　ただし、日本では、職業安定法5条の4や労働安全衛生法104条などのように、使用者による、特定の局面における個人情報の収集や、特定の種類の個人情報の収集に関して、特別の規制を行うものがある。

48　このような規制の方向性を示すものとして、竹地・前掲注（45）論文105-106頁。

49　以下のURLから閲覧が可能である。
〔https://www8.cao.go.jp/cstp/aigensoku.pdf〕（最終アクセス：2022年1月21日）

データ保護規則とも類似した内容も多く含まれている。これらの原則を、今後どのように立法政策へ反映させてゆくかが問われているといえよう（なお、このような政策的方向性は、現在ドイツにおいて検討されている「労働者データ保護法」をめぐる動向〔←**第四章第四節**〕とも符合する）。

5 集団的労使関係

最後に、集団的労使関係をめぐる法政策についてみておくと、**第五章**で検討した通り、ドイツでは、一方において、既存の二元的労使関係システムは第四次産業革命（デジタル化）による雇用社会の変化に対応するために一定の役割を果たしている（あるいは今後果たしうる）こと、しかし他方において、同システムは現在なお弱体化の傾向がみられることから、労働4.0の議論においても、連邦労働社会省を中心に、労働協約システムおよび従業員代表システムの双方について、その強化に向けた立法政策上の提案が複数示され、後者については既に法改正も行われている。このようなドイツ法の議論において注目されるのは、第四次産業革命ないしデジタル化という変化に直面しても、二元的労使関係という既存の集団的労使関係システムのモデル自体はこれを堅持すべきとの認識が広く共有されている点であろう。

一方、組合組織率の低下に徴表される集団的労使関係システムの弱体化自体は、ドイツと共通して日本においてもみられる現象[50]であるが、それに加えて、「『働き方の未来2035』」報告書には次のような記述がみられる。すなわち、「(働き方）の変化に対応するために、労働組合も企業別・業界別の運営とともに、職種別・地域別の連帯も重視した、SNSやAI、VRなどの技術革新も活用した新しい時代にふさわしい組織として多様な働き方を支援できるよう進化していくことが求められる」[51]。ここでは明らかに、ドイツと同様に第四次産業革命下における集団的労使関係システムの重要性にかかる認識が示されつつも、従来の企業別労働組合を中心としたモデルから、多様な労働組合組織をアクターとしたモデルへの変化の必要性が示唆されている

50　厚生労働省の「令和3年度労働組合基礎調査」によれば、労働組合の推定組織率は16.9%となっている。

51　厚生労働省・前掲注（8）報告書24頁。

といえよう。実際にも、近時のウーバーイーツユニオンのように、プラットフォーム事業者によって独立自営業者（個人事業主）として取り扱われている就業者が、その職種を単位として労働組合を結成する例は、既にみられるところとなっている[52]。

もっとも、わが国の労働組合法は、たとえば14条において労働協約の効力発生要件として、書面性および両当事者の署名または記名押印を求めているなど、デジタル化の進展に伴って見直しを要する点[53]が全くないわけではないけれども、労働組合組織のあり方に関していえば、現行労組法は特定の組合組織を前提とはしておらず、多様な組合組織を許容する開放性を有しているといえよう[54]。しかし他方で、ユニオン・ショップ協定やチェック・オフをめぐる問題に端的に顕れているように、日本の労組法をめぐる解釈論は、企業別労働組合モデルを念頭に展開されてきた側面があることは否めない。従って、今後は多様な労働組合組織の形成を支援しうる解釈論の構築について、必要に応じて立法政策による対応も視野に入れつつ、検討を進めるべきであろう[55]。

一方、ドイツでは、個々の事業所レベルにおいては従業員代表である事業所委員会が、職場への新たなテクノロジーの導入時における継続的職業訓練の実施、情報通信技術の発展に伴い生じる常時アクセス可能性からの保護、テクノロジーによる労働者の行動・成果の監視からの保護などといった、第

52　ウーバーイーツユニオンを含めて、個人事業主によって結成される組合の活動実態については、脇田滋〔編著〕『ディスガイズド・エンプロイメント―名ばかり個人事業主』（学習の友社、2020年）に詳しい。

53　この点については、大和田敢太『労働者代表制度と団結権保障』（信山社、2011年）294-295頁も参照。また、大内伸哉『人事労働法―いかにして法の理念を企業に浸透させるか』（弘文堂、2021年）272頁は、労組法14条が定める書面性要件は、電子文書を含み、署名・記名押印要件は電子署名でよいと解すべきと指摘する。なお、**第五章第三節2.（2）（ii）**でみたように、ドイツでは、2021年6月の事業所委員会現代化法によって、事業所協定に関して電子的形式による締結および電子署名による署名が、既に認められている（事業所組織法77条2項）。

54　田端博邦「労働者組織と法―立法政策の可能性」日本労働法学会誌97号（2001年）209頁。

55　大内・前掲注（53）書271頁も同旨。また、このような問題意識に基づく一つの試みとして、山本陽大「労働関係の変容と労働組合法理」日本労働法学会誌134号（2021年）38頁。なお、野川忍「労使関係法の課題と展望」『講座労働法の再生第5巻・労使関係法の理論課題』（日本評論社、2017年）17頁も、「日本の労使関係法制は、企業別労働組合という一般的実態を与件とするのではなく、むしろ将来的にはその抜本的な検討を想定しながら検討されるべきであろう」と指摘する。

四次産業革命下で生じうる問題への対応について重要な役割を果たしており、このような役割は、2021年6月の事業所組織法改正によっていっそう強化されている（←**第五章第一節・第三節2.**）。この点、わが国においても、たとえば2019年基本部会報告書[56]のなかでは、AIなどの導入時における労働条件や労働環境の改善、必要な教育訓練などの労働者にとって必要な取り組みについて、労使コミュニケーションを図りながら進めていくことの重要性が指摘されている[57]。

しかしながら、現状日本では、労働組合が存在しない職場において、このような労使コミュニケーションは法的には担保されない状況にある。従って、今後日本でも、労働組合自体の強化と並んで、従業員代表制度（システム）の導入が、第四次産業革命を契機として改めて立法政策上の検討課題となることが予想されよう[58]。その際には、ドイツにおける事業所委員会の制度は、この問題に関する一つの立法例であるほか、憲法上は本来の労働者代表として位置付けられている労働組合との関係を整序するに当たっても、参考となりうるように思われる。

第三節　おわりに

第四次産業革命下において、新たな対応が求められうる政策領域のうち、職業教育訓練、柔軟な働き方、雇用によらない働き方をめぐっては、日・独はほぼ共通の問題意識のもと同一ないし類似の政策的方向性を志向しており、また個々の労働法政策の具体的な制度設計をめぐっては、日本はドイツに学べるところも少なくない。一方、労働者個人情報保護および集団的労使

56　厚生労働省・前掲注（1）報告書5頁。
57　また、実際の企業における新技術の導入・活用に関する労使コミュニケーションの実態については、厚生労働省「技術革新（AI等）が進展する中での労使コミュニケーションに関する検討会」（2021年）報告書〔https://www.mhlw.go.jp/content/12602000/000795882.pdf〕（最終アクセス：2022年1月21日）を参照。
58　従業員代表制度に関する近時の研究として、竹内（奥野）寿「従業員代表制と労使協定」『講座労働法の再生第1巻・労働法の基礎理論』（日本評論社、2017年）159頁、皆川宏之「従業員代表制の展望－『働き方改革』を踏まえて」『労働法制の改革と展望』（日本評論社、2020年）299頁がある。

関係の領域においては、ドイツと問題意識は同じくしつつも、日本では具体的な立法政策上の動きはいまだみられない。しかし、第四次産業革命（デジタル化）の進行に伴い、今後わが国でも検討が求められることは必至であり、その際にはドイツ法における議論や制度設計は大いに参考となりうる。本書での検討により得られた結論としては、要旨このようにいうことができよう。

ところで、日・独いずれにおいても、2020年3月以降は、コロナ危機への対応が労働法政策の中心を占めている[59]。しかし、第四次産業革命による雇用社会のデジタル化の進行は、決してそれと相反するものではなく、コロナ危機への耐性をむしろ強化する側面があることはいうまでもない[60]。従って、withコロナ時代においても（そして、ポストコロナ時代においては、いっそうのこと）、第四次産業革命に対応するための労働法政策のあり方は、重要テーマであり続けるであろう。本書は、この問題に関する日独比較法研究として、ひとまずの到達点を示したものであるが、ドイツ法においても引き続き立法政策の展開が予想されることから、その動向（そして、それが日本法に与える示唆）に引き続き注視してゆきたい。

なお、本書においては主に立法政策論の観点から検討を行った関係で、第四次産業革命によってわが国の現行労働法のもとで生じる解釈論上の問題[61]

59　この点に関するドイツ法の議論については、*Däubler,* Arbeitsrecht in Zeiten der Corona-Krise, 2020、*Helm/Bundschuh/Wulff,* Arbeitsrechtliche Beratungspraxis in Krisenzeiten – Aktuelle Fragestellungen in der Pandemie, 2020、*Tödtmann/von Bockelmann,* Arbeitsrecht in Not- und Krisenzeiten, 2.Aufl.,2021などを参照。また、日本法の議論については、濱口桂一郎『新型コロナウイルスと労働政策の未来』（労働政策研究・研修機構、2020年）、和田肇〔編著〕『コロナ禍に立ち向かう働き方と法』（日本評論社、2021年）、また季刊労働法271号（2020年）における「［特集］コロナ危機と労働法」所収の各論稿、労働法律旬報1975＋76号（2021年）における「特集①・新型コロナウイルス禍における労働法・労働政策のあり方」および「特集②・新型コロナウイルス禍における労働立法政策―日本と諸外国の動向」所収の各論稿、土田道夫「新型コロナ危機と労働法・雇用社会⑴・⑵」法曹時報73巻5号839頁＝73巻6号1027号（2021年）を参照。

60　水町勇一郎「21世紀の危機と社会法―コロナ危機が明らかにした社会法の課題」法律時報92巻12号（2020年）62頁。

61　このような観点から検討を行った最近の研究として、土岐将仁「AI社会における個別的労働関係法制の課題」季刊労働法275号（2021年）47頁、岡村優希「AI技術と集団的労働法上の課題―集団的利益調整の位置付けと不当労働行為制度の解釈に着目して」季刊労働法275号（2021年）57頁がある。

については、十分な検討を行うことができなかった。併せて、今後の研究課題としたい。

【補論】2021年11月連立協定

ドイツにおいては、2021年9月の連邦議会選挙によって第一党となった社会民主党は、この間、緑の党および自由民主党との間で、連立政権（いわゆる「信号機（Ampel）連立」）の樹立に向けて連立交渉を行っていたが、三党間での合意を経て、2021年11月24日に連立協定[62]が公表された。この連立協定は今後の政策綱領となるものであり、そこでは労働分野も対象となっているのであるが、以下では同協定のうち本書の内容との関わりがある部分についてのみ、検討することとしたい。

まず、「柔軟な働き方」をめぐる法政策の領域との関係では、連立協定のなかには、今後、労働協約および事業所協定に基づいて、労働時間法上の規制（特に一日の上限規制）からの逸脱を可能とする旨（実験空間の設置）の記述がみられる[63]。**第二章第三節2.** ⑵・**第四節3.** でみたように、このような提案は労働4.0白書においてはじめて示され（労働時間選択法）、しかし2018年3月の連立協定においてはトーンダウンした記述にとどまっていたのであるが、この提案が今般の連立協定においても再度摂取されている点は注目される。またこのほか、上記の政策領域については、今後、労働時間法に関する欧州司法裁判所の判例への適合性について、社会的パートナー（労働組合および使用者団体）との対話のなかで審査を行う旨の記述もみられる。これは、**第二章第四節2.** ⑵(i)でみた使用者の労働時間把握義務の導入に関するCCOO事件欧州司法裁判所判決を受けたものと考えられよう。

62　SPD=Bündnis 90/Die Grünen=FDP, Koalitionsvertrag: Mehr Fortschritt Wagen – Bündnis für Freiheit, Gerechtigkeit und Nachhaltigkeit, 2021〔https://www.spd.de/fileadmin/Dokumente/Koalitionsvertrag/Koalitionsvertrag_2021-2025.pdf〕(最終アクセス：2022年1月21日). また、ここでの検討は、*Bauer/Roll*, Der arbeitsrechtliche Teil des Koalitionsvertrags – ein Fortschritt?, NZA 2021, S.1685にも依拠している。

63　なお、このような提案は、労働協約をツールとして法規制からの逸脱を認める点で、集団的労使関係法政策（特に**第五章第三節1.** ⑷でみた協約逸脱規定の活用）としての側面を有するものとみることもできよう。実際に、今般の連立協定のなかでも、「我々は社会的パートナーとの対話のなかで、協約拘束性の強化のためのさらなる措置を講じることを予定しており、特に実験空間の可能性について協議を行う」と述べられている。

この点、ドイツにおいては、モバイルワーク時における使用者の労働時間記録義務については、モバイルワーク（第二次）法案のなかで営業法の改正案が示されていたのであるが、この判決の射程はモバイルワークに限定されないことから、上記の記述は今後、労働者一般に関する使用者の労働時間把握（記録）義務にかかる対応の必要性を指摘するものと解される[64]。さらに、連立協定のなかには、（在宅テレワークを含む）モバイルワークに関しても、「それに適した職務に従事している労働者は、使用者との協議権を有する」との記述がみられる。この点、上記のモバイルワーク（第二次）法案においても、モバイルワークを希望する労働者に対して使用者との協議権を認める旨の提案が示されていたことは、**第二章第四節 2.** ⑴(ii)でみた通りである。しかし、同提案においては、労働者が協議権を行使した場合に、使用者は理由を説明すればモバイルワークの実施を拒否でき、拒否理由自体は法的に制限されない構成（協議権モデル）となっていた。これに対し、今般の連立協定においては、先ほどの記述に続けて「使用者は、事業場の利益と矛盾する場合に限り、労働者の希望を受け入れないことができる」との記述がみられ、ここでは拒否理由についても制約があるような構成（請求権モデル）が採られているようにもみえる。この点の立法動向は、今後特に注視する必要があろう。

また、「雇用によらない働き方」をめぐる法政策の領域との関係では、連立協定は、デジタルプラットフォームに関して、良質かつ公正な就業条件が重要であるとの観点から、関係当事者（プラットフォーム事業者、プラットフォームワーカー、社会的パートナー）との対話を通じて、既存の関係法令について見直しを行うとともに、基礎となるデータ収集を改善するとしている。加えて、現在、プラットフォームワークの規制については、欧州委員会においても検討がなされているが[65]、連立協定のなかでは、ドイツ連邦政府

64　ただし、この点について連立協定は、「柔軟な労働時間モデル（たとえば信頼労働時間制度）は、引き続き可能でなければならない」とも述べている。

65　この点について、欧州委員会は2021年12月9日に「プラットフォームワークにおける就業条件の改善に関する指令」案〔https://ec.europa.eu/social/main.jsp?langId=en&catId=89&furtherNews=yes&newsId=10120〕（最終アクセス：2022年1月21日）を公表している。同指令案について検討を行うものとして、濱口桂一郎『新・EUの労働法政策』（労働政策研究・研修機構、2022年）〔近刊〕がある。

はこれに建設的に参加してゆくとの記述もみられる。

さらに、労働者個人情報保護法政策の領域については、「我々は、使用者並びに労働者にとっての法的明確性を実現し、人格権を実効的に保護するために、労働者データ保護に関する規制を創出する」との記述がみられる。このことは、**第四章第四節**でみた「労働者データ保護法」の立法化をめぐる検討が、今後も続いてゆくことを意味しているといえよう。

最後に、集団的労使関係法政策の領域との関係では、今般の連立協定のなかでは、労働組合に対してデジタル立入権を付与するという従来からの提案（**←第五章第三節 1. ⑵**）が踏襲されているほか、2021 年 6 月の事業所委員会現代化法について、デジタル化の問題に労働者が効果的に参加できているかという観点から今後見直しを行うこととされている。またこのほかにも、「我々は、民主的な共同決定の妨害を、将来的には非親告罪（Offizialdelikt）として取り扱う」との記述もみられる。**第五章第二節 3. ⑵**でみたように、ドイツでは、特に小規模事業所において使用者が事業所委員会設置プロセスを妨害する例がみられ、これについては事業所委員会現代化法による解雇制限法の改正によって同プロセスに関与する労働者の保護が強化された（**←第五章第三節 2. ⑴(ii)**）わけであるが、このような妨害行為は従来から事業所組織法 119 条 1 項 1 号によって刑事罰の対象となっていた。もっとも、同号に該当する罪については、これまでは同条 2 項により、親告罪として事業所委員会などによる申立てが必要であったが、上記の記述はこれを今後は非親告罪とする旨を提案するものといえる。

かくして、“労働 4.0”をめぐるドイツの労働法政策は、今後もダイナミックに動いてゆくことが予想される。連立協定によれば、連邦労働大臣のポストについては今後も引き続き、社会民主党が占めることとされており[66]、この点からしても、上記の内容はいずれも今後のドイツ労働法政策の基本的方向性を示すものと考えられよう。

66　その後、2021 年 12 月 8 日に、*Hubertus Heil* 氏（**←序章第二節⑵**）が引き続き連邦労働社会大臣に就任している。

参考文献

〔邦語文献〕
≪著書≫
荒木尚志＝山川隆一＝労働政策研究・研修機構〔編〕『諸外国の労働契約法制』（労働政策研究・研修機構、2006 年）
岩佐卓也『現代ドイツの労働協約』（法律文化社、2015 年）
大内伸哉『AI 時代の働き方と法―2035 年の労働法を考える』（弘文堂、2017 年）
大内伸哉『デジタル変革後の「労働」と「法」―真の働き方改革とは何か？』（日本法令、2020 年）
大内伸哉『人事労働法―いかにして法の理念を企業に浸透させるか』（弘文堂、2021 年）
大内伸哉『誰のためのテレワーク？―近未来社会の働き方と法』（明石書店、2021 年）
大和田敢太『労働者代表制度と団結権保障』（信山社、2011 年）
尾木蔵人『インダストリー 4.0―第 4 次産業革命の全貌』（東洋経済新報社、2015 年）
倉重公太朗〔編〕『HR テクノロジーで人事が変わる―AI 時代における人事のデータ分析・活用と法的リスク』（労務行政、2018 年）
桑村裕美子『労働保護法の基礎と構造―法規制の柔軟化を契機とした日独仏比較法研究』（有斐閣、2017 年）
藤内和公『ドイツの従業員代表制と法』（法律文化社、2009 年）
名古道功『ドイツ労働法の変容』（日本評論社、2018 年）
橋本陽子『労働者の基本概念―労働者性の判断要素と判断方法』（弘文堂、2021 年）
西村健一郎＝朝生万里子『労災補償とメンタルヘルス』（信山社、2014 年）
濱口桂一郎『新・EU の労働法政策』（労働政策研究・研修機構、2022 年）
濱口桂一郎『新型コロナウイルスと労働政策の未来』（労働政策研究・研修機構、2020 年）
松尾剛行『AI・HR テック対応・人事労務情報管理の法律実務』（弘文堂、2019 年）
宮下紘『EU 一般データ保護規則』（勁草書房、2018 年）
山本陽大＝井川志郎＝植村新＝榊原嘉明『現代ドイツ労働法令集』（労働政策研究・研修機構、2022 年）
脇田滋〔編著〕『ディスガイズド・エンプロイメント―名ばかり個人事業主』（学習の友社、2020 年）
和田肇『ドイツの労働時間と法―労働法の規制と弾力化』（日本評論社、1998 年）
和田肇〔編著〕『コロナ禍に立ち向かう働き方と法』（日本評論社、2021 年）

≪論文≫
荒木尚志「変化する市場・働き方・企業と労働法の任務」経営法曹創立 50 周年記念特別号（2020 年）22 頁
井川志郎「EU 労働時間指令 2003/88/EC の適用範囲と柔軟性―沿革と目的、そして基本権を踏まえて」日本労働研究雑誌 702 号（2019 年）17 頁
井川志郎＝後藤究「プラットフォームワークにかかる IG メタルの取り組み」季刊労働法 272 号（2021 年）71 頁
石崎由希子「≪論文 Today≫クラウドワーク：新たな労働形態―使用者は逃亡中？」日本労働研究雑誌 672 号（2016 年）85 頁
石崎由希子「雇用型テレワークにおける労働者の自律と保護」『第四次産業革命と労働法の課題』（労働問題リサーチセンター、2018 年）64 頁
石崎由希子「『新しい日常』としてのテレワーク：仕事と生活の混在と分離」ジュリスト 1548 号（2020 年）48 頁
植村新「≪論文 Today≫デジタル化された労働世界における争議行為」日本労働研究雑誌 699 号（2018 年）90 頁
植村新「労働協約の法的規律に関する一考察(1)～（3・完）」季刊労働法 265 号 202 頁、同 266 号 189 頁、同 267 号 186 頁（2019 年）
岡村優希「AI 技術と集団的労働法上の課題―集団的利益調整の位置付けと不当労働行為制度の解釈に着目して」季刊労働法 275 号（2021 年）57 頁
岡本舞子「ドイツにおける労働時間短縮請求権と労働契約の変更」九大法学 115 号（2017 年）1 頁
緒方桂子「ドイツにおける労働者の個人情報保護―労働法における『個人情報の保護に関する法律』（平成 15.5.30 法 57）の位置付けのために」日本労働法学会誌 106 号（2005 年）206 頁

緒方桂子「ドイツ『在宅勤務権』をめぐる議論の動向と法的検討」ビジネス法務 2021 年 1 月号 127 頁
カーステン・ハーゼ（佐々木達也訳）「ホームオフィス―ホームオフィスにおける労働者の仕事に関する請求権又は仕事をする義務？ドイツ連邦共和国における法状況に関する概観」日独労働法協会会報第 17 号（2020 年）7 頁
カーステン・ハーゼ（山本陽大訳）「労働者のホームオフィスにおける就労に関する権利と義務：ドイツにおける現行法の状況―概観」Business Labor Trend 2021 年 4 月号 38 頁
亀石久美子＝池田美穂＝下條秋太郎＝折目吉範＝岡村優希「AI 技術の労働分野への応用と法的課題―現状の技術水準と将来の展望を踏まえて」季刊労働法 275 号（2021 年）2 頁
川田知子「労働時間短縮請求権と復帰権の検討―労働者の時間主権の確立を目指して」『浅倉むつ子先生古稀記念論集・「尊厳ある社会」に向けた法の貢献』（旬報社、2019 年）237 頁
川田知子「新型コロナウイルス禍における労働立法政策―ドイツにおける状況」労働法律旬報 1975＋76 号（2021 年）71 頁
川野俊充「インダストリー 4.0 の現状と将来」JCM313 号（2017 年）14 頁
桑村裕美子「第四次産業革命とドイツ労働組合法制の行方―労働協約制度における非労働者の位置付けに着目した基礎的検討」『第四次産業革命と労働法の課題』（労働問題リサーチセンター、2018 年）44 頁
桑村裕美子「ドイツ労働法の適用対象者の検討―独立就業者（Selbstständige）の保護の必要性・範囲・内容に着目して」法學 83 巻 1 号（2019 年）1 頁
桑村裕美子「ドイツにおける非労働者と民法の契約内容規制―労働法が適用されない独立自営業者の法的地位を考える」『役務提供の多様性と法システムの課題』（労働問題リサーチセンター、2019 年）66 頁
毛塚勝利「クラウドワークの労働法学上の検討課題」季刊労働法 259 号（2017 年）53 頁
毛塚勝利「個人就業者をめぐる議論に必要な視野と視座とは―『雇用類似の働き方に係る論点整理等に関する検討会中間整理』を読みつつ」季刊労働法 267 号（2019 年）58 頁
河野尚子「兼職をめぐる法律問題に関する一考察―ドイツ法との比較法的研究」同志社法学 65 巻 4 号（2013 年）1159 頁
河野奈月「労働者の健康情報の取り扱いをめぐる規制の現状と課題―働き方改革関連法による労働安全衛生法の改正を受けて」季刊労働法 265 号（2019 年）89 頁
河野奈月「テレワークと労働者の私生活の保護」法律時報 92 巻 12 号（2020 年）80 頁
河野奈月「フランスのテレワーク法制の現状」季刊労働法 274 号（2021 年）38 頁
後藤究「ドイツにおけるクラウドソーシングの進展と労働法の課題」季刊労働法 259 号（2017 年）77 頁
後藤究「第 5 章 ドイツにおけるクラウドワークをめぐる議論動向」『クラウドワークの進展と社会法の近未来』（労働開発研究会、2021 年）78 頁
権丈英子「オランダの労働市場」日本労働研究雑誌 693 号（2018 年）48 頁
榊原嘉明「ドイツは協約自治を放棄したのか？―ドイツにおける協約自治保障の憲法的基礎と 2014 年協約自治強化法の中間的評価」『毛塚勝利先生古稀記念論集・労働法理論変革への模索』（信山社、2015 年）719 頁
榊原嘉明「日本における労働世界のデジタル化と労使関係（法）」労働法律旬報 1895 号（2017 年）30 頁
高橋賢司「ドイツにおける IoT と AI をめぐる雇用政策」DIO2017 年 9 月号 26 頁
高橋賢司「デジタル化と AI の労働市場と労働法への影響」労働法律旬報 1895 号（2017 年）7 頁
竹内（奥野）寿「従業員代表制と労使協定」『講座労働法の再生第 1 巻・労働法の基礎理論』（日本評論社、2017 年）159 頁
竹地潔「ビッグデータ時代におけるプロファイリングと労働者への脅威」富山経済論集 63 巻 1 号（2017 年）1 頁
竹地潔「人工知能による選別と翻弄される労働者―法は何をすべきか？」富山経済論集 65 巻 2 号（2019 年）91 頁
竹地潔「リクナビ内定辞退率販売事件―現行法の対応と今後の課題」法学教室 472 号（2020 年）57 頁
田端博邦「労働者組織と法―立法政策の可能性」日本労働法学会誌 97 号（2001 年）205 頁
地神亮佑「労災保険における特別加入について―個人事業主と労災保険との関係」日本労働研究雑誌 726 号（2021 年）24 頁
土田道夫「労働法の規律のあり方について―隣接企業法との交錯テーマに即して」『労働法制の改

革と展望』（日本評論社、2020年）267頁
土田道夫「新型コロナ危機と労働法・雇用社会(1)・(2)」法曹時報73巻5号839頁＝73巻6号1027号（2021年）
土岐将仁「AI社会における個別的労働関係法制の課題」季刊労働法275号（2021年）47頁
西村健一郎「ドイツの労災保険法における事業者の被保険者資格」週刊社会保障3067号（2020年）48頁
野川忍「労使関係法の課題と展望」『講座労働法の再生第5巻・労使関係法の理論課題』（日本評論社、2017年）1頁
ハイケ・アルプス（佐々木達也訳）「ドイツ労働時間法とEU労働時間指令―労働時間把握の将来」日独労働法協会会報第17号（2020年）17頁
橋本陽子「第2次シュレーダー政権の労働法・社会保障法改革の動向―ハルツ立法、改正解雇制限法、及び集団的労働法の最近の展開」学習院法学雑誌40巻2号（2005年）173頁
橋本陽子「翻訳・グリーンペーパー『労働4.0』（ドイツ連邦労働社会省2015年4月）」学習院法学雑誌52巻2号（2017年）133頁
橋本陽子「フリーランスの契約規制―労働法、民法および経済法による保護と課題」法律時報92巻12号（2020年）68頁
濱口桂一郎「欧州におけるデジタル経済と労働に関する動向」JCM313号（2017年）26頁
濱口桂一郎「AI時代の労働法政策」季刊労働法275号（2021年）36頁
久本憲夫「ドイツにおける従業員代表制の現状と課題」日本労働研究雑誌703号（2019年）38頁
フランツ・ヨーゼフ・デュベル（緒方桂子訳）「架橋的パートタイム制の導入とパートタイム労働の権利の展開」『EU・ドイツの労働者概念と労働時間法』（信山社、2020年）147頁
穂積匡史「AIによる賃金査定にどう向き合うか―日本IBM事件（不当労働行為救済申立）の報告」季刊・労働者の権利338号（2020年）101頁
細川良「ICTが『労働時間』に突き付ける課題―「つながらない権利」は解決の処方箋となるか？」日本労働研究雑誌709号（2019年）41頁
マルティン・ポール「ドイツAI革命と政労使の課題―『労働4.0』をめぐる議論・労働の未来展望」経営民主主義73号（2020年）25頁
丸山亜子「『労働4.0』の世界における集団的労使関係の限界と新たな可能性」宮崎大学教育学部紀要92号（2019年）50頁
水町勇一郎「コロナ危機と労働法」中央労働時報1264号（2020年）16頁
水町勇一郎「21世紀の危機と社会法―コロナ危機が明らかにした社会法の課題」法律時報92巻12号（2020年）62頁
皆川宏之「従業員代表制の展望―『働き方改革』を踏まえて」『労働法制の改革と展望』（日本評論社、2020年）299頁
森川博之「5Gへの向き合い方：デジタル変革への処方箋」DIO2020年10・11月号（2020年）4頁
山本陽大「ドイツ―第三次メルケル政権下における集団的労使関係法政策」『JILPT第3期プロジェクト研究シリーズ・現代先進諸国の労働協約システム』（労働政策研究・研修機構、2017年）33頁
山本陽大「ドイツにおけるパートタイム労働をめぐる新動向」労働法律旬報1926号（2018年）32頁
山本陽大「第四次産業革命による雇用社会の変化と労働法政策上の課題―ドイツにおける“労働4.0”をめぐる議論から日本は何を学ぶべきか？」JILPT Discussion Paper 18-02（2018年）
山本陽大「“労働4.0”とドイツ労働法―Krause鑑定意見を中心に」JILPT Discussion Paper 19-02（2019年）
山本陽大「労働関係の変容と労働組合法理」日本労働法学会誌134号（2021年）38頁
山本陽大＝山本志郎「ドイツにおける労働者派遣法および請負契約の濫用規制をめぐる新たな動向」労働法律旬報1872号（2016年）36頁
渡邉斉志「海外法律情報ドイツ：被雇用者の個人データ保護のための法律案」ジュリスト1412号（2010年）79頁
ライムント・ヴァルターマン（緒方桂子訳）「標準的労働関係との訣別？―新たな就業形態が拡大し、職歴の不連続性が増大するなかで、どのような労働法および社会保障の規定を提案するか？」労働法律旬報1817号（2014年）6頁
ラインハルト・ビスピンク＝トアステン・シュルテン（榊原嘉明訳）「ドイツ労働協約システムの安定化と一般的拘束力宣言制度改革」比較法雑誌47巻4号（2014年）153頁
リューディガー・クラウゼ（細谷越史訳）「デジタル化する労働の世界における労働時間法―現実

と法の通用性の間で」『EU・ドイツの労働者概念と労働時間法』（信山社、2020年）115頁

≪報告書ほか≫
厚生労働省「『働き方の未来2035』～一人ひとりが輝くために」報告書（2016年）
厚生労働省「柔軟な働き方に関する検討会」報告書（2017年）
厚生労働省「雇用類似の働き方に関する検討会」報告書（2018年）
厚生労働省「労働政策審議会労働政策基本部会報告書～進化する時代の中で、進化する働き方のために～」（2018年）
厚生労働省「雇用類似の働き方に係る論点整理等に関する検討会 中間整理」（2019年）
厚生労働省「労働政策審議会労働政策基本部会報告書～働く人がAI等の新技術を主体的に活かし、豊かな将来を実現するために～」（2019年）
厚生労働省「これからのテレワークでの働き方に関する検討会」報告書（2020年）
連合総合生活開発研究所『連合総研ブックレットNo.15・IoTやAIの普及に伴う労働への影響と課題』（2018年）
連合総合生活開発研究所『非正規労働の現状と労働組合の対応に関する国際比較調査報告書』（2017年）
労働政策研究・研修機構『労働政策研究報告書No.36・諸外国のホワイトカラー労働者に係る労働時間法制に関する研究』（2005年）
労働政策研究・研修機構『調査シリーズNo.140・情報通信機器を利用した多様な働き方の実態に関する調査結果（企業調査結果・従業員調査結果）』（2015年）
労働政策研究・研修機構『労働政策研究報告書No.193・ドイツにおける集団的労使関係システムの現代的展開―その法的構造と規範設定の実態に関する調査研究』（2017年）
労働政策研究・研修機構『JILPT資料シリーズNo.194・諸外国における教育訓練制度―アメリカ、イギリス、ドイツ、フランス』（2017年）
労働政策研究・研修機構『JILPT資料シリーズNo.205・近年の技術革新と雇用に関わる諸外国の政策動向』（2018年）
労働政策研究・研修機構『JILPT資料シリーズNo.219・諸外国における家内労働制度―ドイツ、フランス、イギリス、アメリカ』（2019年）
労働政策研究・研修機構『労働政策研究報告書No.205・労災補償保険制度の比較法的研究―ドイツ・フランス・アメリカ・イギリス法の現状からみた日本法の位置と課題』（2020年）
労働政策研究・研修機構『労働政策研究報告書No.207・雇用類似の働き方に関する諸外国の労働政策の動向―独・仏・英・米調査から』（2021年）
労働政策研究・研修機構『労働政策研究報告書No.219・諸外国における雇用型テレワークに関する法制度等の調査研究』（2022年）
労働政策研究・研修機構『労働政策研究報告書・現代イギリス労働法政策の展開』（労働政策研究・研修機構、2022年）〔近刊〕

〔独語文献〕
≪著書・コメンタール≫
Arnold/Günter (Hrsg.), Arbeitsrecht 4.0: Praxishandbuch zum Arbeits-, IP- und Datenschutzrecht in einer digitalisierten Arbeitswelt, 2018.
Baeck/Deutsch/Winzer, Arbeitszeitgesetz Kommentar, 4.Aufl., 2020.
Becker/Franke/Molkentin (Hrsg.), Sozialgesetzbuch Ⅶ - Gesetzliche Unfallversicherung, 5.Aufl., 2017.
Däubler, Digitalisierung und Arbeitsrecht: Internet, Arbeiten 4.0 und Crowdwork, 7.Aufl., 2020.
Däubler, Arbeitsrecht in Zeiten der Corona-Krise, 2020.
Fitting/Engels/Schmidt/Trebinger/Linsenmaier, Betriebsverfassungsgesetz, 30.Aufl., 2020.
Giesen/Kersten, ARBEIT 4.0 - ARBEITSBEZIEHUNGEN UND ARBEITSRECHT IN DER DIGITALEN WELT, 2017.
Götz, Big Data im Personalmanagement - Datenschutzrecht und betriebliche Mitbestimmung, 2020.
Helm/Bundschuh/Wulff, Arbeitsrechtliche Beratungspraxis in Krisenzeiten - Aktuelle Fragestellungen in der Pandemie, 2020.
Kramer (Hrsg.), IT-Arbeitsrecht: Digitalisierte Unternehmen: Herausforderungen und Lösungen, 2.Aufl., 2019.

Krause,Gutachten B zum 71.Deutschen Juristentag, Digitalisierung der Arbeitswelt – Herausforderungen und Regelungsbedarf, 2016.
Lemke, Datenschutz in der Betriebsratsarbeit: Datenschutzgrundsätze Informations- und Verarbeitungsrechte Datenschutz- Grundverordnung, 2018.
Löwisch/Rieble, Tarifvertragsgesetz, 4.Aufl., 2017.
Müller, Homeoffice in der arbeitsrechtlichen Praxis – Rechtshandbuch für die Arbeit 4.0, 2.Aufl., 2020.
Müller-Glöge/Preis/Schmidt (Hrsg.), Erfurter Kommentar zum Arbeitsrecht, 21.Aufl., 2021.
Muscke1/Ogorek/Rixen, Sozialrecht, 5.Aufl., 2019.
Schaub/Koch/Linck/Treber/Vogelsang, Arbeitsrecht-Handbuch, 18.Aufl., 2019.
Specht/Mantz, Handbuch Europäisches und deutsches Datenschutzrecht -Bereichsspezifischer Datenschutz in Privatwirtschaft und öffentlichem Sektor, 2019.
Tödtmann/von Bockelmann, Arbeitsrecht in Not- und Krisenzeiten, 2.Aufl.,2021.
Walzer, Der arbeitsrechtliche Schutz der Crowdworker – Eine Untersuchung am Beispiel ausgewählter Plattformen, 2019.

《論文》
Bauer/Roll, Der arbeitsrechtliche Teil des Koalitionsvertrags – ein Fortschritt?, NZA 2021, S.1685.
Behrens/Dribbusch, Arbeitsgebermaßnahmen gegen Betriebsräte: Angriffe auf die betriebliche Mitbestimmung, WSI-Mitteilungen 02/2014, S.140.
Bonin/Gregory/Zierahn, Übertragung der Studie von Frey/Osborne (2013) auf Deutschland, 2015.
Bourazeri, Neue Beschäftigungsformen in der digitalen Wirtschaft am Beispiel soloselbstständiger Crowdworker, NZA 2019, S.741.
Brose, Von Bismarck zu Crowdwork: Über die Reichweite der Sozialversicherungspflicht in der digitalen Arbeitswelt, NZS 2017, S.7.
Däubler/Klebe, Crowdwork: Die neue Form der Arbeit – Arbeitgeber auf der Flucht?, NZA 2015, S.1032.
Deinert/Kittner, Die arbeitsrechtliche Bilanz der Großen Koalition 2018-2021, RdA 2021, S.257.
Dengler/Matthes, Wenige Berufsbilder halten mit der Digitalisierung Schritt – Substituierbarkeitspotenziale von Berufen, IAB-Forschungsbericht 4/2018.
Dohrmann, Referentenentwurf eines Mobile Arbeit-Gesetzes – Ein Schritt in die Arbeitswelt 4.0!?, NZA 2021, S.691.
Dzida, Big Data und Arbeitsrecht, NZA 2017, S.541.
Düwell/ Brink, Beschäftigtendatenschutz nach der Umsetzung der Datenschutz – Grundverordnung: Viele Änderung und wenig Neues, NZA 2017, S.1081.
Falder, Immer erreichbar – Arbeitszeit- und Urlaubsrecht in Zeiten des technologischen Wandels, NZA 2010, S.1150.
Frank/Heine, Künstliche Intelligenz im Betriebsverfassungsrecht, NZA 2021, S.1448.
Fuhlrott/Fischer, Corona: Virale Anpassungen des Arbeitsrechts, NZA 2020, S.345.
Fuhlrott/Schäffer, 3G im Betrieb und Homeoffice: Fragestellungen bei Umsetzung der neuen gesetzlichen Vorgaben, NZA 2021, S.1679.
Fündling/Sorber, Arbeitswelt 4.0 – Benötigt das BetrVG ein Update in Sachen digitalisierte Arbeitsweise des Betriebsrats?, NZA 2017, S.552.
Göpfert/Stöckert, Digitaler Zugang der Gewerkschaft zum Betrieb?, NZA 2021,S.1209.
Günther/Böglmüller, Arbeitsrecht 4.0 – Arbeitsrechtliche Herausforderungen in der vierten industriellen Revolution, NZA 2015, S.1025.
Hidalgo, Arbeitsschutz im Home Office – ein Lösungsvorschlag, NZA 2019, S.1449.
Joos, Einsatz von künstlicher Intelligenz im Personalwesen unter Beachtung der DS-GVO und des BDSG, NZA 2020, S.1216.
Jöris, Die Allgemeinverbindlicherklärung von Tarifverträgen nach dem neuen § 5 TVG, NZA 2014, S.1313.
Körner, Drei Jahre Beschäftigtendatenschutz unter der Datenschutzgrundverordnung, NZA 2021, S.1137.

Krieger/Rudnik/Povedano, Homeoffice und Mobile Office in der Corona-Krise, NZA 2020, S.473.
Leimeister/Durward/Zogaj, CROWD WORKER IN DEUTSCHLAND – Eine Empirische Studie zum Arbeitsumfeld auf externen Crowdsourcing-Plattformen, 2016.
Lingemann/Otte, Arbeitsrechtliche Fragen der "economy on demand", NZA 2015, S.1042.
Martina, Crowdworker :Arbeitnehmer, Heimarbeiter oder Solo-Selbstständige?, NZA 2021, S.616.
Picker, Rechtsanspruch auf Homeoffice?, ZfA 3/2019, S.269.
Rennpferdt, Der betriebsverfassungsrechtliche Rahmen für Qualifizierung und Weiterbildung, SR 4/2021, S.149.
Sagan/Witschen, Homeoffice im Infektionsschutzgesetz: Der neue § 28b VII IfSG, NZA 2021, S.595.
Schubert, Neue Beschäftigungsformen in der digitalin Wirtschaft – Rückzug des Arbeitsrecht?, Digitalisierung der Arbeitswelt in Deutschland und Japan, 2018, S.45.
Singer/Klawitter/Preetz, Arbeitszeit im digitalisierten Arbeitsumfeld – Zwischen Flexibilisierung, selbstbestimmung und Arbeitnehmerschutz, Digitalisierung der Arbeitswelt in Deutschland und Japan, 2018, S.163.
Söller, Die Kraft des Faktischen – oder: Warum Crowdworker doch Arbeitnehmer sein können, NZA 2021, S.997.
Spellbrink, Unfallversicherungsschutz bei Tätigkeiten im Home Office und bei Rufbereitschaft, NZS 2016, S.527.
Stefann, Arbeitszeit（recht）auf dem Weg zu 4.0, NZA 2015, S.1409.
Thüsing, Digitalisierung der Arbeitswelt – Impulse zur rechtlichen Bewältigung der Herausforderung gewandelter Arbeitsformen, SR 2016, S.87.
Thüsing/Hütter-Brungs, Crowdworking: Lenkung statt Weisung – Was macht den Arbeitnehmer zum Arbeitnehmer?, NZA-RR 2021, S.231.
Ulber, Arbeitszeiterfassung als Pflicht des Arbeitgebers – Die Folgen der Entscheidung des EuGH in der Rechtssache CCOO, NZA 2019, S.677.
Vogler-Ludwig/Düll/Kriechel, Arbeitsmarkt 2030: Wirtschaft und Arbeitsmarkt im digitalen Zeitalter: Prognose 2016.
Wiebauer, Arbeitsschutz und Digitalisierung, NZA 2016, S.1430.
Winzer/Baeck/Hilgers, Das Betriebsrätemodernisierungsgesetz – Der Regierungsentwurf als Update für das BetrVG?, NZA 2021, S.620.
Wisskirchen/Haupt, Crowdworker: Arbeitnehmer oder Selbstständiger?, RdA 2021, S.355.
Zieglmeier, Das neue（Erwerbs-）Statusfeststellungsverfahren, NZA 2021, S.977.

《報告書ほか》

BAuA, Arbeitszeitreport Deutschland, 2016.
BDA, Arbeiten 4.0 möglich machen: Stellungnahme zum Weißbuch Arbeiten 4.0 des Bundesminisiteriums für Arbeit und Soziales, 2016.
BITKOM（Hrsg.）, Arbeiten 3.0 – Arbeiten in der digitalen Welt, 2013.
BMAS, Forschungsbericht 460: Mobiles und entgrenztes Arbeiten, 2015.
BMAS, Grünbuch Arbeiten 4.0: Arbeit weiter denken, 2015.
BMAS, Forschungsbericht 462: Befragung zum sozioökonomischen Hintergrund und zu den Motiven von Crowdworkern, 2016.
BMAS, Forschungsbericht 473: Nutzung von Crowdworking durch Unternehmen: Ergebnisse einer ZEW-Unternehmensbefragung, 2016.
BMAS, Weißbuch Arbeiten 4.0: Arbeit weiter denken, 2016.
BMAS, Zukunftsdialog – Zwischenbericht, 2019.
BMAS, ANPACKEN: Zukunftsdialog – Ergebnisbericht, 2019.
BMAS, Forschungsbericht 549: Verbreitung und Auswirkungen von mobile Arbeit und Homeoffice, 2020.
BMAS, ECKPUNKTE DES BMAS – Fair Arbeit in der Plattformökonomie,2020.
BMAS, Faktenblatt – Beirat zum Beschäftigtendatenschutz, 2020.
BMAS, Eckpunkte zur Weiterentwicklung des Mindestlohns und Stärkung der Tarifbindung, 2021.
BMAS, Bericht des unabhängigen, interdisziplinären Beirats zum Beschäftigtendatenschutz, 2022.

Bundeskabinett, Bericht der Bundesregierung über die Förderung der beruflichen Weiterbildung und die entsprechenden Ausgaben, 2021.
CDU/CSU=SPD, Koalitionsvertrag - Ein neuer Aurbruch für Europa, Eine neue Dynamik für Deutschland, Ein neuer Zusammenhalt für unser Land, 2018.
DGB, Stellungnahme zum "Weißbuch Arbeiten 4.0" des Bundesminisiteriums, 2017.
SPD=Bündnis 90/Die Grünen=FDP, Koalitionsvertrag: Mehr Fortschritt Wagen - Bündnis für Freiheit, Gerechtigkeit und Nachhaltigkeit, 2021.

索　引

〈あ行〉

〈か行〉

〈さ行〉

〈た行〉

〈な行〉

〈は行〉

〈ま行〉

〈や行〉

〈ら行〉

〈わ行〉

〈A～Z〉

〈0～9〉

〔著者紹介〕

山本　陽大（やまもと ようた、Yota Yamamoto）

1985年11月　兵庫県生まれ
2007年3月　同志社大学法学部退学
2009年3月　同志社大学大学院法学研究科博士課程（前期課程）修了
2012年4月～　労働政策研究・研修機構研究員（労働法）
2015年9月　同志社大学大学院法学研究科博士課程（後期課程）単位取得満期退学
現　在　労働政策研究・研修機構副主任研究員（労働法）・博士（法学）

〈主な著作〉
・『解雇の金銭解決制度に関する研究―その基礎と構造をめぐる日・独比較法的考察』（労働政策研究・研修機構、2021年）
・『労働政策研究報告書 No.205・労災補償保険制度の比較法的研究―ドイツ・フランス・アメリカ・イギリス法の現状からみた日本法の位置と課題』（共著、労働政策研究・研修機構、2020年）
・『企業法務と労働法』（共著、商事法務、2019年）
・『ウォッチング労働法〔第4版〕』（共著、有斐閣、2019年）

JILPT 第4期プロジェクト研究シリーズ No.3
第四次産業革命と労働法政策
―“労働 4.0”をめぐるドイツ法の動向からみた日本法の課題

2022年3月31日　第1刷発行

著　　者　山本陽大
編集・発行　独立行政法人 労働政策研究・研修機構
〒177-8502　東京都練馬区上石神井 4-8-23
電話　03-5903-6263　　FAX　03-5903-6115
発 行 者　理事長　樋口美雄
印刷・製本　大日本法令印刷株式会社

　ISBN 978-4-538-52012-4　Printed in Japan